SV

Band 158 der Bibliothek Suhrkamp

Auf Freuds Lehre, daß die freie Befriedigung der Triebansprüche unvereinbar mit einer kultivierten Gesellschaft sei, sich gründend, untersucht Herbert Marcuse (1898-1979) das Verhältnis zwischen individueller Freiheit und kulturellem Fortschritt. Er läßt entschlossen die Praxis der Psychoanalyse beiseite und konzentriert sich auf deren Philosophie, der er durch Verbindung mit politischer Wissenschaft und Soziologie weiterhilft.

Alexander Mitscherlich (1908-1982) beschreibt Freuds Lebenswerk unter dem Aspekt des Versuchs, die Welt besser zu bestehen. Die Leidenschaft zur Perfektionierung der Dinge ist heute zu einem universellen Faktor geworden, die Entscheidung für ein zukünftiges erträgliches Dasein der Menschheit hängt jedoch davon ab, ob in unserer Zeit auch eine neue Leidenschaft zur Selbsterkenntnis des Einzelnen geweckt werden kann. Die Psychoanalyse, als »Instrument der Wahrheit über uns selbst«, ist eine Technik der Selbsterfahrung. Indem sie die Ich-Kräfte stärkt, hilft sie dem Einzelnen, sich in seiner Innenwelt wie in der sozialen Umwelt täuschungsfreier zu orientieren.

Herbert Marcuse
Triebstruktur und Gesellschaft

Ein philosophischer Beitrag zu Sigmund Freud

Suhrkamp Verlag

Titel der amerikanischen Originalausgabe:
Eros and Civilisation
Deutsch von Marianne von Eckardt-Jaffe

Zuerst unter dem Titel ›Eros und Kultur‹,
deutsch von Marianne von Eckardt-Jaffe, 1957 erschienen

Erste Auflage dieser Ausgabe 2024

Umschlaggestaltung nach Entwürfen
von Willy Fleckhaus
Druck: Books on Demand GmbH, Norderstedt
Printed in Germany
ISBN 978-3-518-24404-3

www.suhrkamp.de

Triebstruktur und Gesellschaft

Vorwort

Dieser Essay verwendet psychologische Kategorien, da sie zu politischen Kategorien geworden sind. Die traditionelle Grenze zwischen der Psychologie einerseits und der politischen und Sozialphilosophie andererseits ist durch die Lage des heutigen Menschen unscharf geworden: ehemals autonome und identifizierbare Prozesse sind durch die Funktion des Individuums im Staat übernommen und absorbiert worden – durch das öffentliche Dasein des Einzelnen. So wandeln sich psychologische in politische Probleme: private Verwirrungen spiegeln heute in viel unmittelbarerer Weise die Verwirrung des Ganze wider, und die Heilung persönlicher Störungen hängt viel direkter als ehedem von der Heilung der Gesamtstörung ab. Die Epoche neigt dazu, totalitär zu sein, selbst wo sie keine totalitären Staaten hervorgebracht hat. Die Psychologie konnte als eine spezielle Disziplin ausgebaut und ausgeübt werden, solange die Psyche sich gegen die öffentliche Macht aufrecht erhalten konnte, solange das private Dasein etwas Wirkliches darstellte, etwas, was der Einzelne sich wirklich wünschte und selbst formte; hat der Einzelne aber weder mehr die Fähigkeit noch die Möglichkeit, für sich selbst da zu sein, dann werden die Begriffe der Psychologie zu Begriffen der gesellschaftsformenden Kräfte, die die Psyche bestimmen. Unter diesen Umständen bedeutet die Anwendung der Psychologie auf die Analyse sozialer und politischer Vorgänge die Anwendung einer Methode, die durch eben diese Ereignisse ungültig geworden ist. Die Aufgabe besteht vielmehr in etwas völlig Entgegengesetztem, nämlich darin, die politische und soziologische Substanz der psychologischen Begriffsbildungen zu entwickeln.

Ich habe den Versuch unternommen, gewisse Grundfragen neu zu formulieren und sie in einer noch nicht gänzlich erforschten

Richtung zu verfolgen. Ich bin mir bewußt, daß es sich hier nur um vorläufige Formulierungen handeln kann, und hoffe, einige der aufgeworfenen Probleme, besonders die einer ästhetischen Theorie, in naher Zukunft adäquater darstellen zu können.

Die in diesem Buch entwickelten Gedankengänge wurden erstmalig 1950–51 in einer Reihe von Vorlesungen an der *Washington School of Psychiatry* vorgetragen. Ich möchte Herrn J. Borkin, Washington, besonders danken, der mich ermutigte, dies Buch zu schreiben. Tiefe Dankbarkeit schulde ich Professor Clyde Kluckhohn und Professor Barrington Moore, jr., von der Harvard University und Dr. Henri und Yela Loewenfeld, New York, die das Manuskript lasen und wertvolle Vorschläge und Einwände beisteuerten. Für den Inhalt des Versuchs trage ich allein die Verantwortung. Hinsichtlich meiner theoretischen Position bin ich meinem Freunde, Professor Max Horkheimer, und seinen Mitarbeitern am Institut für Sozialforschung (heute in Frankfurt am Main) verpflichtet.

H. M.

Einleitung

Sigmund Freuds These, daß Kultur und Zivilisation auf der permanenten Unterjochung der menschlichen Triebe beruhten, ist unwidersprochen hingenommen worden. Seine Frage, ob das dabei dem Einzelnen auferlegte Leid die Vorteile der Kultur aufwiegen, wurde nicht allzu ernst genommen – um so weniger, als Freud selbst den Vorgang für unvermeidlich und nicht rückgängig zu machen hielt. Die freie Befriedigung der Triebansprüche des Menschen ist unvereinbar mit einer zivilisierten Gesellschaft: Triebverzicht und Aufschub der Befriedigung sind die Voraussetzungen des Fortschritts. »Die individuelle Freiheit«, meint Freud, »ist kein Kulturgut.« [1] Das Glück muß der Disziplin der Arbeit als Volltagsbeschäftigung untergeordnet werden, der Disziplin der monogamen Fortpflanzung, dem geltenden System von Recht und Ordnung. Die methodische Aufopferung der Libido, ihre strikt erzwungene Ablenkung auf sozial nutzbringende Tätigkeiten und Ausdrucksformen *ist* Kultur.

Das Opfer hat sich bezahlt gemacht: in den technisch entwikkelten Gebieten ist die Unterwerfung der Natur fast vollständig gelungen. Höhere Bedürfnisse einer größeren Zahl von Menschen als je zuvor werden befriedigt. Weder die Mechanisierung noch die Standardisierung des Lebens, noch die seelische Verarmung, noch die wachsende Destruktivität des modernen Fortschritts bieten genügend Grund, um an dem Prinzip zu zweifeln, unter dessen Regiment der Fortschritt der westlichen Kultur sich entwickelte. Die ständige Steigerung der Produktivität läßt das Versprechen eines sogar noch verbes-

1 Sigmund Freud, »Das Unbehagen in der Kultur«, in: Fischerbücherei Bd. 47, Frankfurt 1953 (Lizenzausgabe von Imago Publishing Co. Ltd. London 1946), S. 130.

serten Lebensstandards für alle als durchaus realistisch erscheinen.

Allerdings scheint der immer intensivere Fortschritt mit einer Intensivierung der Unfreiheit verknüpft zu sein. Überall in der Welt der industriellen Zivilisation ist die Beherrschung des Menschen durch den Menschen nach Ausmaß und Wirkung im Wachsen begriffen. Auch erscheint diese Tendenz nicht als ein zufälliger vorübergehender Rückschritt auf dem Wege des Fortschritts. Konzentrationslager, Massenvernichtung, Weltkriege und Atombomben sind kein »Rückfall in die Barbarei«, sondern die hemmungslose Auswirkung der Errungenschaften der modernen Wissenschaft, Technik und Herrschaftsform über Menschen. Und diese erfolgreichste Unterwerfung und Vernichtung des Menschen durch den Menschen geschieht auf der Höhe der Kultur, in einem Zeitpunkt, wo die materiellen und intellektuellen Errungenschaften der Menschheit die Schaffung einer wirklich freien Welt zu erlauben scheinen.

Diese negativen Aspekte unserer heutigen Kultur können durchaus ein Zeichen dafür sein, daß die geltenden Institutionen überaltert sind und neue Formen der Kultur sich herauszubilden beginnen: die Unterdrückung wird vielleicht um so nachdrücklicher geübt, je unnötiger sie wird. Gehört sie tatsächlich zum Wesen der Kultur als solche, dann wäre Freuds Frage bezüglich des Preises der Kultur bedeutungslos – denn dann gäbe es keine Wahl.

Freuds eigene Theorie bietet aber Gründe, seine Gleichsetzung von Kultur und Unterdrückung abzulehnen. Die Diskussion des Problems muß auf dem Boden seiner eigenen theoretischen Ausführungen wieder eröffnet werden. Stellt die Wechselbeziehung zwischen Freiheit und Unterdrückung, Produktivität und Zerstörung, Herrschaft und Fortschritt wirklich das Prinzip der Kultur dar? Oder resultiert dieser Wechselbezug nur aus einer spezifischen historischen Organisation des menschlichen Daseins? In Freuds Begriffen ausgedrückt: ist der Konflikt zwischen dem Lust- und dem Realitätsprinzip derart unversöhnlich, daß die unterdrückende *(repressive)* Umformung der menschlichen Triebstruktur unerläßlich ist? Oder läßt dieser Konflikt die Vorstellung einer Kultur ohne Unterdrückung zu, die auf einer völlig andersartigen Daseinserfahrung, auf einer völlig anderen Beziehung zwischen Mensch und Natur, auf völlig anderen existentiellen Beziehungen beruht?

Die Vorstellung einer Kultur ohne Unterdrückung soll hier nicht als abstrakte und utopische Spekulation zur Sprache kommen. Wir glauben, daß die Diskussion aus zwei konkreten und wirklichkeitsnahen Gründen gerechtfertigt ist: einmal scheint Freuds theoretische Konzeption selbst eine konsequente Verneinung der historischen Möglichkeit einer Kultur ohne Unterdrückung zu widerlegen, und zweitens scheinen gerade die Errungenschaften der unterdrückten Kultur die Vorbedingungen für die allmähliche Abschaffung der Unterdrückung zu bieten. Um die beiden vorgenannten Gründe zu klären, wollen wir den Versuch machen, Freuds theoretische Konzeption in den Begriffen ihres eigenen, sozio-historischen Inhalts von neuem zu deuten.

Dies Vorgehen bedeutet gleichzeitig einen Widerspruch gegen die revisionistischen neo-freudianischen Schulen. Ich glaube, im Gegensatz zu den Revisionisten, daß Freuds Theorie in ihrer eigentlichen Substanz »soziologisch« [2] ist und daß es keiner neuen kulturellen oder soziologischen Orientierung bedarf, um diese Substanz freizulegen. Freuds »Biologismus« ist Gesellschaftstheorie in einer Tiefendimension, die von den neofreudianischen Schulen konsequent verflacht worden ist. Indem

2 Zur Diskussion des soziologischen Charakters der psychoanalytischen Begriffe siehe: Heinz Hartmann »The Application of Psychoanalytic Concepts to Social Science«, in: Psychoanalytic Quarterly XIX, No. 3, 1950. Clyde Kluckhohn, Mirror for Man, New York, McGraw-Hill, 1949 und Heinz Hartmann, Ernst Kris, Rudolph M. Löwenstein, »Some Psychoanalytic Comments on ›Culture and Personality‹«, in: Psychoanalysis and Culture: Essays in Honor of Géza Róheim, New York, International Universities Press, 1951.

sie die Betonung vom Unbewußten auf Bewußtes, von den biologischen auf die kulturellen Faktoren verschieben, durchschneiden sie die Wurzeln der Gesellschaft in der Triebschicht und nehmen statt dessen die Gesellschaft auf der Ebene, auf der sie dem Individuum als eine konfektionierte »Umgebung« entgegentritt, ohne nach deren Ursprung und Legitimität zu fragen. Die neo-freudianische Analyse dieser »Umgebung« unterliegt damit der Mystifikation gesellschaftsformender Beziehungen, und die gesamte Kritik bewegt sich ausschließlich innerhalb der sicher sanktionierten und wohlbehüteten Sphäre geltender Institutionen. Infolgedessen bleibt diese Kritik in strengem Sinn ideologisch: sie verfügt über keine begriffliche Grundlage außerhalb des herrschenden Systems; die meisten ihrer kritischen Ideen und Werte stammen aus diesem System selbst. Idealistische Moral und Religion feiern glückliche Wiederauferstehung: der Umstand, daß sie mit dem Vokabular eben jener Psychologie verschönt auftreten, die ursprünglich ihren Ansprüchen entgegentrat, kann ihre Identität mit den offiziell erwünschten und propagierten Haltungen nur schlecht verbergen [3]. Wir glauben vielmehr, daß die konkretesten Einsichten in die historische Struktur der Kultur gerade in den Konzeptionen enthalten sind, die die Revisionisten verwerfen. Fast die gesamte Metapsychologie Freuds, seine späte Triebtheorie, seine Rekonstruktion der Vorgeschichte der Menschheit gehören hierzu. Freud selbst behandelte sie als reine Arbeitshypothesen, die brauchbar waren, gewisse Unklarheiten aufzuhellen, versuchsweise Beziehungen zwischen theoretisch zusammenhanglosen Einsichten herzustellen – immer korrigierbar, jederzeit aufzugeben, wenn sie den Fortschritt der psychoanalytischen Theorie und Praxis nicht mehr erleichterten. In der nachfreudschen Entwicklung der Psychoanalyse ist diese Metapsychologie fast gänzlich preisgegeben worden. Als die Analyse sozial und wissenschaftlich gesell-

3 Siehe später im Epilog, wo näher auf den neo-freudianischen Revisionismus eingegangen wird.

schaftsfähig wurde, hat sie sich von kompromittierenden Spekulationen freigemacht. Kompromittierend waren sie tatsächlich in mehr als einem Sinn: nicht nur überschritten sie den Bereich klinischer Beobachtung und therapeutischer Verwertbarkeit, sondern sie deuteten den Menschen auch in Begriffen, die für die sozialen Tabus weit beleidigender waren als Freuds früherer »Pan-Sexualismus« – in Begriffen, die die explosiven Grundlagen der Kultur verrieten. Die nachfolgenden Überlegungen unternehmen den Versuch, die tabuierten Einsichten der Psychoanalyse (tabuiert sogar in der Psychoanalyse selbst) auf eine Deutung der Grundtendenzen der Kultur anzuwenden.

Zweck dieses Essays ist es, zur *Philosophie* der Psychoanalyse beizusteuern – nicht zur Psychoanalyse selbst. Er bewegt sich ausschließlich im Bereich der Theorie und hält sich ganz außerhalb der technischen Disziplin, zu der die Psychoanalyse geworden ist. Freud entwickelte eine Theorie des Menschen, eine »Psycho-Logie« im strengen Sinn. Mit seiner Theorie hat er sich in die große Tradition der Philosophie eingegliedert und sich unter philosophische Kriterien gestellt. Unser Anliegen ist nicht eine verbesserte oder veränderte Ausdeutung der Freudschen Konzeptionen, sondern die sich aus ihnen ergebenden philosophischen und soziologischen Folgerungen und Auswirkungen. Freud hat seine Philosophie gewissenhaft von seiner Wissenschaft unterschieden; die Neo-Freudianer haben das meiste seiner Philosophie abgelehnt. Im Bereich der Therapie mag solch eine Ablehnung durchaus gerechtfertigt sein. Allerdings dürfte kein therapeutisches Argument die Entwicklung einer theoretischen Konstruktion hindern, die darauf abzielt, nicht individuelle Krankheiten zu heilen, sondern die allgemeine Zerrüttung zu diagnostizieren.

Einige vorläufige Erklärungen bestimmter Ausdrücke sind nötig: »Zivilisation« wird abwechselnd und austauschbar mit »Kultur« verwendet – wie in Freuds: »Das Unbehagen in der Kultur«.

»Repression« (in der Übersetzung meist: »Unterdrückung«) und »repressiv« (in der Übersetzung teils »unterdrückend«, teils »verdrängend«) werden im nicht-technischen Sinn angewandt, um sowohl bewußte als unbewußte, äußere als innere Vorgänge der Hemmung, der erzwungenen Einschränkung und Unterdrückung zu bezeichnen.
»Trieb« bezieht sich, in Übereinstimmung mit Freuds Triebbegriff, auf die primären (Ur-)Antriebe des menschlichen Organismus, die der historischen Modifizierung unterworfen sind; sie finden sowohl psychischen wie somatischen Ausdruck.

Erster Teil

Unter der Herrschaft des Realitätsprinzips

I

Die verborgene Tendenz in der Psychoanalyse

Der Begriff des Menschen, wie er sich aus der Theorie Freuds ergibt, ist wohl die unwiderleglichste Anklage gegen die westliche Kultur – und zur gleichen Zeit die unangreifbarste Verteidigung eben dieser Kultur. Nach Freud ist die Geschichte des Menschen auch die Geschichte seiner Unterdrückung. Die Kultur unterjocht nicht nur seine soziale, sondern auch seine biologische Existenz, sie unterwirft nicht nur Anteile des menschlichen Wesens ihrem Zwang, sondern seine Triebstruktur selbst. Gerade dieser Zwang jedoch ist die Voraussetzung des Fortschritts. Ließe man den Grundtrieben des Menschen die Freiheit, ihre natürlichen Ziele zu verfolgen, so wären sie unvereinbar mit allem dauernden Zusammenschluß, jedem Fortbestehen: selbst wo sie vereinten, würden sie zerstören. Der ungezügelte Eros ist ebenso verderbenbringend wie sein tödlicher Gegenpart, der Todestrieb. Die Zerstörungskraft dieser Antriebe entspringt dem Umstand, daß sie eine Befriedigung anstrebten, die die Kultur nicht gewähren kann: Befriedigung als solche und als Selbstzweck in jedem Augenblick. Die Triebe müssen daher von ihren Zielen abgelenkt, in ihrer Absicht gehemmt werden. Kultur beginnt dort, wo auf das primäre Ziel – nämlich die vollständige Befriedigung von Bedürfnissen – mit Erfolg verzichtet wird.

Die Triebschicksale sind auch die Schicksale des psychischen Apparates in der Kultur. Die tierischen Instinkte werden unter dem Einfluß der äußeren Wirklichkeit zu menschlichen Trieben. Ihr ursprünglicher »Sitz« im Organismus und ihre Grundrichtung bleiben die gleichen, ihre Ziele jedoch und ihre Äußerungen wandeln sich. Alle psychoanalytischen Begriffe (Sublimierung, Identifizierung, Projektion, Verdrängung, Introjektion) weisen gleichzeitig auf die Fähigkeit der Triebe hin, Veränderungen durchzumachen. Aber die Wirklichkeit, welche die Triebe ebenso wie ihre Bedürfnisse und deren Befriedigung formt, ist die Wirklichkeit einer geschichtlich-gesellschaftlichen Welt. Der animalische Mensch wird zum menschlichen Wesen nur durch eine grundlegende Umformung seiner Natur, die nicht nur die Triebziele, sondern auch die Trieb»werte« berührt, d. h. die Prinzipien, die das Erreichen der Ziele lenken. Der Wandel im herrschenden Wertsystem kann vielleicht versuchsweise folgendermaßen definiert werden:

von:	zu:
augenblicklicher Befriedigung	aufgeschobener Befriedigung
Lust	Lustenthaltung
Freude (Spiel)	Mühe (Arbeit)
Empfangen u. Entgegennehmen	Produktivität
Fehlen der Unterdrückung	Sicherheit

Freud hat diesen Wandel als Umformung des *Lustprinzips* in das *Realitätsprinzip* bezeichnet. Die Deutung des »seelischen Apparates« im Sinn dieser beiden Prinzipien ist für Freuds Theorie, unbeschadet aller Modifizierungen der dualistischen Auffassung, grundlegend geblieben. Sie entspricht weitgehend (aber nicht völlig) der Unterscheidung zwischen unbewußten und bewußten Vorgängen (Prozessen). Das Individuum existiert demnach in zwei verschiedenen Dimensionen, die durch verschiedenartige seelische Vorgänge und Prinzipien charakterisiert sind. Der Unterschied zwischen diesen beiden Dimensionen ist ebensosehr ein historisch-genetischer als ein struktureller: das Unbewußte, das vom Lustprinzip beherrscht wird, enthält »die älteren, primären (seelischen Vorgänge), ... Überreste aus einer Entwicklungsphase, in welcher sie die einzige Art von seelischen Vorgängen waren. Sie streben nach nichts anderem, als Lust zu gewinnen; von solchen Akten, welche Unlust erregen können, zieht sich die psychische Tätigkeit zurück.«[1] Aber das ungehemmte Lustprinzip gerät mit der natürlichen und menschlichen Umgebung des Individuums in Konflikt. Der Mensch gelangt zu der traumatischen Einsicht, daß die volle und schmerzlose Befriedigung seiner Bedürfnisse unmöglich ist. Nach dieser Erfahrung der Enttäuschung tritt ein neues Prinzip der seelischen Funktion in Erscheinung. Das Realitätsprinzip verdrängt das Lustprinzip: der Mensch lernt, augenblickliche, ungewisse und zerstörerische Lust zu Gunsten einer späteren, beschränkten, aber »gesicherten« Lusterfüllung aufzugeben. Auf Grund dieses dauernden Gewinns durch Verzicht und Zurückhaltung »gewährleistet« das Realitätsprinzip nach Freuds Meinung eher das Lustprinzip, als daß es dieses »entthront«; es handelt sich eher um eine Modifizierung als um eine Verneinung des Luststrebens.

Die psychoanalytische Deutung macht aber offenbar, daß das Realitätsprinzip nicht nur einen Wandel in Form und Zeitpunkt der Lusterfüllung erzwingt, sondern auch die Lust in ihrer Substanz selbst verändert. Die Anpassung der Lust an das Realitätsprinzip schließt die Unterwerfung und Ablenkung der destruktiven Kräfte der Triebbefriedigung mit ein; ihre Unverträglichkeit mit den geltenden sozialen Normen und Beziehungen verlangt eine »Transsubstantation« der Lust selbst.

Mit der Einführung des Realitätsprinzips wird der Mensch, der unter der Herrschaft des Lustprinzips kaum mehr als ein Bündel tierischer Triebe gewesen war, zum organisierten Ich. Er strebt nach dem, »was nützlich ist« und was er ohne Schaden für sich selbst und seine Außenwelt erlangen kann. Unter dem Realitätsprinzip entwickelt das menschliche Wesen die Funktion der *Vernunft:* Es lernt die Realität zu »prüfen«, zwischen gut und böse, wahr und falsch, nützlich und schädlich zu unterscheiden. Der Mensch erwirbt die Fähigkeit der *Aufmerksamkeit*, des *Gedächtnisses* und der *Urteilsfällung*[2].

1 »Formulierungen über die zwei Prinzipien des psychischen Geschehens«, Ges. Werke VIII, London, Imago Publishing Co. Ltd. 1943, S. 231.
2 ebd., S. 233.

Er wird zum bewußten, denkenden *Subjekt*, einer Rationalität verhaftet, die ihm von außen auferlegt ist. Nur eine Art der Denktätigkeit ist von der neuen Organisierung des seelischen Apparates »abgespalten«, »von der Realitätsprüfung freigehalten«: die *Phantasie* bleibt »vor kulturellen Veränderungen geschützt« und »allein dem Lustprinzip unterworfen«. Im übrigen ist der seelische Apparat dem Realitätsprinzip wirksam untergeordnet. Die Funktion der »motorischen Abfuhr, die während der Herrschaft des Lustprinzips zur Entlastung des seelischen Apparates von Reizzuwächsen gedient hatte«, wird jetzt »zur zweckmäßigen Änderung der Realität verwendet. Sie wandelt sich zum Handeln.« [3]
Der Spielraum der menschlichen Wünsche und die Mittel ihrer Erfüllung werden damit ins Unabsehbare gesteigert, und die Fähigkeit des Menschen, die Realität bewußt im Sinne dessen »was nützlich ist« zu verändern, scheint ein allmähliches Schwinden jener äußeren Schranken zu versprechen, die bisher seine Wunscherfüllung behinderten. Aber nun liegen weder seine Wünsche noch die Veränderung der Wirklichkeit länger in seiner eigenen Entscheidung: sie werden jetzt von der Gesellschaft »organisiert«. Und diese »Organisation« unterdrückt und verwandelt seine ursprünglichen Triebbedürfnisse in der Substanz selbst. Wenn der Archetypus der Freiheit das Fehlen der Unterdrückung ist, so besteht die Kultur im Kampf gegen diese Freiheit.
Die Ersetzung des Lustprinzips durch das Realitätsprinzip ist das große traumatische Ereignis in der menschlichen Entwicklung – sowohl in der Entwicklung der Art (in der Phylogenese) als in der des Einzelnen (der Ontogenese). Nach Freud handelt es sich hier nicht um ein einmaliges Ereignis. Es wiederholt sich im Verlauf der Geschichte der Menschheit und der Geschichte jedes Einzelnen immer wieder. Phylogenetisch geschieht es zum ersten Mal in der Urhorde, wo der Urvater das

3 ebd.

Monopol auf Macht und Lust beansprucht und die Söhne gewaltsam zum Verzicht zwingt. Ontogenetisch tritt es in der Periode der frühen Kindheit ein, und die Unterwerfung unter das Realitätsprinzip wird von den Eltern und andern Erziehungspersonen erzwungen. Aber diese Unterwerfung wiederholt sich, sowohl im Bereich der gesamten Gattung wie des Einzelindividuums, immer von neuem. Die Herrschaft des Urvaters wird, nach der ersten Rebellion, durch die Herrschaft der Söhne abgelöst, und die Brüderhorde entwickelt sich zur institutionalisierten sozialen und politischen Herrschaft. Das Realitätsprinzip materialisiert sich in einem System von Institutionen: und das Individuum, das innerhalb solch eines Systems heranwächst, erlernt die Forderungen des Realitätsprinzips als Forderungen von Gesetz und Ordnung anzunehmen und übermittelt sie so der folgenden Generation.
Daß das Realitätsprinzip in der menschlichen Entwicklung stets von neuem befestigt werden muß, deutet darauf hin, daß sein Sieg über das Lustprinzip niemals vollständig und niemals sicher ist. Nach Freuds Auffassung bedeutet Kultur kein endgültiges Ende eines »Naturzustandes«. Was die Kultur bändigt und unterdrückt – die Ansprüche des Lustprinzips –, das lebt weiterhin in der Kultur selbst fort. Das Unbewußte behält die Ziele des überwundenen Lustprinzips bei. Abgewiesen von der äußeren Wirklichkeit oder unfähig, sie überhaupt zu erreichen, lebt die volle Macht des Lustprinzips nicht nur im Unbewußten fort, sondern beeinflußt auf vielerlei Weisen die Realität selbst, die an die Stelle des Lustprinzips getreten ist. Es ist die *Wiederkehr des Verdrängten,* die die unterirdische, tabuierte Geschichte der Kultur speist. Die Erforschung dieser Geschichte enthüllt nicht nur das Geheimnis des Einzelnen, sondern ebenso das der Kultur. Freuds Psychologie des Individuums ist ihrem eigentlichen Wesen nach Sozialpsychologie. Unterdrückung und Verdrängung sind geschichtliche Phänomene. Die erfolgreiche Unterwerfung des Instinkts unter beherrschende Kontrollinstanzen geht vom

Menschen, nicht von der Natur aus. Der Urvater, als Archetypus der Herrschaft, löst die Kettenreaktion aus, die die Geschichte der Kultur kennzeichnet: Versklavung, Aufstand und neu befestigte Herrschaft. Aber immer wieder seit jener ersten prähistorischen Neubefestigung der Herrschaft, die dem ersten Aufstand folgte, wurde die äußere Unterdrückung durch eine Unterdrückung aus dem Inneren unterstützt. Das unfreie Individuum introjiziert seine Herren und deren Befehle in seinen eigenen psychischen Apparat. Der Kampf gegen die Freiheit wiederholt sich in der Seele des Menschen als Selbstunterdrükkung des unterdrückten Individuums, und die Selbstunterdrückung wiederum stützt die Herrschenden und ihre Institutionen. Das ist seelische Dynamik, die Freud als die Dynamik der Kultur aufdeckt.

Nach Freuds Überzeugung wird die unterdrückende Modifizierung der Triebe unter das Realitätsprinzip durch »die ewige, urzeitliche, bis auf die Gegenwart fortgesetzte Lebensnot« verstärkt und unterstützt. Die Lebensnot (Ananke) lehrt die Menschen, daß sie ihre Triebimpulse nicht ungehemmt befriedigen können, nicht unter dem Lustprinzip leben können. »Das Motiv der menschlichen Gesellschaft« für die Erzwingung der entscheidenden Modifizierung der Triebstruktur ist also »im letzten Grunde ein ökonomisches; da sie nicht genug Lebensmittel hat, um ihre Mitglieder ohne deren Arbeit zu erhalten, muß sie die Anzahl ihrer Mitglieder beschränken und ihre Energien von der Sexualbetätigung weg auf die Arbeit lenken.« [4]

Dieser Gedanke ist so alt wie die Kultur selbst und lieferte schon immer die wirksamste Rationalisierung für die Unterdrückung. Freuds Theorie beteiligt sich recht weitgehend an dieser Rationalisierung. Er hält den »urzeitlichen Lebenskampf« für »ewig« und glaubt daher, daß das Lust- und das Realitätsprinzip »auf ewig« einander widerstreben müssen. Die

4 »Vorlesungen zur Einführung in die Psychoanalyse«, Internationaler Psychoanalytischer Verlag, Leipzig, Wien, Zürich, 1926, S. 322.

Vorstellung, daß eine Kultur ohne Unterdrückung unmöglich sei, gehört zu den Grundsteinen der Freudschen Theorie. Aber seine Theorie enthält Elemente, die diese Rationalisierung durchbrechen: sie erschüttern die vorherrschende Tradition westlicher Denkweise und lassen vielleicht sogar eine Umkehrung zu. Freuds Werk zeichnet sich durch das kompromißlose Bestreben aus, den repressiven Gehalt der höchsten Kulturwerte und Errungenschaften nachzuweisen. Soweit er dies tut, verleugnet er die Gleichstellung von Vernunft und Unterdrükkung, auf der die Ideologie der Kultur sich aufbaut. Freuds Metapsychologie ist ein immer erneuter Versuch, die furchtbare Notwendigkeit der inneren Beziehungen zwischen Kultur und Barbarei, Fortschritt und Leid, Freiheit und Unglück zu erkennen und in Frage zu stellen – eine Beziehung, die sich letztlich als jene zwischen Eros und Thanatos erweist. Freud zweifelt am Wert der Kultur nicht von einem romantischen oder utopischen Standpunkt aus, sondern auf Grund des Leids und Elends, das ihre Auswirkung mit sich bringt. So erscheint die kulturelle Freiheit im Licht der Unfreiheit, der zivilisatorische Fortschritt im Licht des Zwangs. Die Kultur wird dabei nicht abgelehnt: Unfreiheit und Zwang sind der Preis, der gezahlt werden muß.

Aber Freud verteidigt die tabuierten Strebungen der Menschheit, deren Umfang und Tiefe er sichtbar macht: den Anspruch auf einen Zustand, in dem Freiheit und Notwendigkeit übereinstimmen. Was auch immer an Freiheit im Bereich des ausgebildeten Bewußtseins und in der von ihm geschaffenen Welt besteht, es ist eine abgeleitete Freiheit voller Kompromisse, die auf Kosten der vollen Bedürfnisbefriedigung errungen wurde. Und insofern die volle Bedürfnisbefriedigung Glück ist, muß die Freiheit in der Kultur ihrem Wesen nach dem Glück entgegenstehen: immer bedeutet sie die repressive Modifizierung (die Sublimierung) des Glücks. Umgekehrt besteht das Unbewußte, diese tiefste und älteste Schicht der psychischen Persönlichkeit, in dem Trieb nach integraler Befriedigung, d. h. nach dem Nichtvorhandensein von Mangel und Unterdrückung. Als solches bedeutet es die Identität von Notwendigkeit und Freiheit. Nach Freuds Auffassung wird die vom Bewußtsein tabuierte Gleichsetzung von Freiheit und Glück vom Unbewußten aufrechterhalten. Diese innerste Überzeugung, obwohl sie vom Bewußtsein abgelehnt wird, beunruhigt das Seelenleben weiterhin; sie bewahrt die Erinnerung an frühere Stadien der persönlichen Entwicklung, wo die vollständige (integrale) Befriedigung erreicht wurde. Und die Vergangenheit fährt fort, einen Anspruch auf die Zukunft zu erheben: sie erzeugt den Wunsch, daß auf der Grundlage zivilisatorischer Errungenschaften das Paradies wiederhergestellt werde.

Wenn das Erinnerungsvermögen als entscheidender Modus des Erkennens in den Mittelpunkt der Psychoanalyse gerückt wird, so ist das viel mehr als nur eine therapeutische Methode; die therapeutische Rolle des Gedächtnisses stammt aus dem Wahrheitsgehalt des Erinnerungsvermögens. Sein Wahrheitsgehalt liegt in der spezifischen Funktion des Gedächtnisses, Versprechungen und Möglichkeiten zu bewahren, die vom erwachsenen zivilisierten Individuum zwar verleugnet und sogar verdammt werden, die aber in seiner dämmrigen Frühe einmal erfüllt worden waren und niemals ganz dem Vergessen anheimfielen. Das Realitätsprinzip schränkt die Erkennensfunktion des Gedächtnisses ein – sein Verhaftetsein an frühere Glückserlebnisse, das den Wunsch nach ihrer bewußten Wiederholung erregt. Die psychoanalytische Befreiung des Erinnerungsvermögens wirft die Vernunfthaltung des unterdrückten Individuums über den Haufen. Während das Erkennen dem Wiedererkennen weicht, beginnen die verbotenen Bilder und Impulse der Kindheit von der Wahrheit zu reden, die die Vernunft ableugnet. Die Regression übernimmt eine progressive Funktion. Die wiederentdeckte Vergangenheit liefert kritische Maßstäbe, deren Anwendung die Gegenwart verwirft und verbietet. Mehr noch, die Wiederherstellung des

Erinnerungsvermögens geht Hand in Hand mit der Wiederherstellung des erkennenden Gehalts der Phantasie. Die psychoanalytische Theorie hebt diese seelische Fähigkeit aus der unverbindlichen Sphäre von Tagträumen und Dichtung und erfaßt wieder ihre absoluten Wahrheitsgehalte. Die Wucht dieser Entdeckungen muß schließlich den Rahmen sprengen, in dem sie vor sich gingen und in dem sie eingeschlossen waren. Die Befreiung der Vergangenheit endet nicht in der Versöhnung mit der Gegenwart. Entgegen der selbstauferlegten Gehemmtheit des Entdeckers strebt die Orientierung an der Vergangenheit nach einer Orientierung an der Zukunft. Die *recherche du temps perdu* wird zum Vehikel künftiger Befreiung [5].

Die folgende Untersuchung wird sich in erster Linie auf diesen verborgenen Zug in der Psychoanalyse konzentrieren. Freuds Analyse der Entwicklung des unterdrückenden (verdrängenden) psychischen Apparats bewegt sich in zwei Ebenen:

a) auf der ontogenetischen: die Entwicklung des unterdrückten Individuums von der frühen Kindheit bis zu seiner bewußten sozialen Existenz;
b) auf der phylogenetischen: die Entwicklung der verdrängenden (unterdrückenden) Kultur von der Urhorde bis zum voll konstituierten Kulturzustand.

Die beiden Ebenen stehen in ständiger Wechselbeziehung. In Freuds Begriff von der »Wiederkehr des Verdrängten« in der Geschichte kommt diese Wechselbeziehung in kürzester Form

5 s. Kap. XI. Ernest G. Schachtel gibt in seiner Arbeit »On Memory and Childhood Amnesia« (Über Erinnerungsvermögen und Kindheitsamnesie) die einzige adäquate psychoanalytische Deutung der Funktion des Gedächtnisses sowohl beim Einzelnen als im Sinn der Gesellschaft. Die Untersuchung konzentriert sich völlig auf die explosive Kraft des Erinnerungsvermögens und seine Lenkung auf »Konventionalisierung« durch die Gesellschaft. Es handelt sich hier meiner Ansicht nach um eine der wenigen wirklichen Beiträge zur Philosophie der Psychoanalyse. Schachtels Arbeit findet sich in »A Study of Interpersonal Relations«, hrsg. von Patrick Mullahy, New York 1950, S. 3—49.

zum Ausdruck: das Individuum erlebt und wiederholt die großen traumatischen Ereignisse in der Entwicklung der Art aufs neue und die Triebdynamik spiegelt im gesamten Verlauf den Konflikt zwischen Individuum und Art (zwischen Besonderem und Universalem) dieses Konflikts wider.
Wir wollen zuerst die ontogenetische Entwicklung bis zum Reifezustand des kultivierten Individuums verfolgen. Wir kehren dann noch einmal zu den phylogenetischen Ursprüngen zurück und wenden die Freudsche Konzeption erweitert auf den Reifezustand der gesamten von der Kultur geformten menschlichen Rasse *(genus)* an. Die ständige Wechselbeziehung zwischen den beiden Ebenen bringt es mit sich, daß mehrfache Hinweise, Vorwegnahmen und Wiederholungen nicht zu vermeiden sind.

II

Der Ursprung des unterdrückten Individuums (Ontogenese)

Freud verfolgt die Entwicklung der Unterdrückung (Verdrängung) in der Triebstruktur des Individuums. Das Schicksal der menschlichen Freiheit und des menschlichen Glücks wird im Kampf der Triebe ausgefochten und entschieden – im wahrsten Sinne des Wortes einem Kampf auf Leben und Tod, an dem Soma und Seele, Natur und Kultur teilnehmen. Diese biologische und gleichzeitig soziologische Dynamik stellt das Kernstück der Freudschen Metapsychologie dar. Er hat diese entscheidenden Hypothesen unter ständigen Zweifeln, Einschränkungen und Abwandlungen entwickelt – und sie schließlich unentschieden gelassen. Der endgültigen Triebtheorie, in deren Zusammenhang sie sich nach 1920 herausbildeten, gingen zumindest zwei verschiedene Konzeptionen der Anatomie der psychischen Persönlichkeit voraus. Es ist in unserem Zusammenhang nicht notwendig, die Geschichte der psychoanalytischen Triebtheorie zu wiederholen [1]; eine kurze Zusammenfassung einiger ihrer wichtigsten Züge wird als Grundlage für unsere weitere Diskussion genügen.

Der seelische Apparat erscheint in allen Stadien der Freudschen Theorie als eine dynamische Einheit von Gegensätzen, von unbewußten und bewußten Strukturen; von primären und sekundären Prozessen; von ererbten »konstitutionell fixierten« und von erworbenen Kräften; von Leib–Seele und

1 Als Ergänzung zu Freuds eigener Zusammenfassung, besonders in: »Neue Folge der Vorlesungen zur Einführung in die Psychoanalyse«, Ges. Werke XV, siehe Siegfried Bernfeld, »Über die Einteilung der Triebe«, in: Imago XXI, 1935; Ernest Jones, »Psychoanalysis and the Instincts«, in: British Journal of Psychology XXVI, 1936; und Edward Bibring, »The Development and Problems of the Theorie of the Instincts«, in: International Journal of Psychoanalysis XXI, 1941.

äußerer Realität. Diese dualistische Konstruktion überwiegt selbst in der späteren dreigeteilten Topologie vom Ich, Es und Über-Ich noch immer; die zwischengeschalteten, »übergreifenden« Elemente tendieren nach den beiden Polen hin. Sie finden ihren entschiedensten Ausdruck in den beiden letztlichen Prinzipien, die den psychischen Apparat beherrschen: dem Lustprinzip und dem Realitätsprinzip.

In ihrer frühesten Form baut sich Freuds Theorie auf dem Antagonismus zwischen sexuellen (libidinösen) und Ich- (Selbsterhaltungs-) Trieben auf; im letzten Stadium ist sie um den Konflikt zwischen dem Lebenstrieb (Eros) und dem Todestrieb zentriert. Während einer kurzen Zwischenperiode wurde die dualistische Auffassung durch die Annahme einer einzigen, allumfassenden (narzißtischen) Libido ersetzt. Durch all diese Modifikationen der Freudschen Theorie hindurch behält aber die Sexualität ihren dominierenden Platz in der Triebfunktion. Die überragende Rolle der Sexualität entspricht dem Wesen des psychischen Apparats selbst, wie Freud ihn auffaßte: wenn die primären psychischen Prozesse vom Lustprinzip beherrscht sind, dann muß dieser Trieb, der das Leben selbst erhält, indem er unter diesem Prinzip wirkt, eben *der* Lebenstrieb sein.

Aber Freuds frühe Auffassung der Sexualität ist noch weit entfernt von der Vorstellung des Eros als Lebenstrieb. Der Sexualtrieb ist vorher nur ein spezifischer Instinkt (oder eigentlich eine Triebgruppe), der dem Ichtrieb (oder Selbsterhaltungstrieb) gleichberechtigt zur Seite steht und durch seine spezifische Genese, sein Triebziel und sein Objekt definiert ist. Freuds Theorie ist, zumindest bis zur Einführung des Narzißmus im Jahre 1914, alles andere als »pan-sexualistisch«; sie zeichnet sich vielmehr durch eine Einschränkung des Gebietes der Sexualität aus, eine Beschränkung, die trotz der beständigen Schwierigkeit, die unabhängige Existenz nichtsexueller Selbsterhaltungstriebe zu verifizieren, aufrechterhalten wird. Es ist noch ein weiter Weg bis zu der Hypothese, daß letztere nur »Partialtriebe« sind, »dazu bestimmt, den eigenen Todesweg des Organismus zu sichern und andere Möglichkeiten der Rückkehr zum Anorganischen als die immanenten fernzuhalten« [2], oder – was vielleicht nur eine andere Art ist, dasselbe zu sagen – daß sie selbst libidinöser Natur sind, Teile des Eros. Wie dem auch sei, die Entdeckung der infantilen Sexualität und der beinahe unbegrenzten erogenen Zonen des Körpers nimmt die spätere Anerkennung der libidinösen Komponenten der Selbsterhaltungstriebe vorweg und bereitet den Boden für die endgültige neue Deutung der Sexualität im Sinn des Lebenstriebes (Eros) vor.

In der endgültigen Formulierung der Triebtheorie sind die Selbsterhaltungstriebe – diese liebevoll gehegte Freistätte des Individuums und seine Rechtfertigung im »Existenzkampf« – aufgelöst: ihre Leistung erscheint jetzt als diejenige des zeugenden Sexualtriebes oder, insofern die Selbsterhaltung durch sozial nützliche Aggression erfolgt, als Leistung des Destruktionstriebs. Eros und der Todestrieb sind nun die zwei Grundantriebe. Hier aber muß nun unbedingt festgehalten werden, daß Freud, als er diese neue Konzeption einführt, sich gedrungen fühlt, wieder und wieder das gemeinsame Wesen der beiden Triebe zu betonen, ehe sie sich differenzieren. Das außerordentliche und erschreckende Ereignis ist die Entdeckung der fundamental *regressiven* oder »konservativen« Tendenz im gesamten Triebleben. Freud kann sich dem Verdacht nicht verschließen, daß er »einem allgemeinen, bisher nicht klar erkannten – oder wenigstens nicht ausdrücklich betonten – Charakter der Triebe, vielleicht alles organischen Lebens überhaupt, auf die Spur gekommen« ist; nämlich einem »dem belebten Organischen innewohnenden Drang zur Wiederherstellung eines früheren Zustandes, welchen dies Belebte unter dem Einfluß äußerer Störungskräfte aufgeben mußte, eine Art von organischer Elastizität, oder, wenn man will, die Äußerung

2 »Jenseits des Lustprinzips«, Ges. Werke XIII, S. 41.

der Trägheit im organischen Leben«[3]. Dies also wäre der letzte Inhalt oder die Substanz jener »Primärprozesse«, die Freud von Anfang an als wirksam im Unbewußten erkannt hatte. Zuerst wurden sie als das Bestreben »nach freiem Abfluß von Reizquantitäten« bezeichnet, die durch die Einwirkung der äußeren Realität auf den Organismus hervorgerufen werden[4]; der völlig freie Abfluß wäre die vollständige Befriedigung. Nun, zwanzig Jahre später, geht Freud noch immer von dieser Annahme aus:

Das Lustprinzip ist dann eine Tendenz, welche im Dienste einer Funktion steht, der es zufällt, den seelischen Apparat überhaupt erregungslos zu machen, oder den Betrag der Erregung in ihm konstant oder möglichst niedrig zu erhalten. Wir können uns noch für keine dieser Fassungen sicher entscheiden. [5]

Aber mehr und mehr setzt sich die innere Logik dieser Auffassung durch. Die ständige Freiheit von Erregung wurde bei der Geburt des Lebens endgültig preisgegeben; die Triebrichtung auf ein konstantes Gleichgewicht hin stellt also die endgültige Regression auf einen Zustand jenseits des Lebens selbst dar. Die primären Prozesse des psychischen Apparats scheinen in ihrem Streben nach vollständiger Befriedigung verhängnisvoll an das »allgemeinste Streben alles Lebenden, zur Ruhe der anorganischen Welt zurückzukehren«[6], gebunden zu sein. Die Triebe werden in die Sternenbahn des Todes gezogen. »Wenn das Konstanzprinzip im Sinne Fechners das Leben beherrscht, welches also dann ein Gleiten in den Tod sein sollte – –.«[7] Das Nirwanaprinzip erscheint nun als »die herrschende Tendenz des Seelenlebens, vielleicht des Nervenlebens überhaupt«. Und das Lustprinzip erscheint im Licht des Nirwanaprinzips als ein »Ausdruck« desselben:

3 ebd., S. 38, s. a. »Neue Folge der Vorlesungen zur Einführung in die Psychoanalyse«, Ges. Werke XV.

4 »Die Traumdeutung«, Ges. Werke II und III.

5 »Jenseits des Lustprinzips«, S. 67 f.

6 ebd., S. 68. — 7 »Das Ich und das Es«, Ges. Werke XIII, S. 275.

Daß wir als die herrschende Tendenz des Seelenlebens, vielleicht des Nervenlebens überhaupt, das Streben nach Herabsetzung, Konstanterhaltung, Aufhebung der inneren Reizspannung erkannten (das Nirwanaprinzip ...), wie es im Lustprinzip zum Ausdruck kommt, das ist ja eines unserer stärksten Motive, an die Existenz von Todestrieben zu glauben. [8]

Allerdings wird das Primat des Nirwanaprinzips, die erschrekkende Konvergenz von Lust und Tod, kaum daß es begründet wurde, auch wieder aufgelöst. Wie universell gültig auch die regressive Tätigkeit des organischen Lebens ist, streben doch die Triebe ihre Erfüllung in grundsätzlich anderen Weisen an. Der Unterschied entspricht dem von der Erhaltung und der Zerstörung des Lebens. Aus dem gemeinsamen Wesen des triebhaften Lebens entwickeln sich zwei antagonistische Antriebe. Die Lebenstriebe (Eros) gewinnen die Oberhand über die Todestriebe. Sie wirken beständig dem »Gleiten in den Tod« entgegen und verzögern es: »Wenn das Konstanz-Prinzip ... das Leben beherrscht, welches dann ein Gleiten in den Tod sein sollte, so sind es die Ansprüche des Eros, der Sexualtriebe, welche als Triebbedürfnisse das Herabsinken des Niveaus aufhalten und neue Spannungen einführen.« [9] Sie beginnen ihre Funktion der Lebenserhaltung mit der Loslösung von Keimzellen aus dem Organismus und der Verschmelzung von zwei solchen Zell-Leibern [10] und streben weiterhin danach, »immer größere Einheiten herzustellen und so zu erhalten« [11]. So gewinnen sie dem Tode die »potentielle Unsterblichkeit« der lebenden Substanz ab [12]. Der dynamische Dualismus des Trieblebens scheint gesichert. Aber Freud kehrt sofort zu seinem Ausgangspunkt, zur ursprünglich gemeinsamen Natur der Triebe zurück. Die Lebenstriebe »sind in demselben Sinne konservativ wie die anderen, indem sie frühere Zustände der leben-

8 »Jenseits des Lustprinzips«, S. 60. — 9 »Das Ich und das Es«, S. 275.
10 »Jenseits des Lustprinzips«, S. 42.
11 »Abriß der Psychoanalyse«, Fischerbücherei Bd. 47, Frankfurt 1953 (Lizenzausgabe von Imago Publishing Co. Ltd. London), S. 11.
12 »Jenseits des Lustprinzips«, S. 42.

den Substanz wiederbringen« – obwohl sie noch konservativer sind: »sie sind es in stärkerem Maße«[13]. Die Sexualität folgte demnach letzten Endes demselben Prinzip wie der Todestrieb. Später zitiert Freud, um den regressiven Charakter der Sexualität zu illustrieren, die »phantastische Hypothese« Platos, »daß die lebende Substanz bei ihrer Belebung in kleine Partikel zerrissen wurde, die seither durch die Sexualtriebe ihre Wiedervereinigung anstreben«[14]. »Wirkt Eros entgegen jedem Augenschein im letzten Grunde doch im Dienste des Todestriebes und ist das Leben wirklich nur ein langer Umweg zum Tode?«[15] Aber der Augenschein ist stark und der Umweg lang genug, um die gegenteilige Annahme zu verbürgen. Eros wird als die große einende Kraft definiert, die alles Leben erhält[16]. Die letzte Beziehung zwischen Eros und Thanatos bleibt dunkel.

Wenn Eros und Thanatos so als die zwei Grundtriebe erscheinen, deren wechselnde Gegenwart und ständige Verschmelzung (und Entmischung) den Lebensprozeß charakterisieren, dann stellt diese Triebtheorie bei weitem mehr dar als eine Neuformulierung älterer Freudscher Konzeptionen. Die Psychoanalytiker haben berechtigterweise betont, daß Freuds letzte Metapsychologie auf einem dem Wesen nach neuen Triebbegriff basiert: die Triebe werden nicht mehr in Ausdrücken ihres Ursprungs und ihrer organischen Funktion definiert, sondern im Sinn einer determinierenden Kraft, die den Lebensprozessen eine bestimmte »Richtung« gibt, im Sinne von »Lebensprinzipien«. Die Bezeichnungen *Trieb, Prinzip, Regulierung* werden assimiliert. »Der starre Gegensatz zwischen einem von bestimmten Prinzipien regulierten psychischen Apparat auf der einen Seite und Trieben, die von außen in diesen Apparat eindringen auf der anderen, konnte nicht länger aufrechterhalten werden.«[17]

13 ebd., S. 42. — 14 ebd., S. 63. — 15 ebd., S. 41.
16 »Das Ich und das Es«, S. 289.
17 Edward Bibring, »The Development and Problems of the Theory of

Darüber hinaus scheint die dualistische Auffassung der Triebe, die ja schon seit der Einführung des Narzißmus fraglich geworden war, nun von einer ganz anderen Seite her bedroht. Mit der Anerkennung der libidinösen Komponenten der Ichtriebe wurde es praktisch unmöglich, »andere als libidinöse Triebe aufzuzeigen«[18], irgendwelche Triebimpulse zu finden, die sich nicht »als Abkömmlinge des Eros enthüllen«[19].
Diese Unfähigkeit, in der primären Triebstruktur irgend etwas zu entdecken, was nicht Eros wäre – eine Unfähigkeit, die, wie wir sehen werden, eben das Unterpfand der Wahrheit ist –, dieser Monismus der Sexualität scheint sich nun in sein Gegenteil zu verkehren: in einen Monismus des Todes. Sicherlich, die Analyse des Wiederholungs- und Regressionszwanges und »endlich« die sadistischen Bestandteile des Eros stellen die erschütterte dualistische Auffassung wieder her: der Todestrieb wird in der primären Triebstruktur zum gleichberechtigten Partner des Eros, und der beständige Kampf zwischen den beiden bildet die primäre Dynamik. Aber die Entdeckung der gemeinsamen »konservativen Natur« der Triebe widerspricht der dualistischen Konzeption und hält Freuds späte Metapsychologie in dem Spannungszustand und gibt ihr die Tiefe, die sie zu einem der großen intellektuellen Wagnisse in der Wissenschaft vom Menschen erheben. Die *Frage nach dem gemeinsamen Ursprung* der zwei Grundtriebe kann nicht länger zum Schweigen gebracht werden. Fenichel wies darauf hin[20], daß Freud selbst einen entscheidenden Schritt in dieser Richtung getan hat, als er eine verschiebbare Energie annahm, die an sich selbst »qualitätslos«, aber imstande ist, sich mit einem erotischen oder mit einem destruktiven Impuls zu vereinen – mit dem Lebens- oder dem Todestrieb. Niemals zuvor war

the Instincts«, a. a. O. S. a. Heinz Hartmann, »Comments on the Psychoanalytic Theory of Instinctual Drives«, Psychoanalytic Quarterly, No. XVII, 3, 1948.

18 »Jenseits des Lustprinzips«, S. 57. – 19 »Das Ich und das Es«, S. 275.

20 »Zur Kritik des Todestriebes«, in: Imago XXI, 1953, S. 463.

der Tod so konsequent in das Wesen des Lebens hineingenommen worden; aber niemals zuvor auch war der Tod dem Eros so nahe gekommen. Fenichel wirft die entscheidende Frage auf, ob die Antithese von Eros und Todestrieb nicht die Trennung einer ursprünglich gemeinsamen Wurzel darstellt. Er schlägt vor, die Phänomene, die sich zum Todestrieb gruppieren, als Ausdruck eines »für alle Triebe gültigen« Prinzips aufzufassen, eines Prinzips, das im Lauf der Entwicklung »durch äußere Einflüsse ... verändert worden sein könnte« [21]. Wenn außerdem der »Regressionszwang« in allen organischen Lebensäußerungen nach völliger Ruhe strebt, wenn der Grund des Lustprinzips das Nirwanaprinzip ist, dann erscheint die Notwendigkeit des Todes in einem völlig neuen Licht. Der Todestrieb ist nicht um seiner selbst willen destruktiv, sondern um der Behebung von Spannung willen. Der Abstieg zum Tode ist eine unbewußte Flucht vor Schmerz und Mangel. Er ist ein Ausdruck des ewigen Kampfes gegen Leiden und Unterdrückung. Und der Todestrieb selbst scheint von den historischen Veränderungen ergriffen zu sein, welche diesen Kampf beeinflussen. Um den historischen Charakter der Triebe näher erklären zu können, muß man ihnen ihren Platz in dem neuen Personbegriff zuweisen, der der letzten Version der Freudschen Triebtheorie entspricht.

Die Haupt»schichten« der seelischen Struktur werden nun als das *Es*, das *Ich* und das *Über-Ich* bezeichnet. Die fundamentale älteste und umfänglichste Schicht ist das *Es*, der Bereich des Unbewußten, der Primärtriebe. Das Es ist frei von Formen und Prinzipien, welche das bewußte, soziale Individuum ausmachen. Es wird weder von der Zeit beeinflußt, noch von Widersprüchen beunruhigt; es kennt »keine Wertungen, kein Gut und Böse, keine Moral« [22]. »Eine Absicht, sich am Leben

21 »The Psychoanalytic Theory of Neurosis«, New York, W. W. Norton, 1945, S. 59.

22 »Neue Folge der Vorlesungen zur Einführung in die Psychoanalyse«, Ges. Werke, XV, S. 81.

zu erhalten . . . kann dem Es nicht zugeschrieben werden« [23]: es hat nur das Bestreben, den Triebbedürfnissen unter Einhaltung des Lustprinzips Befriedigung zu schaffen [24].

Unter dem Einfluß der Außenwelt (der Umgebung) entwikkelt sich ein Teil des Es, das mit den Organen zur Reizaufnahme und zum Reizschutz ausgestattet ist, allmählich zum *Ich*. Es ist der »Vermittler« zwischen dem Es und der Außenwelt. Wahrnehmung und Bewußtsein sind nur der kleinste und »oberflächlichste« Teil des Ich, der Teil, der der Außenwelt topographisch am nächsten kommt; mit Hilfe dieser Instrumente (des »Wahrnehmungs-Bewußtseins-Systems«, System W.-Bw) erhält das Ich sein Dasein aufrecht, beobachtet und prüft es die Wirklichkeit, indem es ein »echtes Bild« derselben gewinnt und bewahrt, sich ihr anpaßt und sie seinem eigenen Interesse entsprechend verändert. So hat das Ich »die Aufgabe übernommen, (die Außenwelt) bei dem Es zu vertreten, zum Heil des Es, das ohne Rücksicht auf diese übergewaltige Außenmacht im blinden Streben nach Triebbefriedigung der Vernichtung nicht entgehen würde.« [25]

In Erfüllung dieser Aufgabe besteht die Hauptfunktion des Ich in der Koordinierung, Abwandlung, Organisierung und Steuerung der Triebimpulse des Es, um Konflikte mit der Realität zu mildern. Impulse, die mit der Wirklichkeit unvereinbar sind, werden unterdrückt, andere mit der Wirklichkeit »versöhnt«, indem ihr Objekt gewechselt, ihre Befriedigung verschoben oder abgelenkt wird, ihre Befriedigungsform verändert, oder indem sie mit anderen Impulsen verschmolzen werden usw. Auf solche Weise hat das Ich »das Lustprinzip entthront, das uneingeschränkt den Ablauf der Vorgänge im Es beherrscht und es durch das Realitätsprinzip ersetzt, das mehr Sicherheit und größeren Erfolg verspricht«.

23 »Abriß der Psychoanalyse«, a. a. O., S. 10.

24 »Neue Folge der Vorlesungen zur Einführung in die Psychoanalyse«, S. 80.

25 ebd., S. 82.

Trotz seiner überragend wichtigen Funktionen, die einem Organismus Triebbefriedigung verschaffen, der unter anderen Umständen fast sicher zugrunde ginge oder sich selbst zerstörte, behält das Ich doch sein Geburtsmerkmal als »Auswuchs« des Es bei. In Beziehung zum Es bleiben die Vorgänge im Ich *sekundäre Prozesse.* Nichts erhellt überzeugender die abhängige Funktion des Ich als Freuds frühe Formulierung, wonach alles Denken nur ein Umweg von der Erinnerung an eine Befriedigung zu der identischen Besetzung derselben Erinnerung ist, die auf dem Wege der motorischen Erfahrung wieder erreicht werden kann [26].

Die Erinnerung an die Befriedigung steht am Ursprung alles Denkens und der Impuls, eine verflossene Befriedigung wiederzuerlangen, ist die verborgene treibende Kraft hinter dem Denkprozeß. Da das Realitätsprinzip diesen Prozeß zu einer endlosen Serie von »Umwegen« macht, erlebt das Ich die Wirklichkeit als überwiegend feindlich und seine Haltung ist vorwiegend die der »Abwehr«. Da aber andererseits die Realität über diese Umwege Befriedigung bietet (obgleich nur »modifizierte« Befriedigung), muß das Ich jene Impulse verwerfen, die, würden sie befriedigt, das Leben zerstörten. Die Ichabwehr ist somit ein Kampf auf zwei Fronten.

Im Verlauf der Entwicklung des Ich tritt eine weitere psychische »Instanz« auf: das *Über-Ich.* Es hat seinen Ursprung in der langen Abhängigkeit des Kindes von seinen Eltern; der Einfluß der Eltern bleibt das Kernstück des Über-Ich. Weiterhin werden eine Reihe von sozialen und kulturellen Einflüssen vom Über-Ich aufgenommen, bis es schließlich zu dem machtvollen Repräsentanten der geltenden Moralgesetze und dessen wird, »was die Menschen als die ›höheren‹ Dinge im menschlichen Leben bezeichnen«. Nun werden die »äußeren

26 In: »Die Traumdeutung«. Die Rolle des Ich wird in der späteren Entwicklung der Psychoanalyse positiver gesehen, unter stärkerer Betonung seiner »synthetisierenden« und »integrativen« Funktionen. Hinsichtlich der Bedeutung dieser Akzentverschiebung siehe den Epilog unten.

Einschränkungen«, die anfänglich von den Eltern und weiterhin von anderen Vertretern der Gesellschaft dem Individuum auferlegt wurden, ins Ich »introjiziert« und werden zu seinem »Gewissen«; von nun an durchtränkt das Schuldgefühl – das Strafbedürfnis, das durch den Wunsch nach der Übertretung dieser Beschränkung (besonders in der Ödipussituation) hervorgerufen wird – das seelische Leben. In der Regel nimmt »das Ich die Verdrängungen im Dienst und Auftrag seines Über-Ichs« vor [27]. Die Verdrängungen werden aber bald unbewußt, d. h. eigentlich automatisch, und ein »großer Teil« des Schuldbewußtseins bleibt unbewußt.

Franz Alexander spricht von der »Verwandlung der bewußten Verurteilung, die auf Wahrnehmung beruht, in den unbewußten Verdrängungsvorgang«; er nimmt eine Tendenz zur Abnahme beweglicher psychischer Energie in Richtung auf eine tonische Form hin an – eine »Körperwerdung der Psyche« [28]. Diese Entwicklung, in deren Verlauf ursprünglich bewußte Kämpfe mit den Forderungen der Wirklichkeit (der Eltern und deren Nachfolgern in der Über-Ich-Bildung) in unbewußte automatische Reaktionen umgeformt werden, ist von höchster Bedeutung für den Verlauf des Zivilisationsprozesses. Das Realitätsprinzip behauptet sich durch einen Rückzug des bewußten Ich in einer bezeichnenden Richtung: die autonome Entwicklung der Triebe erstarrt und ihre Grundform fixiert sich auf dem Niveau der Kindheit. Das Haften am *status quo ante* wird der Triebstruktur eingeimpft. Das Individuum wird in seinem Triebverhalten re-aktionär – sowohl im wörtlichen wie im übertragenen Sinn. Es übt gegen sich selbst eine Strenge, die früher einmal einem infantilen Stadium seiner Entwicklung angemessen war, aber seither, im Licht der rationalen Möglichkeiten der (individuellen und

27 »Das Ich und das Es«, S. 281.
28 Franz Alexander, »Psychoanalyse der Gesamtpersönlichkeit«, Internationaler Psychoanalytischer Verlag, Leipzig, Wien, Zürich, 1927, S. 34.

sozialen) Reife längst überholt ist[29]. Das Individuum bestraft sich selbst (und wird dann bestraft) für Taten, die nie begangen wurden oder die gar nicht mehr unvereinbar mit der kulturellen Wirklichkeit, dem zivilisierten Menschen, sind.
Das Über-Ich setzt somit nicht nur die Forderungen der Wirklichkeit durch, sondern auch die einer verflossenen Wirklichkeit. Auf Grund dieser unbewußten Mechanismen bleibt die psychische Entwicklung hinter der Realentwicklung zurück, oder (da erstere selbst einen Faktor in der letzteren darstellt) verzögert sie, leugnet ihre Möglichkeiten im Namen der Vergangenheit ab. Die Vergangenheit zeigt ihre doppelte Funktion bei der Formung des Individuums – und seiner Gesellschaft. Das Es, das das Herrschaftsbereich des urtümlichen Lustprinzips wieder aufrichten möchte, wo die Freiheit von Mangel eine Lebensnotwendigkeit darstellte, trägt die Erinnerungsspuren dieses Zustandes in jede sich bietende Zukunft hinein: es projiziert das Vergangene ins Zukünftige. Das Über-Ich aber, ebenfalls unbewußt, verwirft diese Triebansprüche auf die Zukunft, und zwar im Namen einer Vergangenheit, die nun nicht mehr vollständige Befriedigung, sondern bittere Anpassung an eine strafende Gegenwart bedeutet. Phylogenetisch und ontogenetisch gehen die Erinnerungsspuren an die Einheit zwischen Freiheit und Notwendigkeit mit dem Fortschritt der Zivilisation und mit dem Wachstum des Individuums in der Hinnahme der unvermeidlichen Unfreiheit unter; vernunftgemäß und rationalisiert beugt sich das Erinnerungsvermögen selbst dem Realitätsprinzip.
Das Realitätsprinzip erhält den Organismus in der äußeren Welt. Im Fall des menschlichen Organismus ist dies eine *historische* Welt. Die äußere Welt, der das wachsende Ich sich gegenübersieht, stellt in jedem Stadium eine spezifische sozio-historische Organisation der Wirklichkeit dar, die die psychische Struktur durch spezifische gesellschaftsbildende Organe oder

29 ebd., S. 55–57.

Kräfte beeinflußt. Es wurde behauptet, daß Freuds Begriff des Realitätsprinzips diese Tatsache verleugne, indem er aus historischen Zufälligkeiten biologische Notwendigkeiten mache: seine Analyse der verdrängenden (unterdrückenden) Umgestaltung der Triebe unter der Einwirkung des Realitätsprinzips verallgemeinere eine spezifische historische Form der Realität in Realität schlechthin. Diese Kritik ist durchaus berechtigt, aber ihre Berechtigung hebt die Wahrheit nicht auf, die in Freuds Verallgemeinerung enthalten ist: die Tatsache nämlich, daß *allen* historischen Formen des Realitätsprinzips in der Kultur eine verdrängende (unterdrückende) Organisation der Triebe zugrunde liegt. Wenn Freud die verdrängende Trieborganisation mit der Unvereinbarkeit des primären Lustprinzips und des Realitätsprinzips rechtfertigt, dann bringt er damit die geschichtliche Tatsache zum Ausdruck, daß die Kultur ihren Fortschritt stets als organisierte *Herrschaft* vollzogen hat. Diese Einsicht leitet seine gesamte phylogenetische Konstruktion, die die Kultur von der Ersetzung des patriarchalen Despotismus der Urhorde durch den internalisierten Despotismus der Bruderhorde ableitet. Gerade weil alle Kultur organisierte Herrschaft war, nimmt die historische Entwicklung die Würde und Notwendigkeit einer universellen biologischen Entwicklung an.

Der »unhistorische« Charakter der Freudschen Begriffe enthält so die Elemente seines Gegenteils: ihre historische Substanz muß wieder erfaßt werden, nicht indem man ein paar soziologische Faktoren hinzufügt (wie es die »kulturellen« neo-Freudianischen Schulen unternehmen), sondern indem man ihren eigenen Gehalt entwickelt. In diesem Sinne stellt unsere weitere Diskussion eine »Extrapolation« dar, die aus Freuds Theorie Gedanken und Lehrsätze ableitet, die in ihr nur in einer verdinglichten Form enthalten sind, in der historische Prozesse als natürliche (biologische) erscheinen.

Terminologisch erfordert diese Extrapolation eine Verdoppelung der Begriffe: den Freudschen Begriffen, die nicht entsprechend zwischen den biologischen *und* den soziologisch-historischen Triebschicksalen unterscheiden, müssen korrespondierende Ausdrücke zur Seite gestellt werden, die die spezifische sozio-historische Komponente bezeichnen. Vorerst wollen wir zwei solche Ausdrücke einführen.

a) *Zusätzliche Unterdrückung:* die durch die soziale Herrschaft notwendig gewordenen Beschränkungen. Sie unterscheiden sich von der (Grund-) Unterdrückung, der Triebmodifizierung, die für das Fortbestehen der menschlichen Rasse in der Kultur unerläßlich ist.
b) *Leistungsprinzip:* die vorherrschende historische Form des Realitätsprinzips.

Hinter dem Realitätsprinzip steht die fundamentale Wirklichkeit der Ananke, der Lebensnot, die bedeutet, daß der Existenzkampf in einer Welt vor sich geht, die zu arm ist, um die menschlichen Bedürfnisse ohne ständige Einschränkungen, Verzichte und Verzögerungen zu erfüllen. Mit anderen Worten: jede mögliche Befriedigung erfordert *Arbeit*.

Für die Dauer dieser Arbeit, die praktisch das gesamte Dasein des erwachsenen Individuums ausfüllt, ist die Lust »suspendiert«, d. h. für diese Zeitspanne ausgeschlossen, und die Mühe waltet vor. Und da die Grundinstinkte nach der Vorherrschaft von Lust und dem Fehlen aller Mühsal streben, ist das Lustprinzip unvereinbar mit der Realität, und die Triebe müssen sich einer verdrängenden Organisation unterwerfen.

Allerdings ist diese Schlußfolgerung, die immer wieder hinter Freuds Metapsychologie sichtbar wird, insofern irreführend, als sie der brutalen *Tatsache* der Lebensnot etwas zuschreibt, was in Wirklichkeit die Folge einer spezifischen Organisation der Not und eine spezifische Daseinshaltung ist, die durch diese Organisation erzwungen wird. Der herrschende Mangel ist durch den gesamten Verlauf der Kultur hindurch so organisiert worden (wenn auch in höchst unterschiedlichen Weisen), daß die vorhandenen Mittel nicht in Übereinstimmung

mit individuellen Bedürfnissen kollektiv verteilt wurden, noch ist die Beschaffung der Güter für die Bedürfnisbefriedigung mit dem Ziel organisiert worden, die sich entwickelnden Bedürfnisse der Einzelnen in der besten Weise zu befriedigen. Statt dessen wurde sowohl die *Verteilung* der mangelhaften Güter als auch die Anstrengung, den Mangel zu bekämpfen, die Arbeitsweise also, den Individuen aufgezwungen – zuerst durch reine Gewaltanwendung, später durch eine rationalere Anwendung der Macht. Aber wie nützlich diese Rationalität auch für den Fortschritt des Ganzen war, sie blieb doch die Rationalität der Herrschaft, und der allmähliche Sieg über die Lebensnot war unlösbar mit den Interessen der Beherrschung verquickt und von ihnen geformt. Herrschaft ist etwas anderes als rationale Machtausübung. Letztere, die jeder gesellschaftsformenden Arbeitsteilung innewohnt, stammt aus dem Können und beschränkt sich auf die Verwaltung von Funktionen und Einrichtungen, die für die Förderung des Ganzen notwendig sind. Im Gegensatz dazu wird die Herrschaft von einer bestimmten Gruppe oder von einem Einzelnen ausgeübt mit der Absicht, sich selbst in einer privilegierten Position zu erhalten und seine Macht zu steigern. Solch eine Herrschaft schließt den technischen, materiellen und intellektuellen Fortschritt nicht aus, aber er ist nur ein unvermeidliches Nebenprodukt, während die irrationale Lebensnot, der Mangel und die Beschränkung weiter bestehen.
Die verschiedenen Arten der Herrschaft (über die Menschen und über die Natur) resultieren in verschiedenen historischen Formen des Realitätsprinzips. So wird z. B. eine Gesellschaft, in der normalerweise sämtliche Mitglieder für ihren Lebensunterhalt arbeiten, anderer Arten der Unterdrückung bedürfen als eine Gesellschaft, in der körperliche Arbeit das ausschließliche Los einer bestimmten Gruppe darstellt. In ähnlicher Weise wird die Unterdrückung in Umfang und Maß je nachdem verschieden sein, ob die soziale Produktion auf individuellen Verbrauch oder auf Profit hin orientiert ist; ob

Marktwirtschaft oder Planwirtschaft überwiegt, privater oder kollektiver Besitz. Diese Unterschiede beeinflussen den Inhalt des Realitätsprinzips an sich, denn jede Form dieses Prinzips muß in einem System gesellschaftlicher Institutionen und Beziehungen, Gesetzen und Wertsetzungen verkörpert werden, die die notwendigen »Modifikationen« der Triebe vermitteln und erzwingen. Und mehr noch, während jede Form des Realitätsprinzips ein beträchtliches Maß an unterdrückender Triebkontrolle erfordert, führen die spezifischen historischen Institutionen des Realitätsprinzips und die spezifischen Interessen der Herrschaft zusätzliche Kontrollausübungen ein, die über jene hinausgehen, die für eine zivilisierte menschliche Gemeinschaft unerläßlich sind. Diese zusätzliche Lenkung und Machtausübung, die von den besonderen Institutionen der Herrschaft ausgehen, sind das, was wir als *zusätzliche Unterdrückung* bezeichnen.

So sind z. B. die Modifikationen und Ablenkungen von Triebenergie, die durch das Fortdauern der monogam-patriarchalen Familienstruktur oder durch die hierarchische Aufteilung der Arbeit oder durch die öffentliche Kontrolle des privaten Daseins des Einzelnen notwendig werden, Ausdruck der zusätzlichen Unterdrückung, die den Institutionen eines *bestimmten* Realitätsprinzips zugehört. Sie kommen zu den grundsätzlichen (phylogenetischen) Triebeinschränkungen hinzu, die die Entwicklung des Menschen vom menschlichen Tier zum *animal sapiens* auszeichnen. Die Fähigkeit, instinktive Antriebe in Schranken zu halten und zu lenken, biologische Notwendigkeiten in individuelle Bedürfnisse und Wünsche zu verwandeln, erhöht eher die Befriedigung, als daß sie sie verkleinert: die »Mediatisierung« der Natur, die Brechung ihrer Zwangsherrschaft ist die humane Form des Lustprinzips. Zu Beginn können derartige Triebeinschränkungen durchaus durch die Lebensnot und die verlängerte Abhängigkeit des menschlichen Tieres erzwungen worden sein, aber sie werden zum Privileg und zur Auszeichnung des Menschen, die ihn instand setzen, die blinde Notwendigkeit der Bedürfnisserfüllung in die erwünschte Befriedigung zu transformieren [30].

Die »Enthaltung« von sexuellen Partialtrieben, der Fortschritt zur Genitalität, gehören zu dieser Grundschicht der Verdrängung, die erst intensivierte Lust ermöglicht: die Reifung des Organismus schließt die normale und natürliche Reifung der Lust mit ein. Allerdings kann die Beherrschung der instinktiven Triebe auch *gegen* die Befriedigung verwendet werden; in der Geschichte der Kultur verquicken sich die grundlegende und die zusätzliche Unterdrückung unlösbar miteinander und der normale Fortschritt zur Genitalität wurde so organisiert, daß die Partialtriebe und ihre »Zonen« nahezu desexualisiert wurden, um den Erfordernissen einer bestimmten sozialen Organisation des menschlichen Daseins zu entsprechen. Das Schicksal der »Nähe-Sinne« (Geruch und Geschmack) bietet ein gutes Beispiel für die Wechselbeziehung zwischen grundlegender und zusätzlicher Unterdrückung (Verdrängung). Freud meinte in diesem Zusammenhang: »Es sind vor allem die koprophilen Triebanteile, die sich als unverträglich mit unserer ästhetischen Kultur erwiesen, wahrscheinlich, seitdem wir durch den aufrechten Gang unser Riechorgan von der Erde abgehoben haben« [31]. Es gibt aber noch einen anderen Aspekt für die Unterdrückung der »Nähe-Sinne« in der Kultur: sie verfallen den starren Tabus, die auf zu intensiver Körperlust liegen. Die Geruchs- und Geschmackslust ist »viel weitgehender eine körperliche, physische, daher auch näher verwandt der Sexuallust als die sublimere Lust, die durch Töne und die unkörperlichste aller Lüste, die durch den Anblick von etwas Schönem erregt wird« [32]. Geruch und Geschmack liefern tat-

30 s. Kap. XI.

31 »Über die allgemeinste Erniedrigung des Liebesleben«, Ges. Werke VIII, S. 90.

32 Ernst Schachtel, »On Memory and Childhood Amnesia«, in: A Study of Interpersonal Relations, Patrick Mullahy, New York, Hermitage Press, 1950, S. 24.

sächlich unsublimierte Lust an sich (und unverdrängten Ekel). Sie setzen Individuen unmittelbar in Beziehung zueinander (und trennen sie), ohne die verallgemeinerten und konventionalisierten Formen des Bewußtseins, der Moral, der Ästhetik. Solch eine Unmittelbarkeit ist aber unvereinbar mit der Wirksamkeit organisierter *Herrschaft*, mit einer Gesellschaft, die »bestrebt ist, Menschen zu isolieren, Distanz zwischen ihnen zu schaffen und spontane Beziehungen und die ›natürlichen‹ tierhaften Äußerungen solcher Beziehungen zu verhindern« [33]. Die Lust der Nähe-Sinne spielt an den erogenen Körperzonen – und tut es rein um der Lust willen. Ihre unverdrängte Entwicklung würde den Organismus in einem Maße erotisieren, das seiner sozialen Nutzbarkeit als Arbeitsinstrument zuwiderliefe.

Während des gesamten Verlaufs der uns bekannten Kulturgeschichte wurde die von der Lebensnot erzwungene Triebeinschränkung durch Maßnahmen verschärft, die durch die hierarchische Verteilung des Mangels und der Arbeit den Individuen auferlegt wurden; die Interessen der Herrschaft fügten der Organisation der Triebe unter dem Realitätsprinzip zusätzliche Unterdrückung hinzu. Das Lustprinzip wurde nicht nur entthront, weil es dem Fortschritt der Kultur entgegenstand, sondern auch, weil es sich gegen eine Kultur auflehnte, deren Fortschritt Herrschaft und Mühsal verewigt. Freud scheint diese Tatsache zu bestätigen, wenn er die Haltung der Kultur der Sexualität gegenüber mit der eines Volksstammes oder einer Schicht der Bevölkerung vergleicht, »die eine andere ihrer Ausbeutung unterworfen« hat. »Die Angst vor dem Aufstand der Unterdrückten treibt zu strengen Vorsichtsmaßregeln.« [34]

Die Modifizierung der Triebe unter dem Realitätsprinzip be-

33 ebd., S. 26.

34 »Das Unbehagen in der Kultur«, 1953 (Lizenzausgabe von Imago Publishing Co, Ltd. London), S. 140.

rührt sowohl den Lebens- als den Todestrieb; aber nur im Licht der Entwicklung des Lebenstriebs, d. h. der verdrängenden *Organisation der Sexualität,* wird der Todestrieb ganz verständlich. Die Sexualtriebe haben die volle Wucht des Angriffs von seiten des Realitätsbegriffs zu tragen. Ihre Organisation kulminiert in der Unterordnung der sexuellen Partialtriebe unter das Primat der Genitalität und ihre Unterwerfung unter die Fortpflanzungsfunktion. Dieser Prozeß enthält die Ablenkung der Libido vom eigenen Körper auf ein fremdes Objekt des anderen Geschlechts (die Überwindung des primären und sekundären Narzißmus). Die Befriedigung der Partialtriebe und die der nicht der Fortpflanzung dienenden Genitalität werden, entsprechend dem Ausmaß ihrer Unabhängigkeit, als Perversionen tabuiert, sublimiert oder in Hilfsfunktionen der auf Fortpflanzung gerichteten Sexualität transformiert. Diese selbst wird außerdem bei den meisten Kulturen in die Kanäle monogamer Institutionen geleitet. Diese Organisation hat eine quantitative und qualitative Einschränkung der Sexualität zur Folge: die Vereinigung der Partialtriebe und ihre Unterordnung unter die Fortpflanzungsfunktion verändert das eigentliche Wesen der Sexualität: von einem autonomen »Prinzip«, das den gesamten Organismus beherrscht, wird es in eine spezialisierte, zeitlich beschränkte Funktion verwandelt, in ein Mittel zum Zweck. Im Sinne des Lustprinzips, das die »unorganisierten« Sexualtriebe regiert, ist die Fortpflanzung nur ein »Nebenprodukt«.

Der primäre Inhalt der Sexualität ist »die Funktion der Lustgewinnung aus Körperzonen, die nachträglich in den Dienst der Fortpflanzung gestellt wird« [35]. Freud betont immer wieder, daß ohne ihre Organisierung für diesen »Dienst« die Sexualität alle nicht-sexuellen und daher alle kulturellen, gesellschaftsbildenden Beziehungen ausschließen würde – selbst im Stadium der erwachsenen heterosexuellen Genitalität:

35 »Abriß der Psychoanalyse«, S. 15.

Wir sagen ungefähr dasselbe, wenn wir den Gegensatz zwischen Kultur und Sexualität davon ableiten, daß die sexuelle Liebe ein Verhältnis zwischen zwei Personen ist, bei dem ein Dritter nur überflüssig oder störend sein kann, während die Kultur auf Beziehungen unter einer größeren Menschenanzahl ruht. Auf der Höhe eines Liebesverhältnisses bleibt kein Interesse für die Umwelt übrig; das Liebespaar genügt sich selbst, braucht auch nicht das gemeinsame Kind, um glücklich zu sein. [36]

Und früher schon, bei der Beprechung der Unterscheidung zwischen sexuellen und Selbsterhaltungstrieben, weist er auf die gefahrvollen Möglichkeiten der Sexualität hin:

Es ist unverkennbar, daß ihre Ausübung dem Einzelwesen nicht immer Nutzen bringt wie seine anderen Leistungen, sondern ihn um den Preis einer ungewöhnlich hohen Lust in Gefahr bringt, die sein Leben bedrohen und es oft genug verwirken. [37]

Wie aber rechtfertigt diese Deutung der Sexualität als einer wesensmäßig explosiven Kraft, die in Konflikt mit der Kultur ist, die Definition des Eros als »das Bestreben . . ., das Organische zu immer größeren Einheiten zusammenzufassen« [38], »immer größere Einheiten herzustellen und so zu erhalten, also Bindung« [39]? Wie kann die Sexualität zum »wahrscheinlichen Ersatz« für den »Vervollkommnungstrieb« werden [40], die Macht, die »alles in der Welt zusammenhält« [41]? Wie kann diese Vorstellung vom asozialen Charakter der Sexualität übergehen in die »Voraussetzung . . . daß Liebesbeziehungen (indifferent ausgedrückt: Gefühlsbindungen) auch das Wesen der Massenseele ausmachen« [42]? Der offenbare Widerspruch

36 »Das Unbehagen in der Kultur«, S. 144.

37 »Vorlesungen zur Einführung in die Psychoanalyse«, Internationaler Psychoanalytischer Verlag, Leipzig, Wien, Zürich, 1926, S. 428 f.

38 »Jenseits des Lustprinzips«, S. 45.

39 »Abriß der Psychoanalyse«, a. a. O., S. 11.

40 »Jenseits des Lustprinzips«, S. 45.

41 »Massenpsychologie und Ich-Analyse«, Ges. Werke XIII, S. 100.

42 ebd.

wird dadurch nicht gelöst, daß man der früheren Auffassung der Sexualität nun die explosiven Merkmale hinzufügt und dem Eros die konstruktiven – denn er umgreift beide. Im »Unbehagen in der Kultur«, unmittelbar anschließend an die oben zitierte Stelle, faßt Freud die beiden Aspekte zusammen: »In keinem anderen Falle verrät der Eros so deutlich den Kern seines Wesens, die Absicht, aus mehreren eines zu machen; aber, wenn er dies, wie es sprichwörtlich geworden ist, in der Verliebtheit zweier Menschen zueinander erreicht hat, will er darüber nicht hinausgehen.« Der Widerspruch kann auch nicht dadurch aufgehoben werden, daß man die konstruktiven kulturellen Kräfte des Eros nur in die sublimierten Formen der Sexualität verlegt: nach Freud gehört das Streben nach immer größeren Einheiten zur biologisch-organischen Natur des Eros selbst.

Statt daß wir versuchen, die beiden widersprechenden Aspekte der Sexualität in Einklang zu bringen, sollten wir uns an dieser Stelle unserer Deutung zu der Vorstellung entschließen, daß sie die innere, ungelöste Spannung in der Theorie Freuds widerspiegeln: entgegen seiner Vorstellung von dem unvermeidlichen »biologischen« Konflikt zwischen Lustprinzip und Realitätsprinzip, zwischen Sexualität und Kultur, setzt sich die Idee von der einenden und befriedigenden Macht des Eros durch, der in einer kranken Kultur gefesselt und erschöpft ist. Diese Idee würde bedeuten, daß der *freie* Eros dauerhafte kulturelle gesellschaftsbildende Beziehungen nicht ausschließt – daß er nur die über-verdrängende Organisation der gesellschaftsbildenden Beziehungen unter einem Prinzip, das die Verneinung des Lustprinzips ist, abweist. Freud gestattet sich die Vorstellung, »daß eine Kulturgemeinschaft aus solchen Doppelindividuen bestände, die, in sich libidinös gesättigt, durch das Band der Arbeits- und Interessengemeinschaft miteinander verknüpft sind« [43]. Aber er fügt hinzu, daß solch ein

43 »Das Unbehagen in der Kultur«, a. a. O., S. 144 f.

»wünschenswerter Zustand« nicht besteht und niemals bestand, daß die Kultur »im größten Ausmaß zielgehemmte Libido aufbietet« und daß »die Einschränkung des Sexuallebens unvermeidlich« ist. Er findet den Grund für den Antagonismus der Kultur gegen die Sexualität in den Aggressionstrieben, die mit der Sexualität tief verschmolzen sind: sie drohen immer wieder, die Zivilisation zu zerstören und zwingen die Kultur, »alles aufzubieten, um den Aggressionstrieben der Menschen Schranken zu setzen«. »Daher also das Aufgebot von Methoden, die die Menschen zu Identifizierungen und zielgehemmten Liebesbeziehungen antreiben sollen, daher die Einschränkung des Sexuallebens.«[44] Aber wiederum weist Freud nach, daß dies System der Verdrängung und Unterdrückung den Konflikt nicht wirklich löst. Die Zivilisation gerät in eine zerstörerische Dialektik: die dauernden Einschränkungen des Eros schwächen schließlich den Lebenstrieb und setzen damit eben jene Kräfte in verstärktem Maße frei, gegen die sie »aufgerufen« worden waren – die Kräfte der Zerstörung. Diese Dialektik, die den noch unerforschten und fast tabuierten Kern der Freudschen Metapsychologie darstellt, soll später näher untersucht werden; hier wollen wir Freuds antagonistische Auffassung des Eros dazu benutzen, die spezifischen historischen Verdrängungsformen zu erkennen, die durch das jeweils herrschende Realitätsprinzip auferlegt werden.

Indem wir den Ausdruck »zusätzliche Unterdrückung« einführten, haben wir die Diskussion auf die Institutionen und Beziehungen gelenkt, die den sozialen »Körper« des Realitätsprinzips ausmachen. Sie repräsentieren nicht einfach die wechselnden äußeren Manifestationen ein und desselben Realitätsprinzips, sondern verändern tatsächlich das Prinzip selbst. Infolgedessen müssen wir in unserem Bemühen, Umfang und Grenzen der vorherrschenden Unterdrückungsform in der

44 ebd., S. 149.

zeitgenössischen Kultur zu erhellen, sie in den Ausdrücken des speziellen Realitätsprinzips darstellen, das die Ursprünge und das Wachstum dieser Kultur leitete. Wir bezeichnen es als das *Leistungsprinzip,* um zu betonen, daß unter seiner Herrschaft die Gesellschaft entsprechend der konkurrierenden ökonomischen Leistung ihrer Mitglieder geschichtet ist. Es ist offensichtlich nicht das einzige historische Realitätsprinzip: andere Formen der gesellschaftlichen Organisierung gaben nicht nur in primitiven Kulturen den Ausschlag, sondern erhielten sich auch bis in die Moderne.

Das Leistungsprinzip, das das herrschende Prinzip einer auf Erwerb und Wettstreit ausgerichteten Gesellschaft im Prozeß ständiger Ausdehnung ist, setzt eine lange Entwicklung voraus, während derer die Herrschaft zunehmend rationalisiert wurde: die Kontrolle über die soziale Arbeitsleistung sichert jetzt die Fortdauer der Gesellschaft in vergrößertem Maßstab und unter sich verbessernden Bedingungen. Auf lange hinaus stimmen die Interessen der Herrschaft und die der Gesamtheit überein: die auf Profit eingestellte Verwendung des Produktionsapparates erfüllt die Bedürfnisse und Möglichkeiten des Individuums. Für die überwiegende Mehrheit der Bevölkerung werden Ausmaß und Art der Befriedigung durch ihre eigene Anstrengung bestimmt, aber diese Anstrengung ist Arbeit für einen Apparat, den sie nicht selbst lenken, der als eine unabhängige Macht wirkt, der die Individuen sich zu unterwerfen haben, wenn sie leben wollen. Und diese Macht wird um so fremder, je spezialisierter die Arbeitsteilung wird. Die Menschen leben nicht ihr eigenes Leben, sondern erfüllen schon vorher festgelegte Funktionen. Während sie arbeiten, befriedigen sie damit nicht ihre eigenen Bedürfnisse und Fähigkeiten, sondern arbeiten *entfremdet.* Die Arbeit ist *allgemein* geworden, und so sind es die der Libido auferlegten Beschränkungen: die Arbeitszeit, die den größten Teil der Lebenszeit des Menschen ausmacht, ist eine leidvolle Zeit, denn entfremdete Arbeit bedeutet das Fehlen der Befriedigung, die Ver-

neinung des Lustprinzips. Die Libido wird auf sozial nützliche Leistungen abgelenkt, bei denen das Individuum nur insofern für sich selbst schafft, als es für den Apparat arbeitet, wobei es Tätigkeiten auszuüben hat, die meist nicht mit seinen eigentlichen Fähigkeiten und Wünschen übereinstimmen.
Allerdings – und dieser Punkt ist entscheidend – fließt die so entzogene Triebenergie nicht den (unsublimierten) aggressiven Trieben zu, da ihre soziale Verwendung (in der Arbeit) das Leben des Individuums unterhält und sogar bereichert. Die der Libido auferlegten Beschränkungen erscheinen um so rationaler, je universeller sie werden, je mehr sie das Gesamt der Gesellschaft durchdringen. Sie wirken auf das Individuum als äußere objektive Gesetze und als internalisierte Kräfte: die soziale Autorität wird ins »Gewissen« und in das Unbewußte des Individuums aufgenommen und wirkt als eigener Wunsch, als eigene Moral und Erfüllung. In der »normalen« Entwicklung lebt das Individuum seine Verdrängung »frei« als eigenes Leben: es wünscht das, was es wünschen soll; seine Befriedigungen bringen ihm und anderen Nutzen; es ist einigermaßen und oft sogar überschwänglich glücklich. Dieses Glücklichsein, das zeitweise, in den wenigen Mußestunden stattfindet, zwischen den Tagen oder Nächten der Arbeit, aber manchmal auch während der Arbeitszeit, ermöglicht es dem Menschen, seine Leistung fortzusetzen, die wiederum seine und die Arbeit der anderen zu einem Dauerprozeß werden läßt. Seine erotische Leistung ist mit seiner gesellschaftsfördernden Leistung gleichgerichtet. Die Unterdrückung verschwindet hinter der großen objektiven Ordnung der Dinge, die die fügsamen Individuen mehr oder weniger entsprechend belohnt und damit das Fortbestehen der Gesellschaft als Ganzes mehr oder weniger entsprechend sichert.
Gleichlaufend mit dieser Entwicklung der Beherrschung wächst der Konflikt zwischen Sexualität und Kultur. Unter der Herrschaft des Leistungsprinzips werden Leib und Seele zu Instrumenten der entfremdeten Arbeitsleistung; als solche können

sie nur funktionieren, wenn sie die Freiheit des libidinösen Subjekt-Objekt, das der menschliche Organismus primär ist, preisgeben. Die Verteilung der *Zeit* spielt bei dieser Transformation eine entscheidende Rolle. Nur *zeitweise*, während des Arbeitstages, existiert der Mensch als Instrument der entfremdeten Leistung, die übrige Zeit ist er frei für sich selbst. (Wenn der durchschnittliche Arbeitstag, inklusive der Vorbereitung und dem Weg von und zur Arbeit, 10 Stunden beträgt und die biologischen Bedürfnisse nach Schlaf und Nahrung weitere 10 Stunden erfordern, dann bliebe eine Freizeit von 4 Stunden auf je 24 während des größten Teils des Lebens.) Diese freie Zeit stünde nun also für die Lust zur Verfügung. Aber das Lustprinzip, das das Es regiert, ist »zeitlos« – zeitlos auch in dem Sinn, daß es gegen die zeitliche Zerstückelung der Lust kämpft, gegen ihre Aufteilung in kleine Dosen. Eine vom Leistungsprinzip beherrschte Gesellschaft muß notwendigerweise eine solche Aufteilung verhängen, da der Organismus an seinen eigentlichen Wurzeln für seine Entfremdung erzogen werden muß [45]. Er muß es lernen, den Anspruch auf zeitlose und nutzlose Befriedigung, auf die »Ewigkeit der Lust« aufzugeben. Außerdem breitet sich die Entfremdung und Reglementierung vom Arbeitstag her in die Freizeit aus. Diese Koordination muß keineswegs von außen her von den gesellschaftlichen Einrichtungen erzwungen werden und wird es normalerweise auch nicht. Die eigentliche Kontrolle über die

45 Sicherlich muß jede Gesellschaftsform, jede Zivilisation für die Beschaffung der Lebensnotwendigkeiten und auch des Wohllebens Arbeitszeit von ihren Mitgliedern fordern. Aber nicht jede Art und Form der Arbeit ist unvereinbar mit dem Lustprinzip. Die menschlichen Beziehungen, die mit der Arbeit verknüpft sind, verleihen ihr »ein starkes Ausmaß libidinöser Komponenten, narzißtische, aggressive und selbst erotische« (Freud, »Das Unbehagen in der Kultur«, a. a. O., S. 110, Anm.). Der unüberbrückbare Konflikt ist nicht der zwischen Arbeit (Realitätsprinzip) und Eros (Lustprinzip), sondern der zwischen entfremdeter Arbeit (Leistungsprinzip) und Eros. Der Begriff der nicht-entfremdeten, libidinösen Arbeit soll später besprochen werden.

Freizeit wird durch die Länge des Arbeitstages erreicht, durch die ermüdende und mechanische Routine entfremdeter Arbeitsleistung; sie bringen es dahin, daß die Ruhe zur passiven Abspannung und »Erholung« der Energie für die Arbeit werden muß. Erst im letzten Stadium der industriellen Zivilisation, wo das Wachstum der Produktion die durch die unterdrückende Herrschaft gesetzten Grenzen zu überfluten droht, hat die Technik der Massenlenkung eine Unterhaltungsindustrie entwickelt, die die Freizeit direkt unter Kontrolle hält, oder hat der Staat die Auferlegung solcher Kontrollen direkt übernommen[46]. Der Einzelne darf nicht allein gelassen werden. Denn sich selbst überlassen und unterstützt von einer befreiten Intelligenz, die sich der Möglichkeiten zur Befreiung von der Wirklichkeit der Unterdrückung bewußt wird, würde die dem Es entspringende Energie sich gegen ihre immer mehr veräußerlichten Beschränkungen auflehnen, würde danach drängen, ein immer weiteres Feld existentieller Beziehungen zu ergreifen und zu überfluten, und würde so das Realitäts-Ich und seine verdrängenden Leistungen sprengen.

Die Organisierung der Sexualität weist die Grundzüge des Leistungsprinzips und seiner Organisierung der Gesellschaft auf. Freud betont den Aspekt der Zentralisierung. Sie wirkt sich besonders in der »Vereinigung« der verschiedenen Objekte der Partialtriebe zu dem einen libidinösen Objekt des andern Geschlechts und in der Aufrichtung des genitalen Supremats aus. In beiden Fällen ist der Vereinigungsprozeß ein verdrängender – das heißt, die Partialtriebe entwickeln sich nicht frei zu einer »höheren« Stufe der Befriedigung, die ihre Ziele beibehielte, sondern werden abgeschnitten und zu Hilfsfunktionen reduziert. Dieser Prozeß erreicht die sozial notwendige Desexualisierung des Körpers: die Libido wird in einem Teil des Körpers konzentriert, wodurch fast der ganze übrige

46 s. Kap. IV.

Körper zum Gebrauch als Arbeitsinstrument frei wird. Die zeitliche Reduzierung der Libido wird durch ihre räumliche Beschränkung ergänzt.

Ursprünglich kennt der Sexualtrieb keine äußeren zeitlichen und räumlichen Begrenzungen seiner Subjekte und Objekte; die Sexualität ist von Natur aus »polymorph-pervers«. Die gesellschaftsbildende Organisation des Sexualtriebs belegt praktisch alle Manifestationen, die nicht der Fortpflanzungsfunktion dienen oder sie vorbereiten, mit dem Tabu der *Perversionen.* Ohne die strengste Unterdrückung würden sie der Sublimierung entgegenwirken, von der die Entwicklung der Kultur abhängt. Nach Fenichel sind die »prägenitalen Strebungen das Objekt der Sublimierung« und das genitale Primat ist ihre Voraussetzung [47]. Freud wirft die Frage auf, warum das Tabu auf die Perversionen mit solch außerordentlicher Strenge aufrechterhalten wird. Er kommt zu dem Schluß, daß »niemand vergessen könnte, daß sie nicht nur etwas Abscheuliches, sondern auch etwas Ungeheuerliches, Gefährliches sind, als ob man sie für verführerisch hielte und im Grunde einen geheimen Neid gegen die sie Genießenden niederzukämpfen hätte« [48]. Die Perversionen scheinen ein *promesse de bonheur* zu bieten, das größer ist als die »normale« Sexualität. Was ist die Quelle ihres Versprechens? Freud betont den »exklusiven« Charakter der Abweichungen von der Norm, ihre Ablehnung des auf die Fortpflanzung gerichteten Sexualaktes. Die Perversionen drücken somit eine Auflehnung gegen die Unterwerfung der Sexualität unter den Befehl der Fortpflanzung aus und gegen die Institutionen, die diesen Befehl garantieren. Die psychoanalytische Theorie sieht in den Praktiken, die die Zeugung verhindern, eine Opposition gegen die Fortsetzung der Kette der Fortpflanzung und damit der väterlichen Herrschaft – einen Versuch, »das Wiedererscheinen des

47 »The Psychoanalytic Theory of Neurosis«, S. 142.

48 »Vorlesungen zur Einführung in die Psychoanalyse«, a. a. O., S. 332.

Vaters«[49] zu verhindern. Die Perversionen scheinen die gesamte Versklavung des Lust-Ichs durch das Realitäts-Ich abzulehnen. In ihrem Anspruch auf Triebfreiheit in einer Welt der Unterdrückung zeichnen sie sich oft durch eine starke Ablehnung jener Schuldgefühle aus, wie sie die sexuelle Verdrängung begleiten[50].

Kraft ihrer Auflehnung gegen das Leistungsprinzip im Namen des Lustprinzips lassen die Perversionen eine tiefe Affinität zur Phantasie erkennen als jener Seelentätigkeit, »die von der Realitätsprüfung freigehalten und allein dem Lustprinzip unterworfen blieb«[51]. Die Phantasie spielt nicht nur eine wesentliche Rolle in den perversen Manifestationen der Sexualität[52], als künstlerische Vorstellungskraft verknüpft sie die Perversionen mit den Urbildern völliger Freiheit und Erfüllung. In einer verdrängenden Sozialordnung, die die Gleichsetzung von normal, gesellschaftlich nützlich und gut fordert, müssen die Manifestationen der Lust um ihrer selbst willen als »Blumen des Bösen« erscheinen. In Herausforderung einer Gesellschaftsordnung, der die Sexualität als Mittel zu einem nützlichen Zweck dient, verteidigen die Perversionen die Sexualität als Zweck an sich; sie stellen sich damit außerhalb des Herrschaftsgebietes des Leistungsprinzips und bedrohen es in seinen Grundfesten. Sie stiften libidinöse Beziehungen, die die Gesellschaft verdammen muß, da sie eben den Zivilisationsprozeß bedrohen, der den Organismus zu einem Arbeitsinstrument umgebildet hat. Sie sind das Symbol dessen, was unterdrückt werden mußte, damit die Verdrängung siegen und die immer wirksamere Beherrschung von Mensch und Natur

49 G. Barag, »Zur Psychoanalyse der Prostitution«, in: Imago XXIII, No. 3, 1937, S. 345.

50 Rank, »Sexualität und Schuldgefühl«, Internationaler Psychoanalytischer Verlag, Leipzig, Wien, Zürich, 1926, S. 103.

51 »Formulierungen über die zwei Prinzipien des psychischen Geschehens«. Ges. Werke VIII, S. 234.

52 Rank, »Sexualität und Schuldgefühl«, a. a. O., S. 14 f.

durchsetzen konnte – ein Symbol der zerstörerischen Identität von Freiheit und Glück. Außerdem würden Konzessionen gegenüber der Ausübung von Perversionen nicht nur die ordnungsgemäße Fortpflanzung der Arbeitskräfte, sondern vielleicht sogar der Menschheit selbst in Gefahr bringen. Das Zusammenspiel zwischen Eros und Todestrieb, das schon im normalen menschlichen Dasein schwankend und gefährdet ist, scheint hier bis über den Gefahrenpunkt hinaus gelockert zu sein. Und die Auflösung dieses Zusammenwirkens läßt die erotischen Anteile im Todestrieb wie die tödlichen Anteile im Sexualtrieb sichtbar werden. Die Perversionen lassen daran denken, daß Eros und Todestrieb letztlich identisch sind, oder daß es der Eros ist, der sich dem Todestrieb unterwirft. Die kulturelle Aufgabe (die Lebensaufgabe?) der Libido – nämlich »diesen destruierenden Trieb unschädlich zu machen« [53] – wird hier zunichte: der instinktive Trieb, der auf der Suche nach endgültiger und integraler Erfüllung ist, regrediert vom Lustprinzip zum Nirwanaprinzip. Die Kultur hat diese äußerste Gefahr anerkannt und sanktioniert: sie bewundert den Zusammenfluß von Todestrieb und Eros in den höchst sublimierten (und monogamen) Schöpfungen des *Liebestods*, während sie die weniger vollkommenen, aber wirklichkeitsnäheren Ausdrucksformen des Eros als Zweck an sich verurteilt.

Es gibt keine gesellschaftsbildende Organisation des Todestriebes, die der des Eros entspräche: die Tiefe selbst, in der dieser Trieb wirkt, schützt ihn vor solch einer systematischen und methodischen Organisation; nur einige seiner abgeleiteten Manifestationen sind der Kontrolle zugänglich. Als Komponente der sado-masochistischen Triebbefriedigung fällt er unter das strenge Tabu, das auf allen Perversionen liegt. Und doch wird der gesamte Fortschritt der Kultur erst durch die Umformung und Nutzbarmachung des Todestriebes oder seiner Abkömm-

53 Freud, »Das ökonomische Problem des Masochismus«, Ges. Werke XIII, S. 376.

linge möglich. Die Ablenkung der primären Zerstörungstendenz vom Ich auf die Außenwelt nährt den technologischen Fortschritt, und die Ausnutzung des Todestriebes für die Über-Ich-Bildung bewirkt die bestrafende Unterwerfung des Lust-Ichs unter das Realitätsprinzip und stellt so die kulturelle Moral sicher. In dieser Umformung wird der Todestrieb dem Eros dienstbar gemacht; die aggressiven Impulse liefern die Energie für die beständige Veränderung, Beherrschung und Ausnützung der Natur zugunsten der Menschheit. Der Mensch, indem er Dinge, Tiere (und zeitweise auch Menschen) angreift, zerlegt, verändert, pulverisiert, dehnt seine Herrschaft über die Welt aus und gelangt so zu immer reichhaltigeren Kulturstufen. Aber immer bewahrt die Kultur das Kennzeichen ihres tödlichen Anteils:

... Wir scheinen fast gezwungen, die schreckliche Hypothese zu akzeptieren, daß im Aufbau und in der Substanz aller menschlich konstruktiven sozialen Bemühungen selbst ein Todesprinzip verkörpert ist, daß es keinen fortschrittlichen Impuls gibt, der nicht erlahmt, daß der Intellekt keine dauerhafte Verteidigung gegen ein machtvolles Barbarentum bietet. [54]

Die Zerstörungstendenzen, die in sozial nützliche Kanäle geleitet sind, verraten von Zeit zu Zeit ihren Ursprung in einem Antrieb, der jeder Nützlichkeitstendenz Hohn spricht. Hinter den vielfältigen rationalen und rationalisierten Motiven für die Kriegsführung gegen nationale und Gruppen-Feinde, für die destruktive Eroberung von Zeit, Raum und Menschen, wird in der beharrlichen Zustimmung und Teilnahme der Opfer der tödliche Partner des Eros offenbar [55].

»Bei der Persönlichkeitsbildung kommt der Destruktionstrieb am klarsten in der Bildung des Über-Ich zum Ausdruck.« [56] Natürlich strukturiert und beschützt das Über-Ich durch seine Abwehrrolle gegen die »unrealistischen« Impulse des Es, durch

54 Wilfrid Trotter, »Instincts of the Herd in Peace and War«, London, Oxford University Press, 1953, S. 196 f.

55 s. Freud, »Warum Krieg?«, Ges. Werke XVI, S. 13 ff.

56 Franz Alexander, »Psychoanalyse der Gesamtpersönlichkeit«, S. 221.

seine Funktion in der dauerhaften Besiegung des Ödipuskomplexes die Einheit des Ich, sichert seine Entwicklung unter dem Realitätsprinzip und wirkt so im Dienst des Eros. Aber es erreicht die Ziele dadurch, daß es das Ich gegen das Es wendet, daß es den Destruktionstrieb teilweise gegen einen Anteil der Persönlichkeit einsetzt, daß es die Persönlichkeit als Ganzes aufspaltet; so wiederum wirkt es im Dienst des Antagonisten des Lebenstriebs. Diese nach innen gerichtete Destruktivität bildet außerdem den moralischen Kern der ausgereiften Persönlichkeit. Das Gewissen, dies umhegteste Organ des kultivierten Individuums, stellt sich als durchtränkt vom Todestrieb heraus; der kategorische Imperativ, den das Über-Ich durchsetzt, bleibt ein Imperativ der Selbstzerstörung, während er die soziale Existenz der Persönlichkeit aufbaut. Die Verdrängungsarbeit betrifft sowohl den Todes- wie den Lebenstrieb. Normalerweise ist ihre Verbindung eine gesunde, aber die fortgesetzte Strenge des Über-Ich bedroht dauernd dieses gesunde Gleichgewicht. »Es ist merkwürdig, daß der Mensch, je mehr er seine Aggressionen nach außen einschränkt, desto strenger, also aggressiver, in seinem Ichideal wird« . . . »desto mehr steigert sich die Aggressionsneigung seines Ideals gegen sein Ich« [57]. Zum Äußersten getrieben, kann in der Melancholie »eine Reinkultur des Todestriebes« im Über-Ich das Szepter schwingen: es kann »zu einer Art Sammelstätte der Todestriebe werden« [58]. Diese extreme Gefahr hat aber ihre Wurzeln in der *normalen* Situation des Ich. Da seine Sublimierungsarbeit ein

Freiwerden der Aggressionstriebe im Über-Ich zur Folge hat, liefert es sich durch seinen Kampf gegen die Libido der Gefahr der Mißhandlung und des Todes aus. Wenn das Ich unter der Aggression des Über-Ichs leidet oder selbst erliegt, so ist sein Schicksal ein Gegenstück zu dem der Protisten, die an den Zersetzungsprodukten zugrunde gehen, die sie selbst geschaffen haben. [59]

57 »Das Ich und das Es«, Ges. Werke XIII, S. 284.
58 ebd., – 59 ebd., S. 287.

Und Freud fügt hinzu, daß »im ökonomischen Sinne ... die im Über-Ich wirkende Moral als solches Zersetzungsprodukt erscheint«.

Hier, in diesem Zusammenhang, trifft Freuds Metapsychologie auf die tödliche Dialektik der Kultur; gerade der Fortschritt der Kultur ist es, der zum Freiwerden zunehmend zerstörerischer Kräfte führt. Um den Zusammenhang zwischen Freuds Psychologie des Einzelnen und der Theorie der Kultur zu erhellen, müssen wir die Deutung der Triebdynamik auf einer anderen Stufe wieder aufnehmen, nämlich auf der phylogenetischen.

III

Der Ursprung der unterdrückenden Kultur (Phylogenese)

Die Frage nach dem Ursprung der Verdrängung führt auf den Ursprung der Triebunterdrückung zurück, die während der frühen Kindheit stattfindet. Das Über-Ich ist der Erbe des Ödipuskomplexes, und die verdrängende Organisation der Sexualität richtet sich in erster Linie gegen deren prägenitale und perverse Manifestationen. Außerdem entfesselt das »Geburtstrauma« die ersten Ausdrücke des Todestriebes – den Drang, zum Nirwana des Mutterschoßes zurückzukehren – und macht damit von nun an die Kontrolle dieses Impulses notwendig. Im Kind vollzieht das Realitätsprinzip seine Arbeit, und zwar mit solcher Gründlichkeit und Strenge, daß das Verhalten des erwachsenen Individuums kaum mehr darstellt, als die sich wiederholende Grundform kindlicher Erlebnisweisen und Reaktionen. Aber die Kindheitserfahrungen, die unter dem Andrang der Realität traumatisch wurden, sind *vor*-individuelle, artgebundene: die verlängerte Abhängigkeit des Menschenkindes, die Ödipussituation, die prägenitale Sexualität gehören alle, mit individuellen Variationen, dem *Genus* Mensch an. Die vernunftwidrige Strenge des Über-Ich der neurotischen Persönlichkeit, das unbewußte Schuldgefühl und das unbewußte Strafbedürfnis scheinen außerdem in keinem Verhältnis zu den tatsächlichen »sündigen« Impulsen des Individuums zu stehen; die Fortdauer und (wie wir noch sehen werden) die Intensivierung des Schuldgefühls während der ganzen Lebenszeit des Erwachsenen, die exzessiv verdrängende Organisierung der Sexualität lassen sich nicht im Sinne einer noch immer akuten Gefahr seitens individueller Impulse hinreichend erklären. Ebensowenig lassen sich die individuellen Reaktionen auf frühe Traumata hinlänglich durch das erklären, »was das Individuum selbst erlebt hat«; sie weichen von den individuellen Erlebnissen in einer Weise ab, »die weit besser zum Vorbild eines phylogenetischen Ereignisses paßt und ganz allgemein durch dessen Einfluß erklärt werden kann« [1]. Die Analyse der seelischen Struktur der Persönlichkeit muß daher über die frühe Kindheit hinaus zurückgreifen, von der Vorgeschichte des Einzelnen auf die der gesamten Art, des Genus Mensch. Nach Otto Rank wirkt sich ein »biologisches Schuldgefühl« aus, das für die Forderungen der Spezies eintritt. Die moralischen Prinzipien, die das Kind von den Personen übernimmt, die während der ersten Jahre seines Lebens für seine Erziehung verantwortlich sind, zeigen »gewisse phylogenetische Reminiszenzen aus der Urgeschichte der Menschheit« [2]. Die Kultur ist noch immer durch ihre *archaische Erbschaft* bestimmt und diese Herrschaft »umfaßt nicht nur Dispositionen, sondern auch Inhalte, Erinnerungsspuren an das Erleben früherer Generationen« [3]. Die Psychologie des Einzelnen ist somit *an sich* Massenpsychologie, insofern das Individuum selbst noch in archaischer Identität mit der Art steht. Die archaische Erbschaft »überbrückt die Kluft zwischen Individual- und Massenpsychologie« [3].

Die Auffassung hat weitgehende Konsequenzen für Methode und Substanz der Sozialwissenschaft. Die Psychologie, die die ideologischen Schleier hebt und der Konstruktion der Persönlichkeit nachspürt, gelangt dazu, das Individuum aufzulösen: seine autonome Persönlichkeit erscheint als die erstarrte Manifestation der allgemeinen Unterdrückung der Menschheit. Selbstbewußtsein und Vernunft, die die geschichtliche Welt eroberten und formten, haben dies unter dem Zeichen der inneren und äußeren Unterdrückung getan. Sie haben als Vertreter der Herrschaft gewirkt; die Freiheiten, die sie brachten (und

1 Freud, »Der Mann Moses und die monotheistische Religion«, Ges. Werke XVI, S. 206.

2 Franz Alexander, »Psychoanalyse der Gesamtpersönlichkeit«, a. a. O., S. 25.

3 Freud, »Der Mann Moses und die monotheistische Religion«, S. 206 f.

die beträchtlich sind) wuchsen auf dem Boden der Versklavung und haben dies Geburtsmerkmal nicht verloren. Das sind die beunruhigenden Folgerungen aus Freuds Theorie der Persönlichkeit. Durch die »Auflösung« des Begriffs der Ich-Persönlichkeit in ihre primären Bestandteile legt die Psychologie jetzt die sub-individuellen und vor-individuellen Faktoren bloß, die (dem Ich weitgehend unbewußt) tatsächlich das Individuum *ausmachen*; die Psychologie enthüllt die Macht des Universellen in den und über die Individuen.

Diese Erkenntnis untergräbt eine der stärksten ideologischen Befestigungen der modernen Kultur – nämlich die Vorstellung vom autonomen Individuum. Freuds Theorie trifft sich hier mit den großen kritischen Bemühungen, erstarrte soziologische Begriffe auf ihren historischen Gehalt hin aufzulösen. Seine Psychologie richtet ihr Augenmerk nicht auf die konkrete und komplette Persönlichkeit, wie sie in ihrer privaten und öffentlichen Umgebung auftritt, denn diese Existenz verbirgt das Wesen und die Natur der Persönlichkeit mehr, als daß sie sie offenbarte. Im Netzwerk menschlicher und institutioneller Entitäten, die die Gesellschaft ausmachen, kommt das Endergebnis langer historischer Prozesse zum Niederschlag, und diese Prozesse bestimmen die Persönlichkeit und ihre Beziehungen. Infolgedessen muß die Psychologie diese Prozesse, um sie wirklich ihrem Wesen nach zu verstehen, wieder *in Lösung* bringen, indem sie ihre verborgenen Ursprünge aufspürt. Sie entdeckt dabei, daß die ausschlaggebenden Kindheitserlebnisse mit den Erfahrungen der Spezies in Zusammenhang stehen – daß der Einzelne das allgemeine Schicksal der Menschheit lebt. Die Vergangenheit bestimmt die Gegenwart, weil die Menschheit noch immer ihre eigene Geschichte nicht gemeistert hat. Für Freud liegt das allgemeine Schicksal in den instinkthaften Trieben, aber diese unterliegen selbst historischen »Modifikationen«. An ihrem Beginn steht die Erfahrung der Herrschaft, durch den Urvater symbolisiert – die extreme Ödipussituation. Niemals wurde sie ganz überwunden: das reife Ich der kultivierten Persönlichkeit bewahrt noch die archaische Erbschaft des Menschen.

Hält man sich diese Abhängigkeit des Ich nicht ständig im Bewußtsein, so kann die zunehmende Betonung der Autonomie des erwachsenen Ich in Freuds späten Schriften dazu mißbraucht werden, eine Preisgabe der fortschrittlichsten Konzeptionen der Psychoanalyse zu rechtfertigen – einen Rückzug, wie ihn die »kulturellen« und »interpersonalen« Schulen antreten. In einer seiner letzten Arbeiten [4] spricht Freud davon, daß kein Grund bestehe, »die Existenz und Bedeutung ursprünglicher mitgeborener Ichverschiedenheiten zu bestreiten«; daß nicht »alle Ichveränderungen ... während der Abwehrkämpfe der Frühzeit erworben sind«; er schließt daraus, »daß das einzelne Ich von vornherein mit individuellen Dispositionen und Tendenzen ausgestattet ist«. Aber diese neue Autonomie des Ich scheint sich in ihr Gegenteil zu verkehren: die Vorstellung von der essentiellen Abhängigkeit des Ich von vorindividuellen, artbedingten Konstellationen wird keineswegs zurückgenommen, sondern die Rolle dieser Konstellationen für die Ichentwicklung noch verstärkt. Freud deutet die angeborenen Ichverschiedenheiten im Sinn »unserer archaischen Erbschaft« und glaubt, »daß dem noch nicht existierenden Ich bereits festgelegt ist, welche Entwicklungsrichtungen, Tendenzen und Reaktionen es späterhin zum Vorschein bringen wird« [5]. Die scheinbare Renaissance des Ich wird von der Betonung der »Niederschläge frühmenschlicher Entwicklung in der archaischen Erbschaft« begleitet. Wenn Freud aus der hereditären Struktur des Ich schließt, daß »die topische Unterscheidung, ob Ich, ob Es, viel von ihrem Wert für unsere Untersuchung eingebüßt« hat, dann scheint diese Assimilation von Ich und Es das Gleichgewicht zwischen den beiden psychischen Kräften mehr zugunsten des Es als des Ich, der

4 »Die endliche und die unendliche Analyse«, Ges. Werke XVI, S. 85 f.
5 ebd., S. 86.

artgebundenen als der individuellen Prozesse zu verschieben [6].

Kein Teil der Freudschen Theorie wurde heftiger bekämpft als der Gedanke vom Fortleben der archaischen Erbschaft – seine Rekonstruktion der menschlichen Vorgeschichte von der Urhorde über den Vatermord bis zur Kultur. Die Schwierigkeiten der wissenschaftlichen Verifizierung sind nicht zu übersehen und vielleicht nicht zu bewältigen. Sie werden außerdem noch durch die Tabus verstärkt, die die Freudsche Hypothese so erfolgreich verletzt: sie führt nicht zu dem Urbild eines Paradieses zurück, das der Mensch durch seine Sünde gegen Gott verwirkt hat, sondern zu der Herrschaft des Menschen über den Menschen, errichtet von einem höchst irdischen Vater-Despoten und verewigt durch die erfolglose oder unvollständige Auflehnung gegen ihn. Die »ursprüngliche Sünde« war eine Sünde gegen den Menschen – und es war keine Sünde, denn sie wurde einem Menschen gegenüber begangen, der selbst schuldig war. Diese phylogenetische Hypothese läßt erkennen, daß die ausgereifte Kultur noch durch archaische seelische Unreife geprägt ist. Die Erinnerungen an prähistorische Impulse und Taten geistern noch immer in der Kultur: das verdrängte Material kehrt wieder, und immer noch wird der Einzelne für Impulse bestraft, die längst beherrscht, für Taten, die längst wiedergutgemacht sind.

Wenn Freuds Hypothese nicht durch irgendwelche anthropologischen Zeugnisse belegt wird, müßte sie völlig preisgegeben werden, wäre nicht die Tatsache, daß sie die historische Dialektik der Herrschaft in einer Reihenfolge von katastrophalen

6 Heinz Hartmann betont in seiner Untersuchung »Mutual Influences in the Development of Ego and Id« besonders den phylogenetischen Aspekt. »Die Trennung von Ich und Es, die sich, durch welche Prozesse auch immer, durch Hunderttausende von Jahren herausgebildet hat, ist in der Form einer Disposition (Veranlagung) zum Teil ein eingeborenes Charakteristikum des Menschen.« Allerdings nimmt er eine »primäre Autonomie der Ichentwicklung« an. Hartmanns Arbeit erschien in: The Psychoanalytic Study of the Child VII, New York, International Universities Press, 1952.

Ereignissen zusammenfassend überblickt und dadurch bisher ungeklärte Aspekte der Kultur erhellt. Wir verwenden Freuds anthropologische Spekulation nur in diesem Sinn: um ihres symbolischen Wertes willen. Die archaischen Ereignisse, die die Hypothese voraussetzt, mögen für immer jenseits des Bereichs anthropologischer Beweisbarkeit liegen, die aufgeführten Konsequenzen dieser Ereignisse aber sind historische Tatsachen und ihre Ausdeutung im Licht der Freudschen Hypothese verleiht ihnen eine bisher vernachlässigte Bedeutung, die in die geschichtliche Zukunft weist.

Nach Freuds Darstellung wurde die erste menschliche Gruppe durch die Zwangsherrschaft eines Einzelnen über alle anderen errichtet und aufrechterhalten. Zu einem Zeitpunkt im Leben der Spezies Mensch wurde das Leben durch *Herrschaft* organisiert. Und der Mensch, dem es gelang, die anderen zu beherrschen, war der Vater – das heißt der Mann, der die ersehnten Frauen besaß und der mit ihnen die Söhne und Töchter hervorgebracht und am Leben erhalten hatte. Der Vater beanspruchte das Monopol auf die Frauen (die höchste Lust) und unterwarf die anderen Hordenmitglieder seiner Macht. Gelang es ihm, seine Herrschaft zu errichten, weil es ihm gelang, die anderen von der höchsten Lust auszuschließen? Auf alle Fälle bedeutete die Monopolisierung der Lust eine ungleiche Verteilung des Leids für die Gruppe als Ganzes: »Das Schicksal der Söhne war ein hartes; wenn sie die Eifersucht des Vaters erregten, wurden sie erschlagen oder kastriert oder ausgetrieben. Sie waren darauf angewiesen, in kleinen Gemeinschaften zusammenzuleben und sich Frauen durch Raub zu verschaffen.« [7] Die Last jeder Arbeit, die in der Urhorde zu verrichten war, wurde den Söhnen auferlegt, die durch ihren Ausschluß von der dem Vater vorbehaltenen Lust nun »frei« für die Ableitung von Triebenergie in die Kanäle unlustvoller aber notwendiger Tätigkeit waren. Die vom Vater auferlegte Einschränkung der Triebbefriedigung, die Unterdrückung der

7 »Der Mann Moses und die monoth. Religion«, Ges. Werke XVI, S. 187.

Lust, war somit nicht nur die Folge der Herrschaft, sondern schaffte auch die psychischen Vorbedingungen für das fortdauernde Funktionieren der Herrschaft.
In dieser Organisation der Urhorde sind Rationales und Irrationales, biologische und soziologische Faktoren, das gemeinschaftliche und die Sonder-Interessen unlösbar verflochten. Die Urhorde ist eine zeitlich funktionierende Gruppe, die sich selbst in einer Art von Ordnung erhält; es darf daher angenommen werden, daß der patriarchalische Despotismus, der diese Ordnung errichtete, in dem Ausmaß »rational« war, als er die Gruppe schuf und erhielt – und damit die Fortsetzung des Ganzen und des gemeinsamen Interesses. Der Urvater bereitete den Grund für den Fortschritt vor, indem er Einschränkung der Lust und Enthaltsamkeit erzwang, womit er das Vorbild für die weitere Entwicklung der Kultur setzte; er schuf damit die ersten Vorbedingungen für die disziplinierte »Arbeitskraft« der Zukunft. Diese hierarchische Verteilung der Lust wurde außerdem durch Schutzgewährung, Sicherheit und sogar Liebe »gerechtfertigt«. Da der Despot der Vater war, muß der Haß, mit dem seine Untertanen ihn betrachteten, von Anfang an von einer biologischen Zuneigung begleitet gewesen sein – von ambivalenten Gefühlen, die in dem Wunsch zum Ausdruck kamen, den Vater zu ersetzen und nachzuahmen, sich mit ihm zu identifizieren, mit seiner Lust wie mit seiner Macht. Der Vater errichtete die Herrschaft in seinem eigenen Interesse, aber er wird dabei durch sein Alter, durch seine biologische Funktion und (vor allem) durch seinen Erfolg gerechtfertigt: er schafft die »Ordnung«, ohne die die Gruppe sich augenblicklich auflösen würde. In dieser Rolle wirft der Urvater schon die Schatten späterer herrschender Vaterbilder voraus, unter denen die Kultur fortschreitet. In seiner Person und Funktion verkörpert er die innere Logik und Unvermeidlichkeit des Realitätsprinzips selbst. Er hat »historische Rechte« [8].

8 ebd., S. 192.

Die Fortpflanzungsordnung der Horde überlebte den Urvater:

wo es dann dem einen oder anderen (Sohn) gelingen konnte, sich zu einer ähnlichen Position emporzuarbeiten, wie die des Vaters in der Urhorde. Eine Ausnahmestellung ergab sich aus natürlichen Gründen für die jüngsten Söhne, die durch die Liebe der Mutter geschützt, aus dem Altern des Vaters Vorteil ziehen und ihn nach seinem Ableben ersetzen konnten. 9

Der primäre patriarchalische Despotismus wurde so zu einer »wirksamen« Ordnung. Aber die Wirksamkeit der auferlegten Hordenorganisation muß eine höchst schwankende gewesen sein und der Haß gegen die patriarchalische Unterdrükkung infolgedessen sehr stark. In Freuds Konstruktion gipfelt dieser Haß im Aufstand der vertriebenen Söhne, der gemeinschaftlichen Tötung und dem Verzehren des Vaters und in der Errichtung der Bruderhorde, die ihrerseits den ermordeten Vater vergöttlicht und jene Tabus und Vorschriften einführt, die die soziale Moral begründen. Freuds hypothetische Geschichte der Urhorde faßt den Aufstand der Brüder als einen Aufstand gegen das väterliche Tabu auf die Frauen der Horde auf; ein »sozialer« Protest gegen die ungleiche Verteilung der Lust spielt dabei keine Rolle. Genau genommen beginnt infolgedessen die Kultur erst im Brüderklan, wenn die nun von den herrschenden Brüdern selbst auferlegten Tabus die Unterdrückung im *gemeinschaftlichen* Interesse der Gruppenerhaltung bewerkstelligen. Und das entscheidende psychologische Ereignis, das den Brüderklan von der Urhorde scheidet, ist die Entwicklung des *Schuldgefühls.* Der Fortschritt über die Urhorde hinaus – d. h. also Kultur – setzt Schuldgefühl voraus: es introjiziert in den Einzelnen und stützt damit die hauptsächlichsten Verbote, Beschränkungen und Verzögerungen der Befriedigung, von denen die Kultur abhängt.

Es ist anzunehmen, daß nach der Vatertötung eine längere Zeit folgte, in der die Brüder miteinander um das Vatererbe stritten, das ein jeder für

9 ebd., S. 187.

sich allein gewinnen wollte. Die Einsicht in die Gefahren und die Erfolglosigkeit dieser Kämpfe, die Erinnerung an die gemeinsam vollbrachte Befreiungstat und die Gefühlsbindungen aneinander, die während der Zeit der Vertreibung entstanden waren, führten endlich zu einer Einigung unter ihnen, einer Art von Gesellschaftsvertrag. Es entstand die erste Form einer sozialen Organisation mit Triebverzicht, *Anerkennung von gegenseitigen* Verpflichtungen, *Einsetzung bestimmter unverbrüchlich (heilig) erklärter Institutionen, die Anfänge also von Moral und Recht.*[10]

Der Aufstand gegen den Vater ist eine Auflehnung gegen eine biologisch gerechtfertigte Autorität, seine Ermordung zerstört die Ordnung, die das Leben der Gruppe erhalten hatte. Die Rebellen haben ein Verbrechen gegen die Gesamtheit begangen und damit auch gegen sich selbst. Sie sind schuldig vor den anderen und vor sich selbst und sie müssen büßen. Der Vatermord ist das höchste Verbrechen, denn der Vater hat die Ordnung der fortpflanzenden Sexualität errichtet und *ist* somit, in seiner Person, die Art, der Genus, der jeden Einzelnen erschafft und am Leben erhält. Der Patriarch, Vater und Tyrann in einem, schafft die Einheit von Geschlecht und Ordnung, Lust und Realität; er erweckt Liebe und Haß, er garantiert die biologische und soziologische Grundlage, von der die Geschichte der Menschheit abhängt. Die Auslöschung seiner Person droht das dauerhafte Leben der Gruppe selbst auszulöschen und die prä- und überhistorische zerstörerische Macht des Lustprinzips wiederherzustellen. Aber die Söhne wünschen ja dasselbe wie der Vater: sie wünschen dauernde Befriedigung ihrer Bedürfnisse. Und sie können dieses Ziel nur durch die Wiederholung der Herrschaftsordnung in einer neuen Form erreichen, die die Lust geregelt und überwacht und dadurch die Gruppe aufrechterhalten hatte. Der Vater lebt als Gott weiter, in dessen Anbetung die Sünder bereuen, so daß sie weiterhin sündigen können, während die neuen Väter die für das Fortbestehen ihrer Herrschaft und ihrer Organisierung der Gruppe notwendigen Unterdrückungen der Lust sicher-

10 ebd., S. 187 f.

stellen. Der Fortschritt von der Beherrschung durch einen Einzelnen zur Beherrschung durch Mehrere bringt eine »soziale Ausbreitung« der Lust mit sich und läßt die Verdrängung (Unterdrückung der Lust) in der herrschenden Gruppe zu einer selbstauferlegten Maßnahme werden: alle ihre Mitglieder müssen sich den Tabus fügen, wenn sie ihre Herrschaft aufrechterhalten wollen. Die Unterdrückung durchdringt jetzt das Leben der Unterdrückenden selbst und Teile ihrer Triebenergie werden der Sublimierung in »Arbeit« zugänglich.
Zur gleichen Zeit führt das Tabu, das auf den Frauen des Klans liegt, zur Ausbreitung und Verschmelzung mit anderen Horden; die organisierte Sexualität beginnt jene Bildung größerer Einheiten durchzusetzen, in der Freud die Funktion des Eros in der Kultur sieht. Die Rolle der Frauen gewinnt steigende Bedeutung. »Ein gutes Stück der durch die Beseitigung des Vaters freigewordenen Machtvollkommenheit ging auf die Frauen über, es kam die Zeit des Matriarchats.« [11] Es scheint wesentlich für Freuds Hypothese, daß in der Reihenfolge der Entwicklung zur Kultur hin der matriarchalen Periode der primäre patriarchale Despotismus *vorangeht:* das geringe Maß repressiver Herrschaft, das Ausmaß an erotischer Freiheit, die traditionsgemäß mit dem Matriarchat verbunden sind, erscheinen bei Freud viel stärker als Folgen des gestürzten patriarchalischen Despotismus denn als primäre »natürliche« Zustände. In der Entwicklung der Kultur wird die Freiheit nur als *Befreiung* möglich. Die Freiheit *folgt* der Beherrschung und führt zu ihrer Wiederaufrichtung. Das Matriarchat wird durch eine vaterrechtliche Gegenrevolution ersetzt, die durch die Institutionalisierung der Religion gefestigt und zur Dauer erhoben wird:

Unterdes hat sich die große soziale Umwälzung vollzogen. Das Mutterrecht wurde durch eine wiederhergestellte patriarchalische Ordnung abgelöst. Die neuen Väter erreichten freilich nie die Allmacht des Urvaters, es

11 ebd., S. 188.

waren ihrer viele, die in größeren Verbänden, als die Horde gewesen war, miteinander lebten. Sie mußten sich miteinander gut vertragen, blieben durch soziale Satzungen beschränkt. [12]

»Die männlichen Gottheiten erscheinen zuerst als Söhne neben den großen Müttern, erst später nehmen sie deutlich die Züge von Vatergestalten an; der Polytheismus weicht dem Monotheismus bis zur schließlichen Wiederkehr des einen, einzigen, unumschränkt herrschenden Vatergottes.« [13] Sublim und sublimiert wird die ursprüngliche Herrschaft ewig, kosmisch und gut, und behütet in dieser Form den Kulturprozeß. Die »historischen Rechte« des Urvaters sind wiederhergestellt [14].

Das Schuldgefühl, das nach Freuds Hypothese dem Bruderbund und seiner weiteren Konsolidierung in eine erste »Gesellschaft« innewohnt, ist in erster Linie ein Schuldgefühl wegen der Verübung des äußersten Verbrechens, des Vatermordes. Es entsteht Angst vor den Folgen des Verbrechens. Die Folgen aber sind zwiespältig: sie drohen einmal, das Leben der Gruppe durch das Fehlen der Autorität zu zerstören, die (wenn auch durch Terror) die Gruppe aufrechterhalten hatte; zur gleichen Zeit aber verspricht dieses Fehlen eine vaterlose Gesellschaft – d. h. eine Gesellschaft ohne Unterdrückung und Beherrschung. Muß man nicht annehmen, daß das Schuldgefühl diese zwiespältige Struktur und ihre Ambivalenz widerspiegelt? Die aufrührerischen Vatermörder handeln nur, um der ersten Konsequenz, der Drohung zuvorzukommen: sie richten die Herrschaft wieder auf, indem sie viele Väter für einen setzen und diesen einen dann vergöttlichen und internalisieren. Aber damit verraten sie nun das Versprechen ihrer eigenen Tat – das Versprechen der Freiheit. Es ist dem Despot-Patriarch gelungen, den rebellischen Söhnen ein Realitätsprinzip einzupflanzen. Ihr Aufstand hat für eine kurze Zeitspanne die Kette der Herrschaft gesprengt; dann wird die neue Freiheit wieder unterdrückt – diesmal durch die eigene Autorität

12 ebd., S. 189. – 13 ebd. – 14 ebd., S. 192.

und Aktion der Söhne. Muß ihr Schuldgefühl nicht auch Schuld über den Verrat und die Verleugnung ihrer Tat enthalten? Sind sie nicht schuldig, den unterdrückenden Vater wieder eingesetzt zu haben, schuldig der selbstverhängten Verewigung der Herrschaft? Die Frage drängt sich auf, ob Freuds phylogenetische Hypothese seiner Auffassung der Triebdynamik entgegensteht. Dadurch daß das Realitätsprinzip selbst in seiner primitivsten und brutalst erzwungenen Form Wurzeln schlägt, wird das Lustprinzip zu etwas Erschreckendem und Furchtbarem; die Impulse zur freien Befriedigung stoßen auf Angst und diese Angst verlangt Schutz vor ihnen. Die Individuen müssen sich gegen das Gespenst ihrer vollständigen Befreiung von Mangel und Leid, gegen die vollständige Befriedigung verteidigen. Letztere wird durch die Frau verkörpert, die einst, als Mutter, zum ersten und letzten Male, solche Befriedigung gewährte. Dies sind die Triebfaktoren, die den Rhythmus von Befreiung und Beherrschung fortpflanzen:

Durch ihre sexuelle Macht wird sie (die Frau) für die Gemeinschaft gefährlich, deren soziales Gefüge auf der auf den Vater verschobenen Angst ruht. Der König wird erschlagen, nicht um aus dem Joch loszukommen, sondern um sich ein stärkeres, sicher vor der Mutter schützendes aufzuerlegen. 15

Der Vater-König wird nicht nur erschlagen, weil er unerträgliche Beschränkungen auferlegt, sondern auch, weil diese Beschränkungen, von einer einzelnen Person verhängt, keine genügend wirksame »Inzestschranke« darstellen, nicht wirksam genug, um dem Wunsch, zur Mutter zurückzukehren, zu begegnen. Darum muß der Befreiung eine noch »bessere« Beherrschung folgen:

Die Ausgestaltung der vaterrechtlichen Herrschaft zu den immer stärker vermännlichten Staatssystemen ist also eine Fortwirkung der Urverdrängung, welche darauf hinausgeht, die Frau . . . immer weiter auszuschalten. 16

15 Otto Rank, »Das Trauma der Geburt«, Internationaler Psychoanalytischer Verlag, Leipzig, Wien, Zürich 1924, S. 90. – 16 ebd., S. 91.

Der Sturz des Vater-Königs ist ein Verbrechen, aber seine Wiedereinsetzung ist es ebenfalls – und beide sind notwendig für den Fortschritt der Kultur. Das Verbrechen gegen das Realitätsprinzip wird durch das Verbrechen gegen das Lustprinzip getilgt: die Tilgung hebt sich so selbst wieder auf. Das Schuldgefühl wird trotz wiederholter und intensivierter Sühne weiter beibehalten: die Angst besteht fort, weil das Verbrechen gegen das Lustprinzip nicht getilgt ist. Es besteht Schuldgefühl über eine Tat, die nicht zur vollen Ausführung kam: die Befreiung. Manche Formulierungen Freuds scheinen dies zu besagen: das Schuldgefühl ist die Folge unbegangener Aggression, »das Gewissen ist die Folge des Triebverzichts« [17] und:

> *... es ist wirklich nicht entscheidend, ob man den Vater getötet oder sich der Tat enthalten hat, man muß sich in beiden Fällen schuldig finden, denn das Schuldgefühl ist der Ausdruck des Ambivalenz-Konflikts, des ewigen Kampfes zwischen dem Eros und dem Destruktions- oder Todestrieb.* [18]

Viel früher spricht Freud einmal von einem »bereitliegenden Schuldbewußtsein«, das im Individuum »lauert«, bereit, sich der Beschuldigung zu bemächtigen« [19]. Diese Vorstellung scheint der Idee einer »freischwebenden Angst« zu entsprechen, die unterirdische Wurzeln selbst noch jenseits des individuellen Unbewußten hat.

Freud nimmt an, daß das Urverbrechen und das ihm anhaftende Schuldgefühl sich in modifizierter Form im Verlauf der Geschichte fortgesetzt wiederholen – im Konflikt der alten und jungen Generation, in Revolte und Aufstand gegen geltende Autoritäten – und in der späteren Reue: in der Wiederaufrichtung und Verherrlichung der Autorität. Zur Erklärung dieser merkwürdigen beständigen Wiederholung verwendet Freud die Hypothese von der Wiederkehr des Verdrängten,

17 »Das Unbehagen in der Kultur«, S. 169. – 18 ebd., S. 174.
19 »Tatbestandsdiagnostik und Psychoanalyse«, Ges. Werke, VII, S. 13.

die er an Hand der Religionspsychologie illustriert. Freud glaubt, Spuren des Vatermordes, seiner Wiederkehr und Sühne in der Geschichte des Judentums gefunden zu haben, die mit der Tötung Moses beginnt. Die konkreten Folgerungen aus dieser Hypothese werden in der Deutung des Antisemitismus deutlicher. Freud glaubt, daß der Antisemitismus tiefe Wurzeln im Unbewußten habe: Eifersucht wegen des jüdischen Anspruchs »das erstgeborene, bevorzugte Kind Gottvaters zu sein«, Furcht vor der Beschneidung, verbunden mit Kastrationsdrohung; und, vielleicht am wichtigsten, »Groll gegen die neue Religion (das Christentum)«, die manchen Völkern »erst in späthistorischen Zeiten« »durch blutigen Zwang« aufgedrängt wurde [20]. Dieser Groll wurde auf die Quelle projiziert, aus der das Christentum entsprang, nämlich das Judentum.

Folgen wir diesem Gedankengang über Freud hinaus und setzen ihn mit dem zweifachen Ursprung des Schuldgefühls in Verbindung, dann könnte Leben und Tod Christi als ein Kampf gegen den Vater – und als ein Sieg über den Vater erscheinen [21]. Die Botschaft des Sohnes war eine Botschaft der Befreiung: der Sturz des Gesetzes (das Herrschaft ist) durch Agape (die Eros ist). Dies würde mit dem häretischen Bilde Jesu als Sühner im Fleische übereinstimmen, des Messias, der gekommen ist, um den Menschen hier auf der Erde zu erlösen. Dann wäre die spätere Transsubstantation des Messias, die Vergöttlichung des Sohnes an der Seite des Vaters, ein Verrat seiner Botschaft durch seine eigenen Jünger – die Leugnung der Befreiung im Fleisch, die Rache an dem Sühner. Das Christentum hätte dann das Evangelium von Agape-Eros wieder dem Gesetz unterworfen, die Vaterschaft wäre wieder aufgerichtet und verstärkt. In Freudschen Begriffen: das Urverbrechen hätte, entsprechend der Botschaft des Sohnes, in einer

20 »Der Mann Moses und die monotheistische Religion«, a. a. O., S. 198.
21 s. Erich Fromm, »Die Entwicklung des Christusdogma«, Internationaler Psychoanalytischer Verlag, Wien 1931.

Ordnung von Friede und Liebe wieder gutgemacht werden können. Es geschah nicht, es wurde vielmehr von einem anderen Verbrechen überlagert – dem gegen den Sohn. Mit seiner Transsubstantation wurde auch sein Evangelium transsubstantiiert: seine Vergöttlichung entrückte seine Botschaft dieser Welt. Leiden und Unterdrückung wurden verewigt.
Diese Deutung würde Freuds Feststellung, daß die christlichen Völker »schlecht getauft« sind, daß sie »unter einer dünnen Tünche von Christentum« geblieben sind, »was ihre Ahnen waren, die einem barbarischen Polytheismus huldigten«[22], zusätzliche Bedeutung verleihen. Sie sind insofern »schlecht getauft«, als sie das befreiende Evangelium nur in einer höchst sublimierten Form annehmen und befolgen – das die Wirklichkeit ebenso unfrei wie zuvor beläßt. Die Verdrängung (im technischen Freudschen Sinn) spielte bei der Institutionalisierung des Christentums nur eine geringe Rolle. Die Transformierung des ursprünglichen Inhalts, die Ablenkung vom ursprünglichen Ziel, ging im hellen Tageslicht vor sich, bewußt, mit öffentlicher Begründung und Rechtfertigung. Ebenso offen war der bewaffnete Kampf des institutionalisierten Christentums gegen die Ketzer, die den Versuch machten (oder von denen behauptet wurde, daß sie ihn machten), den unsublimierten Gehalt und das unsublimierte Ziel zu retten. Es standen gute rationale Motive hinter den blutigen Kriegen gegen die christlichen Revolutionen, die die christliche Ära erfüllten. Aber die grausame organisierte Hinschlachtung der Albigenser, Anabaptisten, Sklaven, Bauern und Pauper, die unter dem Zeichen des Kreuzes revoltierten, das Verbrennen der Hexen und ihrer Verteidiger – diese sadistische Ausrottung der Schwachen läßt vermuten, daß unbewußte Triebkräfte all die Vernunft und Rationalisierung durchbrachen. Die Henker und ihre Verbündeten kämpften gegen den Geist einer Befreiung, die sie ersehnten, aber die zu verwerfen sie genötigt waren.

22 »Der Mann Moses und die monotheistische Religion«, S. 198.

Das Verbrechen gegen den Sohn mußte in der Ermordung jener vergessen werden, die an das Verbrechen erinnerten. Jahrhunderte des Fortschritts und der Domestikation waren nötig, ehe die Wiederkehr des Verdrängten durch die Macht und den Aufstieg der industriellen Zivilisation schließlich gebändigt wurde. Aber die Rationalität dieser Kultur scheint in ihrem letzten Stadium in einer neuen Wiederkehr des Verdrängten auseinanderzubrechen. Das Bild der Befreiung, das zunehmend wirklichkeitsgerechter wurde, wird überall auf der Erde verfolgt. Konzentrations- und Arbeitslager, Verurteilungen und Verfolgungen aller Non-Konformisten entfesseln Haß und Wut in einem Maß, das die totale Mobilisierung gegen die Wiederkehr des Verdrängten verrät.

Wenn die Entwicklung der Religion die Grundambivalenz enthält – die Imago der Herrschaft und die Imago der Befreiung –, dann muß Freuds These aus der *Zukunft einer Illusion* neu bewertet werden. Er betont hier die Rolle der Religion bei der Ablenkung von Energie von einer realen Verbesserung der menschlichen Lebensumstände auf eine imaginäre Welt des ewigen Heils. Er glaubte, daß der Untergang dieser Illusion den materiellen und intellektuellen Fortschritt der Menschheit äußerst beschleunigen würde und pries Wissenschaft und wissenschaftliche Vernunft als die großen befreienden Antagonisten der Religion. Vielleicht zeigt keine seiner übrigen Schriften Freud der großen Tradition der Aufklärung näher, aber keine zeigt ihn auch deutlicher der Dialektik der Aufklärung verfallen. In der augenblicklichen Periode der Kultur können die fortschrittlichen Ideen des Rationalismus nur wieder aufgegriffen werden, wenn sie neu formuliert werden. Die Funktion der Wissenschaft und der Religion hat sich verändert – und so auch ihre wechselseitige Beziehung zueinander. Innerhalb der totalen Mobilisierung von Mensch und Natur, die unsere Zeit auszeichnet, ist die Wissenschaft zu einem der destruktivsten Instrumente geworden – zerstörerisch gegenüber jener Freiheit, die sie einst versprach. Während dies Versprechen sich in eine Utopie auflöste, wird der Begriff »wissenschaftlich« fast identisch mit der Aufkündigung der Vorstellung eines irdischen Paradieses. Die wissenschaftliche Haltung hat längst aufgehört, ein kämpferischer Gegner der Religion zu sein, die ebenfalls mit Erfolg ihre explosiven Elemente preisgegeben hat und häufig den Menschen an ein gutes Gewissen angesichts von Leid und Schuld gewöhnt hat. Im Haushalt der Kultur tendieren die Funktionen von Wissenschaft und Religion dahin, einander zu ergänzen; in ihrer augenblicklichen Haltung verleugnen sie beide die Hoffnungen, die sie einst erregten und lehren die Menschen, die Tatsachen in einer Welt der Entfremdung hinzunehmen. In diesem Sinne ist die Religion keine Illusion mehr und ihre akademische Forderung steht im Einklang mit der herrschenden positivistischen Tendenz [23]. Wo die Religion weiterhin das kompromißlose Streben nach Friede und Glück bewahrt, haben ihre »Illusionen« noch einen höheren Wahrheitsgehalt als die Wissenschaft, die an der Ausschaltung dieser Ziele arbeitet. Der verdrängte und umgeformte Inhalt der Religion kann nicht dadurch befreit werden, daß man ihn der wissenschaftlichen Haltung ausliefert.

Freud wendet die Vorstellung von der Wiederkehr des Verdrängten, die an Hand der Analysen der Geschichte individueller Neurosen [24] entwickelt wurde, auf die allgemeine Menschheitsgeschichte an. Dieser Schritt von der Einzel- zur Massenpsychologie wirft nun eines der widerspruchsvollsten Probleme auf: wie kann die historische Wiederkehr des Verdrängten verstanden werden?

Daß es einen Urvater ... gegeben und welches Schicksal ihn betroffen, ist im Laufe der Jahrtausende ganz gewiß vergessen worden ... In welchem Sinne kommt also eine Tradition überhaupt in Betracht? [25]

23 s. Max Horkheimer, »Der neueste Angriff auf die Metaphysik«, in: Zeitschrift für Sozialforschung VI, 1937, S. 4 ff.

24 s. Freud, »Die Verdrängung«, Ges. Werke X, S. 248 ff.

25 »Der Mann Moses und die monotheistische Religion«, S. 200 ff.

Freuds Antwort, die »Eindrücke der Vergangenheit in unbewußten Erinnerungsspuren« annimmt, hat weithin Ablehnung erfahren. Die Annahme verliert aber viel von ihrem phantastischen Charakter, wenn man sie den konkreten und greifbaren Faktoren gegenüberstellt, die das Gedächtnis jeder neuen Generation auffrischen. Bei der Aufzählung der Bedingungen, unter denen verdrängtes Material ins Bewußtsein eindringen kann, erwähnt Freud eine Verstärkung der »am Verdrängten haftenden Triebanteile« und Eindrücke und Erlebnisse, »die dem Verdrängten so ähnlich sind, daß sie es zu erwecken vermögen« [26]. Als Beispiel für die Verstärkung der Triebe erwähnt er »die Vorgänge während der Pubertät«. Unter der Einwirkung der reifenden genitalen Sexualität

> *... treten (in Phantasien) bei allen Menschen die infantilen Neigungen, nun durch den somatischen Nachdruck verstärkt, wieder auf, und unter ihnen in gesetzmäßiger Häufigkeit und an erster Stelle die meist bereits durch die Geschlechtsanziehung differenzierte Sexualerregung des Kindes für die Eltern, des Sohnes für die Mutter und der Töchter für den Vater. Gleichzeitig mit der Überwindung und Verwerfung dieser deutlich inzestuösen Phantasien wird eine der bedeutsamsten, aber auch schmerzhaftesten, psychischen Leistungen der Pubertätszeit vollzogen, die Ablösung von der Autorität der Eltern, durch welche erst der für den Kulturfortschritt so wichtige Gegensatz der neuen Generation zur alten geschaffen wird.* [27]

Die Ereignisse und Erlebnisse, die das verdrängte Material wieder erwecken können – selbst ohne eine spezifische Verstärkung der daran haftenden Triebanteile – finden sich, auf der gesellschaftlichen Ebene, in den Einrichtungen und Ideologien, denen der Einzelne täglich begegnet und die ihrer Struktur selbst nach sowohl die Herrschaft, wie auch den Impuls, sie zu stürzen, wiederholen (d. h. in der Familie, in der Schule,

26 ebd., S. 202.

27 »Drei Abhandlungen zur Sexualtheorie«, Ges. Werke V, S. 127 ff. S. a. Anna Freud, »Das Ich und die Abwehrmechanismen«, Imago Publishing Co. Ltd., London 1946.

in Werkstatt und Büro, im Staat, im Gesetz, in der herrschenden Weltanschauung und Moral). Der entscheidende Unterschied zwischen der Ursituation und ihrer historischen Wiederkehr ist natürlich der, daß der Herrscher-Vater jetzt normalerweise nicht mehr erschlagen und gegessen wird und daß die Beherrschung normalerweise keine persönliche mehr ist. Das Ich, das Über-Ich und die äußere Wirklichkeit haben ihr Werk getan – aber »es ist nicht wirklich entscheidend, ob man den Vater getötet oder sich der Tat enthalten hat«, wenn die Funktion des Konflikts und seine Konsequenzen dieselben sind. In der Ödipussituation wiederholt sich die Ursituation unter Umständen, die von Anfang an den dauernden Sieg des Vaters sicherstellen. Aber sie sichern auch das Leben des Sohnes und seine künftige Fähigkeit, den Platz des Vaters einzunehmen. Wie hat die Kultur diesen Kompromiß zustande gebracht? Die Vielzahl der somatischen, psychischen und sozialen Prozesse, die in dieser Errungenschaft resultierten, sind praktisch identisch mit den Inhalten der Freudschen Psychologie. Gewalt, Identifizierung, Verdrängung, Sublimierung wirken in der Bildung des Ich und Über-Ich zusammen. Die Funktion des Vaters wird allmählich von seiner individuellen Person auf seine soziale Position verschoben, auf seine Imago im Sohn (das Gewissen), auf Gott, auf die verschiedenen Einrichtungen und ihre Vertreter, die den Sohn lehren, ein erwachsenes und selbstbeherrschtes Mitglied der Gesellschaft zu werden. *Ceteris paribus* ist die Intensität der Einschränkung und der Entsagung, die in diesem Prozeß zur Anwendung kommen, nicht geringer als einst in der Urhorde. Aber sie sind rationeller zwischen Vater und Sohn aufgeteilt und auch in der Gesellschaft als Ganzes besser verteilt; und die Belohnungen, obgleich nicht größer, sind relativ sicher. Die monogame Familie, mit ihren einklagbaren Verpflichtungen für den Vater beschränken sein Monopol auf Lust; die Einrichtung des vererbbaren Privateigentums und die Generalisierung der Arbeit geben dem Sohn das Recht, Erwartungen auf eigene sanktionierte Lust in Übereinstimmung mit seinen sozial nützlichen Leistungen zu hegen. Innerhalb dieses Gerüsts objektiver Gesetze und Einrichtungen führen die Pubertätsprozesse zu der Befreiung vom Vater als zu einem notwendigen und legitimen Ereignis. Es ist beinahe eine seelische Katastrophe – aber auch nicht mehr. Dann verläßt der Sohn die vaterrechtliche Familie und zieht aus, um selbst ein Vater und ein »Chef« zu werden.

Die Umformung des Lustprinzips in das Leistungsprinzip, die das despotische Monopol des Vaters in eine beschränkte erzieherische und ökonomische Autorität verwandelt, wandelt auch das ursprüngliche Objekt des Streites: die Mutter. In der Urhorde war das Bild der ersehnten Frau, der Gattin-Geliebten des Vaters, Eros und Thanatos in unmittelbarer natürlicher Einheit. Sie war das Ziel des Sexualtriebes, und sie war die Mutter, in der der Sohn einst den vollkommenen Frieden erfahren hatte, das Fehlen aller Bedürfnisse und Wünsche – das vorgeburtliche Nirwana. Vielleicht war das Inzesttabu der erste große Schutz gegen den Todestrieb: das Tabu auf das Nirwana, auf den regressiven Impuls nach Frieden, der dem Fortschritt, dem Leben selbst, im Wege stand. Mutter und Gattin wurden getrennt und so die tödliche Identität von Eros und Thanatos gelöst. In bezug auf die Mutter wurde die Liebe *ziel-gehemmt* und in Zuneigung (Zärtlichkeit) verwandelt. Neigung und Sexualität sind geschieden. Erst später werden sie in der Liebe zur Gattin wieder zusammentreffen, die sowohl sinnlich als zärtlich, ziel-gehemmt als ziel-gerichtet ist [28]. Die Zärtlichkeit wird aus der Abstinenz geschaffen, der Abstinenz, die zuerst vom Urvater erzwungen wurde. Einmal geschaffen, wird sie zur psychologischen Grundlage nicht nur der Familie, sondern auch für die Errichtung dauerhafter Gruppenbeziehungen:

28 s. Freud, »Drei Abhandlungen zur Sexualtheorie«, Ges. Werke V, S. 110 ff. »Das Unbehagen in der Kultur«, S. 137. »Massenpsychologie und Ich-Analyse«, Ges. Werke XIII, S. 154.

Der Urvater hatte seine Söhne an der Befriedigung ihrer direkten sexuellen Strebungen verhindert, er zwang sie zur Abstinenz und infolgedessen zu den Gefühlsbindungen an ihn und aneinander, die aus den Strebungen mit gehemmtem Sexualziel hervorgehen konnten. Er zwang sie sozusagen in die Massenpsychologie. 29

Auf dieser Stufe der Kultur, innerhalb des Systems belohnter Hemmungen, kann der Vater überwunden werden, ohne daß die Trieb- und Sozialordnung gesprengt wird: sein Bild und seine Funktion dauern in jedem Kinde fort – selbst wenn es ihn nicht kennt. Er verschmilzt mit der entsprechend beschaffenen Autorität. Die Herrschaft ist aus der Sphäre persönlicher Beziehungen herausgewachsen und hat Einrichtungen für die geordnete Befriedigung menschlicher Bedürfnisse in wachsendem Umfang geschaffen. Aber gerade die Entwicklung dieser Einrichtungen und Institutionen ist es, die die bestehenden Grundlagen der Kultur untergraben. Ihre innere Beschränktheit wird in den letzten Entwicklungen des industriellen Zeitalters deutlich.

29 »Massenpsychologie und Ich-Analyse«, S. 138.

IV

Die Dialektik der Kultur

Freud schreibt dem Schuldgefühl eine entscheidende Rolle in der Kulturentwicklung zu; er stellt darüber hinaus eine Beziehung zwischen Fortschritt und wachsendem Schuldgefühl fest. Es entspricht »durchaus seiner Absicht«, »das Schuldgefühl als das wichtigste Problem der Kulturentwicklung hinzustellen und darzutun, daß der Preis für den Kulturfortschritt in der Glückseinbuße durch die Erhöhung des Schuldgefühls bezahlt wird« [1]. Immer wieder betont er, daß mit dem Fortschreiten der Kultur das Schuldgefühl »sich von neuem verstärkt«, »intensiviert«, »eine immer wachsende Verstärkung« erfährt [2]. Der Beweis, den er dafür anführt, ist zweifach: einmal leitet er ihn analytisch von der Triebtheorie ab und zweitens findet er die theoretische Analyse durch die großen Krankheiten und das Unbehagen in der zeitgenössischen Kultur bestätigt: ein ausgedehnterer Zyklus von Kriegen, Verfolgungen überall, Antisemitismus, Ausrottung ganzer Völker, dazu Bigotterie und die zwangsweise Durchsetzung der »Illusionen«, Mühsal, Krankheit und Elend inmitten von wachsendem Wohlstand und Wissen.

Wir haben die Prähistorie des Schuldgefühls kurz überblickt und »wir können nicht über die Annahme hinaus, daß das Schuldgefühl der Menschheit aus dem Ödipuskomplex stammt und bei der Tötung des Vaters durch die Brüdervereinigung erworben wurde«[3]. Sie hatten ihre aggressiven Triebe befriedigt; aber die Liebe, die sie dem Vater gegenüber hegten, verursachte Reue, schuf durch Identifizierung das Über-Ich und damit »die Einschränkungen, die eine Wiederholung der Tat

1 »Das Unbehagen in der Kultur«, S. 176.

2 ebd., S. 174 f. – 3 ebd., S. 172.

verhüten sollten«[4]. In der Folge enthält sich der Mensch der Tat; aber von Generation zu Generation erwacht der aggressive Impuls gegen den Vater und seine Nachfolger aufs neue, und von Generation zu Generation muß die Aggression von neuem gebändigt, gehemmt werden:

Jeder Triebverzicht wird nun eine dynamische Quelle des Gewissens, jeder neue Verzicht steigert dessen Strenge und Intoleranz . . . jedes Stück Aggression, dessen Befriedigung wir unterlassen, (wird) vom Über-Ich übernommen und (steigert) dessen Aggression (gegen das Ich).[5]

Die exzessive Strenge des Über-Ich, das den Wunsch für die Tat nimmt und selbst unterdrückte Aggressionen bestraft, erklärte sich nun im Sinne des ewigen Kampfes zwischen Eros und dem Todestrieb: der aggressive Impuls gegen den Vater (und seinen sozialen Nachfolger) ist ein Abkömmling des Todestriebes: indem er das Kind von der Mutter »trennt«, unterbindet der Vater auch den Todestrieb, den Nirwana-Impuls. Damit leistet er die Arbeit des Eros; auch die Liebe wirkt an der Bildung des Über-Ich mit. Der strenge Vater, der als verbietender Vertreter des Eros im Ödipuskonflikt den Todestrieb unterwirft, erzwingt damit die erste »gemeinsame« (soziale) Beziehung: seine Verbote schaffen die Identifizierung unter den Söhnen, führen zur zielgehemmten Liebe (Zuneigung), zur Exogamie, zur Sublimierung. Auf der Grundlage des Triebverzichts beginnt Eros sein kulturbildendes Werk, das Leben in immer größere Einheiten zusammenzuführen. Und während der Vater durch die autoritären Figuren der Gesellschaft ergänzt, ersetzt, vervielfältigt wird, während Verbote und Hemmungen sich ausbreiten, geschieht das Gleiche mit den aggressiven Impulsen und ihren Objekten. Und damit wieder wächst auf Seiten der Gesellschaft die Notwendigkeit, die Abwehr zu verstärken – die Notwendigkeit, das Schuldgefühl zu steigern.

4 ebd., S. 174. – 5 ebd., S. 169, 170.

Da die Kultur einem inneren erotischen Antrieb gehorcht, der sie die Menschen zu einer innig verbundenen Masse vereinigen heißt, kann sie das Ziel nur auf dem Wege einer immer wachsenden Verstärkung des Schuldgefühls erreichen. Was am Vater begonnen wurde, vollendet sich an der Masse. Ist die Kultur der notwendige Entwicklungshergang von der Familie zur Menschheit, so ist unablösbar mit ihr verbunden als Folge des mitgeborenen Ambivalenzkonflikts, als Folge des ewigen Haders zwischen Liebe und Todesstreben die Steigerung des Schuldgefühls, vielleicht bis zu Höhen, die der Einzelne schwer erträglich findet. [6]

In dieser quantitativen Analyse des Wachstums des Schuldgefühls scheint die Veränderung in der *Qualität* der Schuld, ihre zunehmende Irrationalität zu verschwinden. Freuds zentrale soziologische Position hinderte ihn tatsächlich daran, diesen Weg weiter zu verfolgen. Für ihn gab es keine höhere Rationalität, an der die herrschende hätte gemessen werden können. Ist die Irrationalität des Schuldgefühls die der Kultur selbst, dann ist sie rational; und wenn die Aufhebung der Beherrschung des Menschen durch den Menschen die Kultur selbst zerstört, dann bleibt sie das äußerste Verbrechen, und kein Mittel zu dessen Verhütung ist irrational. Aber Freuds eigene Triebtheorie veranlaßte ihn, noch weiter zu gehen und das ganze Verhängnis und die Sinnlosigkeit dieser Dynamik aufzuspüren. Eine verstärkte Abwehr gegen die Aggression ist notwendig; aber um wirksam zu sein, müßte die Abwehr gegen die erhöhte Aggression den Sexualtrieb stärken, denn nur ein starker Eros kann die Destruktionstriebe mit Erfolg »binden«. Und genau dies ist es, was die *entwickelte Kultur zu leisten außerstande ist,* denn sie hängt, um existieren zu können, von einer gesteigerten und umfassenden Reglementierung und Kontrolle ab. Die Kette von Hemmungen und Ablenkungen der Triebziele kann nicht unterbrochen werden. »Unsere Kultur ist ganz allgemein auf der Unterdrückung von Trieben aufgebaut.« [7]

6 ebd., S. 174 f.

7 »Die kulturelle Sexualmoral und die moderne Nervosität«, Ges. Werke VII, S. 149.

Kultur ist in erster Linie Fortschritt in der *Arbeit* – d. h. Arbeit für die Beschaffung und Mehrung der lebensnotwendigen Dinge. Diese Arbeit bietet normalerweise keine Befriedigung an sich; für Freud ist sie unlustvoll, schmerzlich. In seiner Metapsychologie ist kein Raum für einen ursprünglichen Werk- und Bemeisterungstrieb [8].

Die Idee von der konservativen Natur der Triebe unter der Herrschaft des Lust- und Nirwanaprinzips schließt solche Vorstellungen völlig aus. Wenn Freud gelegentlich die »natürliche Arbeitsscheu der Menschen« erwähnt [9], so zieht er damit nur die Folgerung aus seinen theoretischen Grundauffassungen. Das Triebsyndrom »Arbeit und Unglücklichsein« kehrt in seinen Schriften immer wieder [10], und seine Deutung der Prometheussage kreist um die Beziehung zwischen der Zügelung der sexuellen Leidenschaft und der Kulturarbeit [11]. Die eigentliche Arbeit der Zivilisation ist nicht-libidinös, ist Mühe; Mühe ist »Unannehmlichkeit«, und »Unannehmlichkeit« kann nur mit Zwang durchgesetzt werden. »Denn welches Motiv hätten die Menschen, sexuelle Triebkräfte anderen Verwendungen zuzuführen, wenn sich aus denselben bei irgendeiner Verteilung volle Lustbefriedigung ergeben hätte? Sie kämen von dieser Lust nicht wieder los und brächten keinen weiteren Fortschritt zustande.« [12] Gibt es keinen ursprünglichen »Arbeitstrieb«, dann muß die für (unangenehme) Arbeit benötigte

8 Ives Hendrick, »Work and the Pleasure Principle«, in: Psychoanalytic Quarterly, XII, 1943, S. 314; s. a. Kap. X, wo näher auf diese Arbeit eingegangen wird.

9 »Das Unbehagen in der Kultur«, S. 111, Anm.

10 In einem Brief vom 16. April 1896 spricht er von dem mäßigen Leiden, das für intensive Arbeit notwendig sei. Ernest Jones, »The Life and Work of Sigmund Freud«, Bd. I, New York, Basic Books, 1953.

11 »Das Unbehagen in der Kultur«, S. 123, Anm. Bezüglich Freuds scheinbar widersprechender Feststellungen über libidinöse Befriedigung durch Arbeit (»Unbehagen in der Kultur«, S. 111, Anm.) siehe später Kapitel X.

12 »Über die allgemeine Erniedrigung des Liebeslebens«, Ges. Werke VIII, S. 91.

Energie den primären Trieben »entzogen« werden, sowohl den sexuellen wie den destruktiven Trieben. Da die Kultur hauptsächlich das Werk des Eros ist, ist sie vor allem einmal ein Entzug an Libido: die Kultur muß einen großen Betrag der psychischen Energie, die sie selbst verbraucht, der Sexualität entziehen [13].

Aber nicht nur die Werkimpulse werden so von zielgehemmter Sexualität gespeist. Die spezifisch »sozialen Triebe« (wie »etwa die Zärtlichkeitsbeziehungen zwischen Eltern und Kindern, die Gefühle der Freundschaft und die . . . Gefühlsbindungen in der Ehe«) enthalten Impulse, die »durch Widerstände« von der Erreichung ihrer direkten Ziele abgehalten werden [14]; nur durch diesen Triebverzicht werden sie gesellschaftsbildend und -fähig. Jeder Einzelne trägt seinen Triebverzicht bei (erst unter der Wirkung äußeren Zwanges, dann innerlich) und »aus diesen Beiträgen ist der gemeinsame Kulturbesitz an materiellen und ideellen Gütern entstanden« [15]. Obwohl Freud bemerkt, daß diese sozialen Triebe noch nicht sublimiert genannt werden müssen (»da sie ihre direkt sexuellen Ziele nicht aufgegeben« haben, sondern »sich mit gewissen Annäherungen an die Befriedigung« begnügen), nennt er sie doch der Sublimierung »nahestehend« [16]. So erscheint die wichtigste Sphäre der Kultur als eine Sphäre der *Sublimierung*. Aber Sublimierung schließt Desexualisierung in sich. Selbst wenn und wo sie aus einem Reservoir »neutraler, verschieblicher Energie« im Ich und Es schöpft, entstammt diese neutrale Energie »dem narzißtischen Libidovorrat« [17]. Der Vorgang der Sublimierung verändert das Gleichgewicht inner-

13 »Das Unbehagen in der Kultur«, S. 140.

14 »Libidotheorie«, Ges. Werke XIII, S. 232.

15 »Die kulturelle Sexualmoral und die moderne Nervosität«, Ges. Werke VII, S. 149.

16 »Libidotheorie«, Ges. Werke XIII, S. 232.

17 »Das Ich und das Es«, Ges. Werke XIII, S. 273; s. a. Edward Glover, »Sublimation, Substitution and Social Anxiety«, in: International Journal of Psychoanalysis XII, No. 3, 1931, S. 264.

halb der Triebstruktur. Das Leben ist die Vermischung von Eros und Todestrieb; in dieser Vermischung hat Eros den feindlichen Partner unterworfen. Aber:

> *Die erotische Komponente hat nach der Sublimierung nicht mehr die Kraft, die ganze hinzugesetzte Destruktion zu binden, und diese wird als Aggressions- und Destruktionsneigung frei.* 18

Die Kultur fordert fortgesetzte Sublimierung; dadurch schwächt sie den Eros, den Errichter der Kultur. Und die Desexualisierung entfesselt durch die Schwächung des Eros die destruktiven Impulse. So ist die Kultur von einer Trieb-entmischung bedroht, in der der Todestrieb danach strebt, die Oberhand über den Lebenstrieb zu gewinnen. Dem Triebverzicht entsprungen und unter fortschreitendem Triebverzicht sich entwickelnd, neigt die Kultur zur Selbstzerstörung.

Diese Beweisführung ist zu glatt, um wahr zu sein. Es erheben sich eine Reihe von Einwänden. Zuerst einmal bedeutet nicht jede Arbeit Desexualisierung, und nicht alle Arbeit ist unangenehm, ist Triebverzicht. Zweitens wirken die von der Kultur verdrängten Hemmungen auch – und vielleicht in der Hauptsache – auf die Abkömmlinge des Todestriebs, die Aggressivität und die Destruktionstriebe, ein. Mindestens in dieser Hinsicht tragen die kulturellen Hemmungen zur Stärkung des Eros bei. Außerdem ist Kulturarbeit an sich zum großen Teil die soziale Nutzbarmachung aggressiver Impulse und damit Arbeit im Dienst des Eros. Wollen wir diese Fragen in adäquater Weise zur Diskussion stellen, so setzt das voraus, daß die Triebtheorie von ihrer ausschließlichen Orientierung am Leistungsprinzip befreit wird, daß das Bild einer nicht-unterdrückenden Kultur (wie es gerade die Errungenschaften des Leistungsprinzips nahelegen) auf seine Substanz hin überprüft wird. Solch ein Versuch soll im letzteren Teil dieser

18 »Das Ich und das Es«, Ges. Werke XIII, S. 284, 285.

Arbeit unternommen werden, vorerst müssen uns einige versuchsweise Klärungen genügen.

Die psychologischen Quellen und Antriebe der Arbeit und ihre Beziehung zur Sublimierung stellen eines der Gebiete der analytischen Arbeit dar, die am meisten vernachlässigt worden sind. Nirgends sonst vielleicht ist die Psychoanalyse so beständig der offiziellen Ideologie von den Segnungen der »Produktivität« erlegen [19]. Es ist daher kaum verwunderlich, daß in den Neo-Freudianischen Schulen, wo die ideoligischen Tendenzen in der Psychologie (wie wir im Epilog sehen werden) über die Theorie triumphieren, der Tenor von der Arbeitsmoral alles durchsetzt. Die »orthodoxe« Diskussion konzentriert sich fast gänzlich auf die »schöpferische« Arbeit, besonders auf die Kunst, während die Arbeit im Bereich des Notwendigen – labor – in den Hintergrund verwiesen wird.

Entschieden gibt es eine Art von Arbeit, die ein hohes Maß an libidinöser Befriedigung gewährt, die in ihrer Ausübung erfreulich ist. Künstlerische Arbeit, wo sie echt ist, scheint aus einer verdrängungslosen Triebkonstellation zu erwachsen und verdrängungslose Ziele und Zwecke anzustreben – und das in einem Maße, das eine beträchtliche Modifizierung des Sublimierungsbegriffs erfordert, wenn man ihn auf diese Art von Arbeit anwenden will. Aber das Gros der Arbeitsbeziehungen, auf dem die Kultur beruht, ist von sehr anderer Art. Freud stellt fest, daß »die Berufstätigkeit besondere Befriedigung vermittelt, wenn sie eine frei gewählte ist« [20]. Wenn allerdings »frei gewählt« mehr bedeuten soll als eine kleine Auswahl zwischen vorher schon festgelegten Notwendigkeiten, wenn die Neigungen und Antriebe, die in der Arbeit zur Verwendung kommen, andere sein sollen, als die schon von einem verdrängenden Realitätsprinzip umgeformten, dann ist die Befriedigung in der täglichen Arbeit ein sel-

19 Die erwähnte Arbeit von Ives Hendrick ist ein schlagendes Beispiel für diese Haltung.

20 »Das Unbehagen in der Kultur«, S. 110, Anm.

tenes Privileg. Die Arbeit, die die materielle Basis der Kultur und Zivilisation geschaffen und vergrößert hat, war in erster Linie mühselige Arbeit, entfremdete Arbeit, schmerzlich und elend – und ist es noch. Die Verrichtung solcher Arbeit dürfte kaum individuelle Bedürfnisse und Neigungen befriedigen. Sie ist dem Menschen durch nackte, brutale Not auferlegt; wenn entfremdete Arbeit irgend etwas mit Eros zu tun hat, so muß es sehr indirekt sein und einen recht sublimierten und geschwächten Eros betreffen.

Aber wiegt die kulturelle Hemmung aggressiver Impulse in der Arbeit nicht die Schwächung des Eros auf? Es wird ja angenommen, daß in der Arbeit sowohl aggressive als libidinöse Impulse »auf dem Weg der Sublimierung« befriedigt werden; der kulturell nutzbringende, »sadistische Charakter« der Arbeit wurde oft genug unterstrichen[21]. Die Entwicklung von Technik und technologischer Rationalität absorbieren weitgehend die »modifizierten« Destruktionstriebe:

> *Gemäßigt und gebändigt, gleichsam zielgehemmt muß der Destruktionstrieb, auf die Objekte gerichtet, dem Ich die Befriedigung seiner Lebensbedürfnisse und die Herrschaft über die Natur verschaffen.*[22]

Die Technik liefert gerade die Grundlage für den Fortschritt; die technologische Rationalität setzt die geistigen und verhaltensmäßigen Vorbilder für die produktive Leistung, und die »Macht über die Natur« ist praktisch mit dem Begriff der Kultur und Zivilisation identisch geworden. Sind die destruktiven Strebungen, die in diesen Leistungen und Tätigkeiten sublimiert wurden, hinlänglich gezügelt und abgelenkt, um das Werk des Eros zu sichern? Es hat den Anschein, als sei sozial nützliche Destruktivität weniger sublimiert als sozial nützliche Libido. Die Ablenkung der Destruktionstriebe vom

21 Siehe Alfred Winterstein, »Zur Psychologie der Arbeit«, in: Imago, XVIII (1932), S. 141.
22 »Das Unbehagen in der Kultur«, S. 160.

Ich auf die Außenwelt hat zweifelsohne das Wachstum der Kultur gesichert und geschützt. Aber extrovertierte Destruktion bleibt doch destruktiv; ihre Objekte werden in den meisten Fällen tatsächlich und gewaltsam angegriffen, ihrer Form beraubt und nur nach teilweiser Zerstörung wiederhergestellt; Einheiten werden gewaltsam getrennt und ihre Bestandteile gewaltsam neu zusammengefügt. Die Natur wird buchstäblich »vergewaltigt«. Nur in gewissen Kategorien sublimierter Aggression (wie in der chirurgischen Praxis) fördert solche Vergewaltigung direkt das Leben ihres Objekts. In der Kultur scheint die Destruktivität, nach Ausmaß und Wirkung, direkter befriedigt zu werden als die Libido.

Aber während die destruktiven Impulse solcherart befriedigt werden, kann diese Befriedigung doch ihre Energie nicht im Dienst des Eros stabilisieren. Ihre zerstörerische Kraft muß sie über diese Dienstbarkeit und Sublimierung hinaustreiben; denn ihr Ziel ist nicht Materie, nicht Natur, nicht irgendein Objekt, sondern das Leben selbst. Sind sie Abkömmlinge des Todestriebs, dann können sie nicht irgendwelchen »Ersatz« als endgültiges Ziel akzeptieren. Dann werden sie durch konstruktive technologische Destruktion, durch die konstruktive Vergewaltigung der Natur, noch immer auf die Auslöschung des Lebens hinarbeiten. Die radikale Hypothese von »Jenseits des Lustprinzips« würde lauten: die Triebe der Selbsterhaltung, der Selbstsicherung, der Bemeisterung, müßten, insofern sie diese Destruktivität in sich aufgenommen haben, die Funktion erfüllen, dem Organismus »seinen eigenen Weg zum Tode« zu sichern. Freud hat diese Hypothese zurückgezogen, sobald er sie aufgestellt hatte, aber seine Formulierungen im »Unbehagen in der Kultur« scheinen ihren wesentlichen Inhalt aufs neue zu bestätigen. Und die Tatsache, daß die Zerstörung des Lebens (des menschlichen und tierischen Lebens) mit dem Fortschritt der Kultur zugenommen hat, daß Grausamkeit und Haß und die wissenschaftliche Menschenausrottung sich im gleichen Maßstab ausbreiteten, wie die realen Möglichkeiten,

Unterdrückung aufzuheben – diese Charakteristika der jüngsten Industrie-Kultur hätten demnach triebhafte Wurzeln, die die Destruktivität jenseits aller Rationalität verewigen. Die wachsende Beherrschung der Natur würde dann, mit der wachsenden Produktivität der Arbeitsleistung, die menschlichen Bedürfnisse nur *als ein Nebenprodukt* entwickeln und erfüllen: der wachsende kulturelle Wohlstand und das zunehmende Wissen würden das Material für eine fortschreitende Destruktion liefern und damit für die Notwendigkeit fortschreitender Triebunterdrückung.

Diese These setzt die Existenz objektiver Kriterien voraus, mit deren Hilfe sich das Maß der Triebverdrängung auf einer gegebenen Kulturstufe bemessen ließe. Aber die Verdrängung ist weitgehend unbewußt und geht automatisch vor sich, während ihr Ausmaß sich nur im Licht des Bewußtseins abschätzen läßt. Das Differential zwischen (phylogenetisch notwendiger) Verdrängung und zusätzlicher Unterdrückung [23] könnte das Kriterium liefern. Innerhalb der Gesamtstruktur der unterdrückten Persönlichkeit ist die »zusätzliche Unterdrückung« jener Anteil, der sich als Ergebnis spezifischer Bedingungen herausstellt, die im spezifischen Interesse der Beherrschung aufrecht erhalten werden. Das Ausmaß dieser zusätzlichen Unterdrückung liefert den Maßstab für die Bewertung; je kleiner sie ist, desto weniger verdrängend (unterdrückend) ist das Kulturstadium. Die Unterscheidung entspricht der zwischen den biologischen und den historischen Quellen des menschlichen Leidens. Von den drei Quellen menschlichen Leids, die Freud aufzählt – nämlich »die Übermacht der Natur, die Hinfälligkeit unseres eigenen Körpers und die Unzulänglichkeit der Einrichtungen, welche die Beziehungen der Menschen zueinander in Familie, Staat und Gesellschaft regeln« [24] – sind mindestens die erste und die letzte im strengen

23 s. S. 40.

24 »Das Unbehagen in der Kultur«, S. 119.

Sinn historische; die Übermacht der Natur und die Organisation der gesellschaftsformenden Beziehungen haben sich im Laufe der Kulturentwicklung grundlegend verändert. Infolgedessen verändert sich die Notwendigkeit der Unterdrückung und des daraus erwachsenden Leides mit der Reife der Kultur, mit dem Ausmaß der gelungenen rationalen Bemeisterung von Natur und Gesellschaft. Objektiv hängt die Notwendigkeit der Triebhemmung und -einschränkung mit der Notwendigkeit mühseliger Arbeit und der Verschiebung der Befriedigung zusammen. Das gleiche und selbst ein verringertes Maß an Triebreglementierung würde auf einer fortgeschritteneren Kulturstufe einen höheren Grad von Unterdrückung darstellen, wo die Notwendigkeit des Triebverzichts und die Mühsal durch materiellen und intellektuellen Fortschritt beträchtlich reduziert ist – wo die Kultur sich tatsächlich eine weitgehende Freisetzung von Triebenergie leisten könnte, die zuvor für Beherrschung und Anstrengung verwendet werden mußte. Umfang und Intensität der Triebunterdrückung erlangen ihre volle Bedeutung erst, wenn man sie in Beziehung zum historisch möglichen Ausmaß der Freiheit setzt. Bedeutet für Freud der Kulturfortschritt auch einen Fortschritt in der Freiheit?

Wir haben gesehen, daß Freuds Theorie sich auf den wiederkehrenden Kreislauf von Beherrschung, Auflehnung, Beherrschung konzentriert. Aber die zweite Beherrschung ist nicht einfach eine Wiederholung der ersten; die zyklische Bewegung bedeutet einen Fortschritt in der Beherrschung. Vom Urvater über die Brüderhorde zum System institutionalisierter Autorität, wie sie charakteristisch für die reife Kultur ist, wird die Herrschaft zunehmend unpersönlich, objektiv, universell und zugleich zunehmend rational, wirksam, produktiv. Schließlich erscheint unter der Herrschaft des vollentwickelten Leistungsprinzips die Unterordnung als durch die soziale Arbeitsteilung selbst bewerkstelligt (obwohl körperliche und persönliche Kraft noch immer ein unerläßliches Instrument bleibt).

Die Gesellschaft entfaltet sich als ein dauerhaftes, sich ausdehnendes System nützlicher Leistungen; die Hierarchie von Funktionen und Beziehungen nimmt die Form objektiver Vernunft an: Ordnung und Gesetz sind mit dem Leben der Gesellschaft identisch. Im gleichen Prozeß wird auch die Unterdrückung entpersönlicht. Einschränkungen und Reglementierungen der Lust werden nun zur Funktion (und zum »natürlichen« Ergebnis) der Arbeitsteilung. Der Vater, als *pater familias,* übernimmt selbstverständlich noch die grundlegende Triebreglementierung, die das Kind auf die zusätzliche Unterdrückung von seiten der Gesellschaft im erwachsenen Leben vorbereitet. Aber er übt diese Funktion als der Vertreter der Position der Familie in der sozialen Arbeitsteilung aus und kaum mehr als der »Besitzer« der Mutter. Weiterhin werden die Triebe des Einzelnen durch die soziale Verwertung seiner Arbeitskraft gesteuert. Er muß arbeiten, um zu leben, und diese Arbeit erfordert nicht nur 8, 10, 12 Stunden täglicher Arbeit und daher eine entsprechende Aufteilung der Energie, sondern auch während dieser Zeit und der ihm verbleibenden restlichen Freizeit ein Verhalten, das in Übereinstimmung mit den Maßstäben und den Moralanschauungen des Leistungsprinzips steht. Geschichtlich ist die Reduktion des Eros auf eine monogam-fortpflanzende Sexualität (die die Unterwerfung des Lustprinzips unter das Realitätsprinzip vollendet) erst dann vollzogen, wenn der Einzelne zum Subjekt-Objekt der Arbeit im Apparat seiner Gesellschaft geworden ist, wohingegen, ontogenetisch gesehen, die primäre Unterdrückung der infantilen Sexualität die Vorbedingung für diese Entwicklung bleibt.

Die Ausbildung eines hierarchischen Systems sozialer Arbeit rationalisiert nicht nur die Beherrschung, sondern »enthält« auch die Auflehnung gegen die Herrschaft. Auf der individuellen Ebene ist die Urauflehnung in der Struktur des normalen Ödipuskonflikts mit enthalten. Auf der Ebene der Gesellschaft wurden immer wiederkehrende Revolten und Revolutionen von Gegenrevolutionen und Restaurationen gefolgt. Von den Sklavenaufständen der alten Welt bis zur sozialistischen Revolution endete der Kampf der Unterdrückten in der Errichtung eines neuen, »besseren« Herrschaftssystems; der Fortschritt fand durch eine wachsende Kette der Kontrollen statt. Jede Revolution war die bewußte Bemühung, eine herrschende Gruppe durch eine andere zu ersetzen; aber jede Revolution hat auch Kräfte freigesetzt, die »über das Ziel hinausschießen«, die die Abschaffung aller Herrschaft und Ausnutzung anstrebten. Die Leichtigkeit, mit der sie niedergerungen wurden, verlangt nach einer Erklärung. Weder die herrschende Machtkonstellation, noch die Unreife der produktiven Kräfte, noch das fehlende Klassenbewußtsein liefern eine entsprechende Antwort. Es scheint in jeder Revolution einen historischen Moment gegeben zu haben, wo der Kampf gegen die Herrschaft den Sieg hätte erringen können – aber der Moment ging vorüber. Es scheint, als spielte bei dieser Dynamik ein Element von Selbst-Vernichtung mit (ganz abgesehen vom Wert solcher Gründe wie Ungleichheit und Unausgereiftheit der Kräfte). In diesem Sinn war jede Revolution auch eine verratene Revolution.

Freuds Hypothese über den Ursprung und die ständige Fortdauer des Schuldgefühls beleuchtet diese soziologische Dynamik in psychologischen Begriffen: sie erklärt die »Identifizierung« derjenigen, die sich auflehnen, mit der Macht, gegen die sie kämpfen. Die ökonomische und politische Einbeziehung des Einzelnen in das hierarchische Arbeitssystem wird von einem Triebvorgang begleitet, in dem die menschlichen Objekte der Beherrschung ihre eigene Unterdrückung wiederholen. Und die zunehmende Rationalisierung der Macht scheint sich an einer zunehmenden Rationalisierung der Unterdrükkung widerzuspiegeln. Indem sie die Einzelnen zu Arbeitsinstrumenten umbildet, sie zu Triebverzicht und Anstrengungen zwingt, konserviert die Herrschaft nicht mehr nur, oder in erster Linie, besondere Privilegien, sondern erhält auch die

Gesellschaft als Ganzes in wachsendem Maße. Dadurch wird die Schuld der Auflehnung höchst intensiviert. Der Aufstand gegen den Urvater merzte eine einzelne Person aus, die durch andere Personen ersetzt werden konnte (und wurde). Aber wenn das Reich des Vaters sich zum Herrschaftsbereich der Gesellschaft erweitert hat, dann scheint eine solche Ersetzung nicht mehr möglich und das Schuldgefühl wird überwältigend. Die Rationalisierung des Schuldgefühls ist jetzt vollkommen. Der innerhalb der Familie und in seiner individuellen biologischen Autorität beschränkte Vater wird, mit viel höherer Machtvollkommenheit, in der Verwaltung wieder aufgerichtet, in der Verwaltung, die das Leben der Gesellschaft erhält, und in den Gesetzen, die die Verwaltung schützen. Diese letzte und sublimste Inkarnation des Vaters kann nicht »symbolisch« durch Emanzipation überwunden werden; es gibt keine Freiheit vor der Verwaltung und ihren Gesetzen, denn sie erscheinen als die höchsten Garanten der Freiheit selbst. Die Auflehnung gegen sie wäre wiederum das äußerste Verbrechen – diesmal nicht gegen das Despot-Tier, das die Befriedigung verbietet, sondern gegen die weise Ordnung, die die Güter und Dienste für die fortschreitende Befriedigung der menschlichen Bedürfnisse sicherstellt. Jetzt erscheint die Auflehnung als das Verbrechen gegen die gesamte menschliche Gesellschaft und daher jenseits jeder Sühne und Erlösung.

Es ist nun aber gerade der Fortschritt der Kultur, der diese Rationalität verfälscht, dazu tendiert, sie unecht werden zu lassen. Die Freiheiten und Befriedigungen, die es gibt, sind an die Bedürfnisse der Herrschaft gebunden; sie werden selbst zu Instrumenten der Unterdrückung. Die Entschuldigung mit der Lebensnot, die der institutionalisierten Unterdrückung von Anfang an als Rechtfertigung diente, wird immer hinfälliger, je mehr Möglichkeiten zur mühelosen Bedürfnisbefriedigung sich mit zunehmendem Wissen und wachsender Naturbeherrschung ergeben. Wo weite Gebiete der Welt noch in Armut leben, liegt dies nicht mehr in erster Linie am Mangel menschlicher und natürlicher Hilfsmittel, sondern an der Art, wie diese Mittel verteilt und ausgenutzt werden. Diese Unterscheidung kann vom politischen Gesichtspunkt aus irrelevant erscheinen, aber für die Theorie einer Kultur, die die Notwendigkeit der Unterdrückung von dem »natürlichen« und ewigen Mißverhältnis zwischen menschlichen Sehnsüchten und der Umwelt, in der sie befriedigt werden müssen, ableitet, ist sie von entscheidender Wichtigkeit. Wenn solche »natürliche« Bedingungen und nicht bestimmte politische und soziale Institutionen die rationale Grundlage für die Unterdrückung abgeben müssen, dann ist sie jetzt irrational geworden. Die Kultur der industriellen Zivilisation hat den menschlichen Organismus in ein immer empfindlicheres, differenzierteres und austauschbareres Instrument verwandelt und einen sozialen Wohlstand geschaffen, der groß genug ist, um dies Instrument zum Selbstzweck zu erheben. Die zur Verfügung stehenden Hilfsmittel bewegen sich in Richtung auf eine *qualitative* Veränderung der menschlichen Bedürfnisse. Die Rationalisierung und Mechanisierung der Arbeit reduzieren allmählich das Quantum an Triebenergie, das in die Kanäle mühseliger Anstrengung (entfremdeter Arbeit) geleitet werden mußte und stellen damit Energien frei, die sich der Erreichung von Zielen zuwenden können, wie das freie Spiel individueller Fähigkeiten sie setzt. Die Technik arbeitet insofern gegen die repressive Ausnützung von Energie, als sie die für den lebensnotwendigen Produktionsprozeß erforderliche Zeit verringert und dadurch Zeit für die Entwicklung von Bedürfnissen jenseits des Bereichs des Notwendigen und Unerläßlichen zur Verfügung stellt.

Aber je näher die reale Möglichkeit rückt, den Einzelnen von den ehemals durch Mangel und Unreife gerechtfertigten Einschränkungen zu befreien, desto mehr steigert sich die Notwendigkeit, diese Einschränkungen aufrecht zu erhalten und immer funktionstüchtiger zu gestalten, damit sich die bestehende Ordnung nicht auflöst. Die Zivilisation muß sich gegen das Traumbild einer Welt verteidigen, die frei sein könnte. Kann die Gesellschaft ihre wachsende Produktivität nicht dazu verwenden, die Unterdrückung zu verringern (weil eine solche Verwendung die Hierarchie des *status quo* in Verwirrung brächte), so muß die Produktivität *gegen* den Einzelnen gewendet werden; sie wird selbst zum Instrument weltumfassender Lenkung. Wo immer die Interessen der Beherrschung die Oberhand über die Produktivität gewinnen, breiten sich in der industriellen Zivilisation totalitäre Herrschaftsformen aus, hemmen ihre Möglichkeiten und lenken sie von ihrem eigentlichen Ziel ab. Die Menschen müssen in einem Zustand dauernder innerer und äußerer Mobilisierung gehalten werden. Die Rationalität der Beherrschung ist zu einem Punkt gediehen, wo sie ihre Grundlagen zu verwerfen droht; daher muß sie wirksamer als je zuvor ausgestaltet werden. Diesmal darf es keinen Mord am Vater geben – nicht einmal einen symbolischen –, weil er unter Umständen keinen Nachfolger finden würde.

Die »Automatisierung des Über-Ich« [25] bezeichnet den Abwehrmechanismus, durch den die Gesellschaft dieser Gefahr begegnet. Die Abwehr besteht in der Hauptsache in der Verstärkung der Kontrolle, weniger über die Triebe als über das Bewußtsein, das, wäre es frei, in der gesteigerten, verbesserten Bedürfnisbefriedigung das Werk der Unterdrückung entdecken könnte. Die Manipulierung des Bewußtseins, wie sie während des gesamten Aufstiegs der zeitgenössischen Industriekultur stattfand, ist in den verschiedenen Interpretationen totalitärer und »Volks-Kulturen« dargestellt worden: Koordinierung des privaten und des öffentlichen Daseins, der spontanen und der geforderten Reaktionen. Die Förderung gedankenloser Freizeitbetätigung, der Triumph der antiintellektuellen Ideologien sind Beispiele dieser Tendenz. Die Ausdehnung der Kontrolle auf ehemals freie Regionen des Bewußtseins und der

25 s. S. 36 f.

Muße gestatten eine Lockerung der Sexual-Tabus (früher wichtiger, da die allumfassenden Kontrollen noch weniger wirksam waren). Heute ist die sexuelle Freiheit, im Vergleich zur puritanischen und viktorianischen Epoche, zweifellos größer (obwohl eine Reaktion gegen die spezifische Haltung der zwanziger Jahre deutlich erkennbar ist). Zur gleichen Zeit aber sind die sexuellen Beziehungen selbst viel enger mit sozialen Beziehungen in Verbindung getreten; die sexuelle Freiheit ist mit nutzbringender Konformität in Gleichklang gebracht worden. Der fundamentale Gegensatz zwischen Geschlechtlichkeit und sozialer Nutzbarkeit – selbst ein Reflex des Konflikts zwischen Lust- und Realitätsprinzip – hat sich durch die fortschreitende Einflußnahme des Realitätsprinzips auf das Lustprinzip verwischt. In einer Welt der Entfremdung würde sich die Befreiung des Eros notwendig als zerstörerische, verderbliche Kraft auswirken – als die vollständige Verneinung jenes Prinzips, das die repressive Wirklichkeit beherrscht. Es ist kein Zufall, daß die große westliche Literatur nur die »unglückliche Liebe« feiert, daß der Tristan-Mythos zu ihrem repräsentativen Ausdruck geworden ist. Die morbide Romantik der Sage ist in einem strengen Sinn »realistisch«, wirklichkeitsgerecht. Im Gegensatz zur Destruktivität des befreiten Eros dient die gelockerte Sexualmoral innerhalb des gut befestigten Systems monopolitischer Kontrollen selbst dem System. Die Negation wird mit »dem Positiven« koordiniert: die Nacht mit dem Tag, die Traumwelt mit der Arbeitswelt, die Phantasie mit der Versagung. Dann wird der Einzelne, der in dieser einheitlichen kontrollierten Wirklichkeit sich entspannt, den Tag und nicht den Traum erinnern, nicht das Märchen, sondern seine Denunziation. In seinen erotischen Beziehungen »hält er seine Verabredungen« ein – mit dem Zauber, mit der Romantik, mit seinem Lieblingsschlager.

Aber innerhalb dieses Systems vereinheitlichter und intensivierter Lenkungen spielen sich entscheidende Veränderungen ab. Sie berühren die Struktur des Über-Ich und Inhalt und

Manifestation des Schuldgefühls. Sie streben darüber hinaus nach einem Zustand, in dem die vollständig entfremdete Welt unter Aufwendung ihrer ganzen Macht den Stoff und das Material für ein neues Realitätsprinzip vorzubereiten scheint.

Das Über-Ich löst sich von seinem Ursprung und die traumatische Vatererfahrung wird durch exogenere Bilder ersetzt. Da die Familie eine weniger entscheidende Rolle in der Hinführung des Einzelnen zur sozialen Anpassung spielt, ist der Vater-Sohn-Konflikt nicht mehr länger der Konflikt schlechthin, der allen anderen Konflikten als Vorbild dient. Diese Veränderung entspringt aus den fundamentalen ökonomischen Prozessen, die seit dem Beginn des Jahrhunderts die Umbildung des »freien« in den »organisierten« Kapitalismus charakterisierten. Das unabhängige Familienunternehmen und späterhin der unabhängige persönliche Unternehmer hören auf, die Bausteine des Gesellschaftssystems zu sein; sie werden von den unpersönlichen Gruppenbildungen und Vereinigungen großen Maßstabes aufgesaugt. Gleichzeitig wird der Sozialwert des Einzelnen vor allem in Begriffen standardisierten Könnens und der Anpassungsfähigkeit bemessen, statt nach autonomem Urteil und persönlicher Verantwortung.

Die technologische Aufhebung des Individuums spiegelt sich im Abstieg der sozialen Funktion der Familie wider [26]. Früher war es die Familie, die den Einzelnen, gut oder schlecht, aufzog und erzog; die herrschenden Regeln und Werte wurden persönlich übermittelt und durch persönliche Schicksale umgebildet. Sicherlich standen sich in der Ödipussituation nicht Individuen, sondern »Generationen« (Einheiten des Genus) gegenüber; aber in der Weitergabe und Erbschaft des Ödipuskonflikts wurden sie Individuen, und der Konflikt setzte sich in eine individuelle Lebensgeschichte fort. Durch den Kampf mit Vater und Mutter als persönliche Zielscheiben

26 Hinsichtlich der Analyse dieser Prozesse s. »Studien über Autorität und Familie«, hrsg. Max Horkheimer, Paris, Felix Alcan, 1937; Max Horkheimer, »Eclipse of Reason«, Oxford University Press 1946.

für Liebe und Aggression trat die jüngere Generation mit Impulsen, Ideen und Bedürfnissen in die Gesellschaft ein, die weitgehend *ihre eigenen* waren. Infolgedessen waren ihre Über-Ich-Bildung, die verdrängenden Umformungen ihrer Impulse, ihr Triebverzicht und ihre Sublimierung höchst persönliche Erlebnisse. Gerade deswegen hinterließ ihre Anpassung schmerzliche Narben, und das Leben unter dem Leistungsprinzip bewahrte sich noch immer eine Sphäre des privaten Non-Konformismus.

Nun aber, unter der Herrschaft ökonomischer, politischer und kultureller Monopole, scheint die Bildung des erwachsenen Über-Ichs das Stadium der Individualisierung zu überspringen; das generische – der Gattung angehörige – Atom wird unmittelbar zum sozialen Atom. Die unterdrückende Trieborganisation scheint *kollektiv*, und das Ich durch ein ganzes System extrafamiliärer Einrichtungen und deren Vertreter vorzeitig sozialisiert zu sein. Schon in der Vorschulzeit setzen die Nachbarschaftshorde, Radio und Fernsehen das Vorbild für die Grundformen gleichen Verhaltens und gleicher Auflehnung; Abweichungen von den Grundformen werden nicht so sehr innerhalb der Familie als draußen und gegen die Familie geahndet. Die Experten der Massenmedien vermitteln die erforderlichen Werte; sie bieten das perfekte Training in Tüchtigkeit, Zähigkeit, Persönlichkeit, Traum und Romantik an. Mit dieser Erziehung kann die Familie nicht mehr konkurrieren. Im Kampf zwischen den Generationen scheinen die Fronten vertauscht: der Sohn weiß besser Bescheid; er vertritt das erwachsene Realitätsprinzip gegenüber dessen überholten väterlichen Formen. Das erste Aggressionsobjekt in der Ödipussituation, der Vater, erscheint später als ziemlich ungeeignete Zielscheibe für die Aggression. Seine Autorität als Übermittler von Besitz, Können und Erfahrung ist weitgehend reduziert; er hat weniger zu bieten und daher weniger zu verbieten. Der fortschrittliche Vater ist ein höchst unpassender Feind und ein höchst unpassendes »Ideal« – aber so ist jeder Vater, der nicht mehr die wirtschaftliche, emotionale und intellektuelle Zukunft des Kindes formt. Aber doch bestehen die Verbote weiter fort, die repressive Lenkung der Triebe dauert an, und das gleiche gilt für den aggressiven Impuls. Wer sind die Ersatzfiguren des Vaters, gegen die sich die Aggression in erster Linie richtet?

Während sich die Herrschaft in einem System objektiver Verwaltung auskristallisiert, werden die Urbilder (Imagines), die die Entwicklung des Über-Ichs lenken, depersonalisiert. Früher wurde das Über-Ich vom Meister, vom Chef, vom Prinzipal »genährt«. Sie repräsentierten in ihrer greifbaren Persönlichkeit das Realitätsprinzip: barsch und wohlwollend, grausam und belohnend, provozierten und bestraften sie den Wunsch nach Auflehnung; die Erzwingung des vorgeschriebenen Verhaltens, der Anpassung, war ihre persönliche Aufgabe und Verantwortung. Respekt und Furcht konnten daher durchaus von Haß gegen das, was sie persönlich waren und taten, begleitet sein; sie boten ein lebendiges Objekt für die Impulse und für die bewußte Anstrengung, sie zu befriedigen. Aber diese persönlichen Vater-Bilder sind allmählich hinter den Institutionen verschwunden; mit der Rationalisierung des Produktionsapparats, mit der Vervielfachung der Funktion nimmt alle Herrschaft die Form der Verwaltung an. Auf ihrem Gipfelpunkt scheint sich die Konzentration der ökonomischen Macht in Anonymität zu verwandeln: vor den Bewegungen und eigenen Gesetzen des Apparates scheint jedermann, selbst wenn er an der Spitze steht, machtlos zu sein. Normalerweise wird die Kontrolle von Büros ausgeübt, in denen die Kontrollierten Vorgesetzte und Angestellte zugleich sind. Der Meister übt keine individuelle Funktion mehr aus. Der sadistische Prinzipal, der kapitalistische Ausbeuter sind zu gehaltbeziehenden Mitgliedern einer Bürokratie geworden, und ihre Untergebenen begegnen ihnen als Mitglieder einer anderen Bürokratie. Der Schmerz, die Versagung, die Machtlosigkeit des Einzelnen stammen jetzt von einem höchst produktiven und erfolgreich funktionierenden System her, in dem dieser Einzelne einen besseren Lebensunterhalt verdient als je zuvor. Die Verantwortung für die Organisation seines Lebens liegt beim Ganzen, beim »System«, bei der Gesamtsumme der Institutionen, die seine Bedürfnisse bestimmen, befriedigen und lenken.

Die aggressiven Impulse stoßen ins Leere – oder genauer: der Haß trifft auf lächelnde Kollegen, geschäftige Konkurrenten, höfliche Beamte, hilfsbereite Fürsorger, die alle ihre Pflicht tun und alle unschuldige Opfer sind.

Die Aggression, die solchergestalt abprallt, wird von neuem introjiziert: nicht die Unterdrückung, der Unterdrückte ist schuldig. Schuldig wessen? Der materielle und intellektuelle Fortschritt hat die Kraft der Religion unter den Punkt herabgedrückt, wo sie noch eine hinlängliche Erklärung für Schuldgefühle böte. Die gegen das Ich gerichtete Aggressivität droht sinnlos zu werden: mit seinem koordinierten Bewußtsein, seinem verlorenen privaten Dasein, seinen gleichgeschalteten Gefühlen hat der Einzelne nicht mehr genug »seelischen Raum«, sich selber *gegen* sein Schuldgefühl zu entwickeln, mit einem eigenen Gewissen zu leben. Sein Ich ist derart eingeschrumpft, daß die vielfältigen antagonistischen Vorgänge zwischen Es, Ich und Über-Ich sich nicht mehr in ihrer klassischen Form entfalten können.

Und doch ist die Schuld da; sie scheint eher eine Eigenschaft der Gesamtheit als des Einzelnen zu sein – eine Kollektivschuld, von einem institutionellen System auferlegt, das die materiellen und menschlichen Hilfsmittel, die ihm zur Verfügung stehen, vergeudet und in Fesseln schlägt. Das Ausmaß dieser Hilfsmittel kann durch den Grad erfüllter menschlicher Freiheit definiert werden, die durch die wirklich rationale Ausnutzung der produktiven Kapazität erzielt werden könnten. Legt man diesen Maßstab wirklich an, dann erhält man den Eindruck, daß in den Brennpunkten der industriellen Zivilisation der Mensch in einem Zustand sowohl kultureller wie physischer Verarmung gehalten wird. Die meisten Klischees, mit deren Hilfe die Soziologie den Prozeß der Dehumanisierung in der heutigen Massenkultur beschreibt, sind durchaus zutreffend; aber sie scheinen nach der falschen Richtung zu tendieren. Es ist nicht die Mechanisierung und Standardisierung, die retrogressiv sind, sondern das, was sie in sich schließen; es ist nicht die universelle Koordination, sondern ihre Verschleierung hinter unechten Freiheiten, lügenhafter Wahlfreiheit, Scheinindividualitäten. Der hohe Lebensstandard im Bereich der großen Körperschaften und Industriegesellschaften wirkt in einem konkreten soziologischen Sinn hemmend: die Waren und Dienste, die der Einzelne kauft, lenken seine Bedürfnisse und lassen seine eigene Tätigkeit erstarren. Im Austausch gegen die Bequemlichkeiten, die sein Leben bereichern, verkauft er nicht nur seine Arbeitskraft, sondern auch seine freie Zeit. Das bessere Leben wird mit der alles erfassenden Kontrolle über das Leben bezahlt. Die Menschen leben in Wohnungsanhäufungen – und haben ihre eigenen Wagen, mit denen sie doch nicht mehr in eine Welt entfliehen können, die anders wäre. Sie haben riesige Eisschränke voll gefrorener Lebensmittel. Sie haben Dutzende von Zeitungen und Magazinen, die die gleichen Ideale vertreten. Sie haben eine riesenhafte Auswahl, unzählige Apparate und Apparätchen, die alle gleichartig sind und sie beschäftigen und ihre Aufmerksamkeit von ihrem wirklichen Anliegen ablenken – von der Entdeckung, daß sie sowohl weniger arbeiten als ihre Bedürfnisse und Befriedigungen selbst bestimmen könnten.

Die Ideologie unserer Zeit besteht darin, daß Produktion und Konsum die Beherrschung des Menschen durch den Menschen rechtfertigen und ihr Dauer verleihen. Ihr ideologischer Charakter ändert aber nichts an der Tatsache, daß ihre Vorteile reale sind. Daß das Ganze zu einer immer stärkeren Unterdrückung führt, liegt in erster Linie an seinem guten Funktionieren, seiner tatsächlichen Wirksamkeit: es erweitert den Rahmen der materiellen Kultur, erleichtert die Beschaffung der

Lebensnotwendigkeiten, verbilligt Bequemlichkeit und Luxus, bezieht weitere Gebiete in den Einflußbereich der Industrie ein – und unterstützt zu gleicher Zeit das System mühseliger Arbeit und Zerstörung. Der Einzelne zahlt dafür mit dem Opfer seiner Zeit, seines eigenen Bewußtseins, seiner Träume; die Kultur zahlt dafür mit der Preisgabe ihrer eigenen Versprechungen von Freiheit, Gerechtigkeit und Frieden für alle.
Die Diskrepanz zwischen möglich gewordener Befreiung und tatsächlicher Unterdrückung ist zur vollen Reife gelangt: sie durchdringt alle Lebenssphären auf der gesamten Erde. Die Vernünftigkeit des Fortschritts erhöht auch die Unvernunft seiner Organisation und Richtungnahme. Der soziale Zusammenhalt und die verwaltungsmäßige Macht sind stark genug, um die aufgehäufte Aggressivität aus der Welt zu schaffen. Sie wendet sich nun gegen jene, die nicht zur Gesamtheit gehören, deren Existenz eine Verleugnung des Ganzen darstellt. Dieser Gegner erscheint als der Erzfeind und Antichrist selbst: er ist jederzeit überall; er repräsentiert geheime dunkle Kräfte und seine Allgegenwart erfordert die totale Mobilisierung. Der Unterschied zwischen Krieg und Frieden, zwischen zivilen und militärischen Bevölkerungen, zwischen Wahrheit und Propaganda ist ausgelöscht. Es findet eine Regression auf historische Stadien statt, die längst überwunden waren, und diese Regression reaktiviert die sado-masochistische Phase in nationalem und internationalem Maßstab. Nur werden die Impulse dieser Phase auf eine neue »zivilisierte« Art reaktiviert: praktisch ohne Sublimierung werden sie zu sozial »nützlichen« Betätigungen in Konzentrations- und Arbeitslagern, in Kolonial- und Zivilkriegen, Strafexpeditionen und ähnlichem.
Unter diesen Umständen erscheint die Frage, ob der heutige Kulturzustand nachweisbar destruktiver ist als die vorhergehenden Stadien, nicht allzu relevant. Auf alle Fälle läßt sich der Frage nicht dadurch aus dem Wege gehen, daß man auf die Destruktivität hinweist, die stets in der Geschichte geherrscht hat. Die Destruktivität des heutigen Zustandes zeigt sich nur

dann in ihrer ganzen Bedeutung, wenn man die Gegenwart nicht in Begriffen verflossener Stadien, sondern in den Begriffen ihrer eigenen Möglichkeiten bemißt. Es bedeutet mehr als einen quantitativen Unterschied, ob man Kriege durch berufsmäßige Militärs in umschriebenen Gebieten ausficht, oder gegen ganze Bevölkerungen in globalem Maßstab; ob technische Erfindungen, die die Welt von Leid befreien könnten, für Eroberungen oder für die Schaffung von Leiden verwendet werden; ob Tausende im Kampf erschlagen werden oder Millionen mit Hilfe von Ärzten und Ingenieuren wissenschaftlich ausgerottet werden; ob Flüchtlinge jenseits der Grenzen Obdach finden können, oder ob sie rings um die Erde gejagt werden; ob Menschen von Natur unwissend sind oder ob sie durch die tägliche Aufnahme von Informationen und Unterhaltung unwissend *gemacht* werden. Die Leichtigkeit, mit der Terror und Normalität, Destruktivität und Konstruktion sich angleichen, ist durchaus neu. Noch ist der Fortschritt nicht zum Stillstand gekommen und schränkt die Grundlagen der Unterdrückung auch weiterhin ein. Auf dem Gipfel ihrer fortschreitenden Errungenschaften untergräbt die Herrschaft nicht nur ihre eigenen Fundamente, sondern korrumpiert und liquidiert auch die Opposition gegen die Herrschaft. Was übrig bleibt ist die Negativität der Vernunft, die Macht und Reichtum fördert und ein Klima schafft, in dem die triebhaften Wurzeln des Leistungsprinzips verdorren.
Die Entfremdung der Arbeitsleistung ist fast vollständig. Die Mechanik des Fließbands, die Routine des Bürobetriebs, das Ritual von Kauf und Verkauf sind jeder Beziehung zu menschlichen Möglichkeiten entkleidet. Arbeitsbeziehungen sind in hohem Maße zu Beziehungen zwischen Personen als austauschbaren Objekten wissenschaftlicher Lenkung geworden. Sicherlich erfordert der noch immer herrschende Konkurrenzstreit ein gewisses Maß an Individualität und Spontaneität, aber diese Züge sind ebenso oberflächlich und illusorisch geworden wie die ganze Konkurrenzhaltung, der sie angehören. Die

Individualität liegt buchstäblich nur mehr im Namen, in der spezifischen Vertretung eines Typs [27] (wie etwa des Vamps, der Hausfrau, des »richtigen Mannes«, der Erfolgsfrau, des tapferen jungen Paares), genau so wie die Konkurrenz sich immer mehr auf vorher vereinbarte Variationen in den Herstellungen von Apparaten, Spielereien, Verpackungen, Geschmacksvarianten, Farben usw. beschränkt. Die menschliche Existenz in dieser Welt ist bloßer Stoff, Materie, Material, das das Prinzip seiner Bewegung nicht in sich selbst trägt. Dieser Verknöcherungszustand beeinflußt auch die Triebe, ihre Hemmungen und Modifizierungen. Ihre ursprüngliche Dynamik wird statisch: die lebendigen Wechselwirkungen zwischen Ich, Über-Ich und Es erstarren zu automatischen Reaktionen. Die Körperwerdung des Über-Ich ist von der Körperwerdung des Ich begleitet, die in den starren Zügen und Gesten manifest wird, wie sie zu passenden Gelegenheiten und Momenten produziert werden. Das immer weniger durch Autonomie belastete Bewußtsein wird zunehmend auf die Aufgabe beschränkt, die Koordinierung des Einzelnen mit der Gesamtheit zu regeln.

Diese Koordinierung ist derart wirksam, daß das allgemeine Unglück eher ab- als zugenommen hat. Wir sprachen davon [28], daß das Gewahrwerden der herrschenden Unterdrückung durch die manipulierte Bewußtseinsbeschränkung des Einzelnen abgestumpft ist. Dieser Vorgang verändert die Inhalte des Glücks. Der Begriff bezeichnet einen mehr-als-privaten, mehr-als-subjektiven Zustand [29]; das Glück liegt nicht in dem bloßen Gefühl der Befriedigung, sondern in der Wirklichkeit der Freiheit und der Befriedigung. Das Glück schließt Wissen in

27 s. Leo Lowenthal, »International Who's Who 1937«, in: Studies in Philosophy and Social Science (früher: Zeitschrift für Sozialforschung) VIII, 1939, S. 262 ff.; und »Historical Perspectives of Popular Culture«, in: American Journal of Sociology LV, 1950, S. 323 ff.

28 s. S. 93.

29 s. Herbert Marcuse, »Zur Kritik des Hedonismus«, in: Zeitschrift für Sozialforschung VII, 1938, S. 55 ff.

sich: es ist das Vorrecht des *animal rationale.* Mit der Abnahme der Bewußtheit, mit der Lenkung der Information, mit dem Aufgehen der individuellen in die Massen-Kommunikation wird das Wissen unter Verwaltung gestellt und eingeschränkt. Der Einzelne weiß nicht wirklich, was vor sich geht; die überwältigende Maschinerie der Erziehung und Unterhaltung vereint ihn mit all den anderen in einem Zustand von Empfindungslosigkeit, von dem alle schädlichen Ideen möglichst ausgeschlossen bleiben. Und da das Wissen um die volle Wahrheit kaum zum Glück beiträgt, macht solch eine allgemeine Empfindungslosigkeit glücklich. Ist Angst mehr als eine allgemeine Malaise, ist sie ein existentieller Zustand, dann zeichnet sich dieses sogenannte »Zeitalter der Angst« durch das Maß aus, in dem die Angst unsichtbar, ausdruckslos geworden ist.

Diese Tendenzen legen den Gedanken nahe, daß der Verbrauch an Energie und Anstrengung zur Entwicklung eigener Hemmungen sich sehr verringert hat. *Die lebendigen Verbindungen zwischen dem Einzelnen und seiner Kultur haben sich gelokkert.* Diese Kultur war das System der Hemmungen im und für das Individuum, welche die geltenden Werte und Institutionen schufen und erneuerten. Jetzt scheint die verdrängende und unterdrückende Kraft des Realitätsprinzips nicht länger mehr von den unterdrückten Individuen erneuert und verjüngt. Je weniger sie als die Werkzeuge und Opfer ihres eigenen Lebens funktionieren, um so weniger wird das Realitätsprinzip durch »schöpferische« Identifizierungen und Sublimierungen gestärkt, die den Haushalt der Kultur bereichern und gleichzeitig schützen. Die Gruppen und Gruppenideale, die Weltanschauungen, Kunstwerke und literarischen Schöpfungen, die noch kompromißlos die Befürchtungen und Hoffnungen der Menschheit zum Ausdruck bringen, stehen im Gegensatz zum herrschenden Realitätsprinzip: sie sind seine absolute Ablehnung.

Die positiven Aspekte der fortschreitenden Entfremdung zeichnen sich ab. Die menschlichen Energien, die das Leistungsprinzip aufrechterhielten, werden zunehmend entbehrlich. Die Automatisierung von Notwendigkeit und Vergeudung, von Arbeit und Vergnügen, schließt die Realisierung individueller Fähigkeiten in diesem Bereich aus. Libidinöse Besetzung ist hier unmöglich. Die Iedologie der Lebensnot, der Produktivität von Mühsal, Herrschaft und Triebverzicht hat sowohl ihre triebhafte als ihre rationale Grundlage verloren. Die Theorie der Entfremdung demonstriert die Tatsache, daß der Mensch sich nicht in der Arbeitsleistung realisiert, daß sein Leben ein Arbeitsinstrument geworden ist, daß seine Arbeit und ihre Produkte eine Form und eine Macht angenommen haben, die unabhängig von ihm als Individuum sind. Aber um von diesem Zustand befreit zu werden, scheint es sich nicht darum zu handeln, die Entfremdung aufzuhalten, sondern vielmehr sie zu vervollständigen, nicht darum, die unterdrückte und produktive Persönlichkeit wieder zu aktivieren, sondern sie abzuschaffen. Die Eliminierung menschlicher Möglichkeiten aus der Welt der (entfremdeten) Arbeit schafft die Vorbedingungen für die Eliminierung der Arbeit aus der Welt der menschlichen Möglichkeiten.

V

Philosophisches Zwischenspiel

Freuds Theorie der Kultur entspringt seiner psychologischen Theorie: seine Einsichten in den geschichtlichen Prozeß sind aus der Analyse des psychischen Apparats der Individuen abgeleitet, die die lebendige Substanz der Geschichte sind. Diese Methode durchstößt die schützende Ideologie insofern, als sie die kulturellen Institutionen in den Begriffen dessen erfaßt, was sie aus den Individuen gemacht haben, durch die sie wirksam werden. Aber an einem entscheidenden Punkt scheint die psychologische Methode zu versagen: die Geschichte hat sich »hinter dem Rücken« und über den Einzelnen hinaus fortentwickelt und die Gesetze der historischen Prozesse haben auf diese Weise mehr die verdinglichten Institutionen als die Individuen beherrscht [1]. Dieser Kritik gegenüber haben wir angeführt, daß Freuds Psychologie in eine Dimension des psychischen Apparats reicht, wo das Individuum noch der Genus ist, die Gegenwart noch die Vergangenheit. Freuds Theorie entdeckt die biologische Entindividualisierung unterhalb der soziologischen – wobei die erstere unter dem Lust- und Nirwanaprinzip, die letztere unter dem Realitätspirnzip sich vollzieht. Auf Grund dieser gattungsmäßigen (generischen) Auffassung ist Freuds Psychologie des Individuums *an sich* eine Psychologie der Gattung. Und seine Gattungs-Psychologie weist nach, daß die Triebschicksale historisches Schicksal sind: die sich wiederholende Dynamik des Kampfes zwischen Eros und Todestrieb, des Aufbaus und der Zerstörung der Kultur, der Verdrängung und der Wiederkehr des Verdrängten, wird

1 Theodor W. Adorno, »Psychoanalyse und Soziologie«, in: Sociologica, Frankfurter Beiträge zur Soziologie, Bd. I. Europäische Verlagsanstalt, Frankfurt 1955.

von den historischen Bedingungen, unter denen die Menschheit sich entwickelt, entfesselt und organisiert.
Aber die metaphysischen Folgerungen aus Freuds Theorie gehen sogar noch über den soziologischen Rahmen hinaus. Die Primärtriebe gehören dem Leben *und* dem Tode an – d. h. sie gehören zur organischen Materie als solche; sie verbinden die organische Materie nach rückwärts mit der anorganischen und nach vorwärts mit ihren höheren geistigen Manifestationen. Mit anderen Worten: Freuds Theorie enthält gewisse Annahmen in bezug auf die Struktur der Hauptmodalitäten des Daseins: sie enthält *onto*logische Schlußfolgerungen. Dieses Kapitel unternimmt den Versuch nachzuweisen, daß diese Schlußfolgerungen mehr als nur formale sind – daß sie dem grundlegenden System der westlichen Philosophie zugehören.
Nach Freud beginnt die Kultur mit der methodischen Unterdrückung (Hemmung) der Primärtriebe. Es können zwei Hauptarten der Trieborganisation unterschieden werden: (a) die Hemmung der Sexualität, was dauerhafte und sich erweiternde Gruppenbeziehungen zur Folge hat, und (b) die Hemmung der destruktiven Triebe, die zu der Herrschaft des Menschen über Mensch und Natur, zur individuellen und sozialen Moral führt. Während das Zusammenwirken dieser beiden Kräfte das Leben immer größerer Gruppen immer erfolgreicher unterstützt und erhält, gewinnt Eros die Oberhand über seinen Widersacher: die soziale Nutzbarmachung stellt den Todestrieb in den Dienst des Lebenstriebes. Gerade der Fortschritt der Zivilisation aber steigert das Ausmaß der Sublimierung und der gelenkten Aggression; auf Grund dieser beiden Ursachen wird der Eros geschwächt und die Destruktivität entfesselt. Das legt den Gedanken nahe, daß der Fortschritt einem regressiven Zug in der Triebstruktur verhaftet bleibt (letzen Endes dem Todestrieb), daß dem Wachstum der Kultur ein andauernder (obwohl verdrängter) Impuls entgegenwirkt, in einer letzten, endgültigen Befriedigung zur Ruhe zu kom-

men. Die Herrschaft über Mensch und Natur und die Steigerung der Macht und der Produktivität gehen weit über jede vernunftgemäße Notwendigkeit hinaus mit Hilfe von Zerstörungen vonstatten. Das Streben nach Befreiung wird durch das Streben nach dem Nirwana verdunkelt.

Die düstere Hypothese, daß die Kultur auf dem Umweg über die sozial nutzbar gemachten Triebe unter der Herrschaft des Nirwanaprinzips steht, hat die Psychoanalyse oft beunruhigt. Der Fortschritt schließt die Regression »in sich«. Otto Rank kam, von seiner Vorstellung des *Geburtstraumas* aus, zu dem Schluß, daß die Kultur in immer größerem Maßstab schützende Schalen errichtet, die den intra-uterinen Zustand wiederholen:

Wir glauben die »Symbolik« als das wichtigste Mittel zur Realanpassung in dem Sinne verstanden zu haben, daß aller »Comfort«, den Zivilisation und Technik fortwährend zu steigern suchen, nur durch immerwährende Substitution das Urziel zu ersetzen sucht und sich dabei im Sinne der sogenannten Entwicklung immer weiter davon entfernt. [2]

Ferenczis Theorie, besonders seine Vorstellung einer »genitofugalen« Libido [3], kommt zu ähnlichen Schlußfolgerungen und Géza Róheim hält die Gefahr des Objektverlustes, des Verlassenseins im Dunkeln, für eines der entscheidenden Triebmotive für die Kulturentwicklung [4].

Die fortdauernde Kraft des Nirwanaprinzips in der Zivilisation erhellt das Ausmaß der Beschränkungen, die der kulturbildenden Macht des Eros auferlegt sind. Er schafft die Kultur im Kampf gegen den Todestrieb: sein Bestreben ist es, das Dasein auf immer höherer, reicherer Ebene zu erhalten, um die Lebenstriebe zu befriedigen, um sie vor der Drohung der Nicht-Erfüllung, der Auslöschung, zu bewahren. Das *Versagen* des

2 Otto Rank, »Das Trauma der Geburt«, a. a. O., S. 95.

3 s. Kap. X.

4 »The Origin and Function of Culture«, New York, Nervous and Mental Disease Monograph Nr. 69, 1943, S. 77.

Eros ist es, der Mangel an Lebenserfüllung, die den »Triebwert« des Todes steigern. Die vielfältigen Formen der Regression sind ein unbewußter Protest gegen das Ungenügen der Zivilisation: gegen das Übergewicht der Mühsal über die Lust, der Leistung über den Lohn. Ein innerstes Bestreben im Organismus kämpft gegen das Prinzip, das die Zivilisation beherrscht, und besteht darauf, aus der Entfremdung zurückzukehren. Die Abkömmlinge der Todestriebe vereinen sich mit den neurotischen und pervertierten Manifestationen des Eros in seiner Auflehnung. Immer wieder weist Freuds Theorie der Kultur diese Gegentendenzen nach. So zerstörerisch sie im Licht der geltenden Kultur auch scheinen, bezeugen sie doch die Destruktivität dessen, was sie zerstören möchten: die Unterdrückung. Sie zielen nicht nur gegen das Realitätsprinzip, auf ein Nicht-Sein, sondern über das Realitätsprinzip hinaus – auf eine andere Art von Sein hin. Sie bekunden den nur historischen Charakter des Realitätsprinzips, die Grenzen seines Werts und seiner Unentbehrlichkeit.

An diesem Punkt trifft Freuds Metaphysik mit einer der Hauptströmungen der westlichen Philosophie zusammen.

In der Zeit, als der wissenschaftliche Rationalismus der westlichen Kultur seine vollen Früchte zu tragen begann, wurde er sich zunehmend seiner psychischen Voraussetzungen und Hintergründe bewußt. Das Ich, das die rationale Umformung der menschlichen und natürlichen Umgebung in Angriff nahm, erwies sich als ein wesentlich aggressives, offensives Subjekt, dessen Gedanken und Taten dazu geeignet waren, Objekte zu bemeistern. Es war ein Subjekt *gegen* ein Objekt. Dieses *a priori* antagonistische Erleben charakterisiert sowohl das *ego cogitans* wie das *ego agens*. Die Natur (sowohl seine eigene, als die äußere Welt) ist dem Ich als etwas »gegeben«, das bekämpft, erobert, selbst vergewaltigt werden mußte – das war die Vorbedingung für die Selbsterhaltung und Selbstentwicklung.

Der Kampf beginnt mit der fortwährenden innerlichen Besiegung der »niederen« Kräfte des Einzelnen; seiner sinnlichen und appetitiven Kräfte. Ihre Unterwerfung gilt, zumindest seit Plato, als ein Bestandteil der menschlichen Vernunft, die also schon ihrer Funktion nach repressiv ist. Der Kampf gipfelt in der Eroberung der äußeren Natur, die beständig angegriffen, gebändigt und ausgebeutet werden muß, um sich den menschlichen Bedürfnissen zu fügen. Das Ich erlebt das Dasein als »Herausforderung« [5], als »Entwurf« [6], es erfährt jeden Daseinszustand als eine Einschränkung, die überwunden werden muß, als etwas, das in etwas anderes umzuformen ist. Das Ich wird darauf geprägt, erfolgreich tätig und produktiv zu sein, ehe noch irgendeine besondere Situation solch eine Haltung erfordert. Max Scheler hat darauf hingewiesen, daß der bewußte oder unbewußte Antrieb oder Wille zur Macht über die Natur das *primum movens* in der Beziehung des modernen Individuums zum Sein darstellt, und daß er strukturell der modernen Wissenschaft und Technik vorangeht – ein »prä- und antilogischer« Vorläufer des wissenschaftlichen Denkens und Intuierens [7]. Die Natur wird *a priori* von einem »herrschaftswilligen Lebewesen« [8] und daher als zugänglich der Beherrschung und Lenkung erlebt. Dementsprechend ist die Arbeit *a priori* Macht und Herausforderung im Kampf mit der Natur. Sie ist Überwindung von Widerstand. In dieser Arbeitseinstellung erscheinen die Bilder der objektiven Welt als »Symbole für Punkte der Aggression«. Tätigkeit erscheint als Herrschaft und die Wirklichkeit an sich als »Widerstand« [9]. Scheler nennt diese Art des Denkens »Herrschafts- und Leistungswissen« und sieht darin die besondere Art des Wissens, das die Entwicklung der modernen Zivilisation vorangetrieben hat [10]. Es hat die herrschende Vorstellung nicht nur vom Ich,

5 Gaston Bachelard, »L'Eau et les Rêves, Paris, José Corti, 1942, S. 214.

6 J. P. Sartre, »L'Etre et le Néant«, Paris, Gallimard, 1946, passim.

7 Max Scheler, »Die Wissensformen und die Gesellschaft«, Leipzig 1926, S. 234 f.

8 ebd., S. 298 f. – 9 ebd., S. 459, 461.

10 Max Scheler, »Die Formen des Wissens und die Bildung«, Bonn 1925, S. 33.

dem denkenden und handelnden Subjekt, sondern auch seiner objektiven Welt geprägt, die Vorstellung vom Sein als solchem. Was auch immer in der ursprünglichen griechischen Idee des Logos als Wesen des Seins enthalten war, so hat sich der Ausdruck seit der Kanonisierung der aristotelischen Logik mit der Vorstellung einer ordnenden, klassifizierenden, herrschenden Vernunft eng verbunden. Und diese Vorstellung der Vernunft widerspricht zunehmend jenen Kräften und Haltungen, die viel mehr rezeptiv als produktiv sind, die auf die Befriedung statt auf Transzendenz zielen – die dem Lustprinzip in hohem Maß verhaftet bleiben. Sie erscheinen als das Unvernünftige und Irrationale, das besiegt und in Bann getan werden muß, um dem Fortschritt der Vernunft zu dienen. Die Vernunft muß durch immer wirksamere Umgestaltung und Ausnutzung der Natur die Erfüllung der menschlichen Möglichkeiten sichern. Aber in diesem Prozeß scheint der Zweck vor den Mitteln zurückzutreten: die der entfremdeten Arbeit gewidmete Zeit verschlingt die Zeit für individuelle Bedürfnisse – und charakterisiert zugleich die Bedürfnisse. Der Logos kündigt sich als Logik der Herrschaft an. Wenn die Logik dann gedankliche Einheiten zu Zeichen und Symbolen reduziert, sind die Denkgesetze schließlich zu Techniken der Kalkulation und Manipulation geworden.
Aber die Logik der Herrschaft triumphiert nicht unwidersprochen. Die Philosophie der antagonistischen Subjekt-Objekt-Beziehung enthält auch das Bild ihrer Versöhnung. Die rastlose Mühe des transzendierenden Subjekts endet in der letztlichen Einheit von Subjekt und Objekt: in der Vorstellung des »Seins-an-und-für-sich-selbst«, des Daseins in der eigenen Erfüllung. Der Logos der Befriedigung widerspricht dem Logos der Entfremdung: die Bemühung, die beiden zu versöhnen, beseelt die innere Geschichte der westlichen Metaphysik. In der aristotelischen Hierarchie der Daseinsformen, die in dem *nous theos* gipfelt, hat diese Bemühung um Versöhnung ihre klassische Formulierung gefunden; seine Existenz wird

durch nichts anderes mehr als ihn selbst definiert und abgegrenzt, aber ist gänzlich er selbst in allen Zuständen und unter allen Bedingungen. Die ansteigende Linie des Werdens wird zum Kreise, der in sich selber kreist. Vergangenheit, Gegenwart und Zukunft sind in den Ring eingeschlossen. Nach Aristoteles ist diese Daseinsform dem Gotte vorbehalten, und die Bewegung des Gedankens, das reine Denken, ist ihre einzige »empirische« Annäherung. Sonst hat die empirische Welt keinen Teil an dieser Erfüllung; nur ein »eros-artiges« Sehnen verbindet diese Welt mit ihrem Sinn-in-sich-selbst. Die aristotelische Anschauung ist keine religiöse. Der *nous theos* ist vielmehr *Teil* des Universums, weder sein Schöpfer noch sein Herr, noch sein Erlöser, sondern eine Daseinsform, in der alle Möglichkeiten Wirklichkeit sind, in der der »Entwurf« des Daseins erfüllt ist.

Durch alle späteren Umformungen hindurch bleibt die aristotelische Vorstellung lebendig. Als zu Ende des Zeitalters der Vernunft das westliche Denken mit Hegel seinen letzten und größten Versuch unternimmt, die Gültigkeit seiner Kategorien und die Prinzipien, die seine Welt beherrschen, darzulegen, schließt es wiederum mit dem *nous theos.* Die Erfüllung wird wiederum auf die absolute Idee und das absolute Wissen verwiesen. Die Kreisbewegung beendet wieder den schmerzlichen Prozeß von destruktiver und konstruktiver Transzendenz. Nun enthielt der Kreis das Ganze: alle Entfremdung ist im allumfassenden Ring der Vernunft, der die Welt ist, gerechtfertigt und gleichzeitig aufgehoben. Aber jetzt umfaßt die Philosophie auch den konkreten historischen Boden, auf dem das Gebäude der Vernunft errichtet ist.

Die *Phänomenologie des Geistes* offenbart die Struktur der Vernunft als Struktur der Herrschaft – und als die Überwindung dieser Herrschaft. Die Vernunft entfaltet sich durch die Entwicklung des Selbstbewußtseins des Menschen, der die natürliche und die historische Welt erobert und zum Material seiner Selbstverwirklichung macht. Wenn das bloße *Bewußt-*

sein die Stufe des *Selbstbewußtseins* erreicht, findet es sich selbst als *Ich* und dies Ich ist zuerst *Begierde:* es kann seiner selbst nur bewußt werden, indem es sich in und durch ein »Anderes« befriedigt. Diese Befriedigung bedeutet aber die *Aufhebung* des Anderen (»das Selbstbewußtsein ist hiermit seiner selbst nur gewiß durch das Aufheben dieses Anderen ...; es ist Begierde«.) [11]; denn das Ich muß sich selbst durch »reines Für-sich-sein« »gegen alles Anderssein« bewähren. Es ist die Vorstellung von einem Individuum, das sich fortwährend seiner selbst versichern muß, um wirklich zu sein, das gegen die Welt als »Negation« seiner selbst, als Leugnung seiner Freiheit gestellt ist, so daß es nur existieren kann, wenn es unaufhörlich sein Dasein *gegen* irgend etwas oder irgend jemanden, der ihm widerstrebt, erkämpft und bewährt. Das Ich muß frei werden, aber wenn die Welt den Charakter der »Negativität« hat, dann hängt die Freiheit des Ich davon ab, daß es als Herr »erkannt«, »anerkannt« wird – und diese Anerkennung kann nur von einem andern Ich, einem anderen, seiner selbst bewußten Subjekt ausgehen. Objekte sind nicht lebendig, die Überwindung ihres Widerstandes kann die Macht des Ich nicht befriedigen und nicht »bewähren«: das Selbstbewußtsein kann seine Befriedigung nur in einem anderen Selbstbewußtsein erlangen, »denn sie (die beiden Selbstbewußtsein) müssen die Gewißheit ihrer selbst, für sich zu sein, zur Wahrheit an dem Anderen und an ihnen selbst erleben«. So zielt die aggressive Haltung gegen die Objektwelt, die Naturbeherrschung, letzten Endes auf die Beherrschung des Menschen durch den Menschen. Sie ist Aggressivität gegen die anderen Subjekte: die Befriedigung des Ich ist durch die »negative Beziehung« zu einem anderen Ich bedingt:

Das Verhältnis beider Selbstbewußtsein ist also so bestimmt, daß sie sich selbst und einander durch den Kampf auf Leben und Tod bewähren ...

11 G. W. Fr. Hegel, »Phänomenologie des Geistes«, Leipzig 1907, S. 120. Die weiteren Anführungen ebd., S. 123 ff.

Und es ist allein das Daransetzen des Lebens, wodurch die Freiheit ... bewährt wird. [12]

Freiheit bedeutet das »Wagnis« des Lebens, nicht weil sie die Befreiung von der Knechtschaft bedeutet, sondern weil das Wesen der menschlichen Freiheit an sich durch die gegenseitige »negative Beziehung« zum Anderen definiert ist. Und da diese negative Beziehung die Gesamtheit des Lebens betrifft, kann sich die Freiheit nur im Einsatz des Lebens »bewähren«. Tod und Angst »nicht um dieses oder jenes, noch für diesen oder jenen Augenblick ... sondern um sein ganzes Wesen« [13] – sind die wesentlichen Ausdrücke der menschlichen Freiheit *und* der menschlichen Befriedigung. Aus der negativen Struktur des Selbstbewußtseins resultiert die Beziehung von Herr und Knecht, Herrschaft und Dienstbarkeit. Diese Beziehung ist die Folge der spezifischen Wesensart des Selbstbewußtseins und seiner spezifischen Haltung gegenüber dem anderen (Objekt und Subjekt).

Aber die *Phänomenologie des Geistes* wäre nicht die Selbstdeutung der westlichen Kultur, wenn sie nichts anderes als die Entwicklung der Logik der Herrschaft darstellte. Sie führt aber eben zu der Überwindung dieser Form der Freiheit, die der antagonistischen Beziehung zu anderen entstammt. Die wahre Form der Freiheit ist nicht die unausgesetzte Eroberung, sondern deren zur Ruhe kommen in der »reinen Einsicht« und der Erfüllung des Daseins. Das ontologische Klima, das am Ende der Phänomenologie herrscht, steht in völligem Gegensatz zu der prometheischen Dynamik:

Die Wunden des Geistes heilen, ohne daß Narben bleiben; die Tat ist nicht das Unvergängliche, sondern wird von dem Geiste in sich zurückgenommen, und die Seite der Einzelheit ... ist das unmittelbar Verschwindende. [14]

»Anerkennung« und »Erkenntnis« sind noch die Beweise für

12 ebd., S. 126.
13 ebd., S. 129. – 14 ebd., S. 129.

die Wirklichkeit der Freiheit, aber jetzt lauten die Ausdrücke »Vergebung und Versöhnung«:

Das Wort der Versöhnung ist der daseiende Geist, der das reine Wissen seiner selbst als allgemeines Wesen in seinem Gegenteile . . . anschaut, – ein gegenseitiges Anerkennen, welches der absolute Geist ist. [15]

Die Formulierungen erscheinen an dem entscheidenden Punkt, wo Hegels Analyse der Manifestation des Geistes die Position des »seiner selbst gewissen Geistes« erreicht – seines »An- und Fürsichseins«. Hier wird die »negative Beziehung zum Anderen« schließlich in der Existenz des Geistes als *nous* in schöpferisches Dasein überführt, das Rezeptivität ist (»beobachtende Vernunft«), Aktivität, Erfüllung (»Verwirklichung des vernünftigen Selbstbewußtseins durch sich selbst«). Hegels Darstellung seines Systems in der *Enzyklopädie* endet mit dem Wort »genießt«. Die Philosophie der westlichen Kultur gipfelt in dem Gedanken, daß die Wahrheit in der Verneinung des Prinzips liegt, das eben diese Kultur beherrscht – Verneinung in dem doppelten Sinn, daß die Freiheit nur in der Idee als wirklich erscheint, und daß die endlos projektierende und transzendierende Produktivität des Daseins nur im fortdauernden Frieden der selbstbewußten Rezeptivität Früchte trägt.

Die *Phänomenologie des Geistes* hält die Spannung zwischen dem ontologischen und dem historischen Gehalt durchaus aufrecht: die Manifestationen des Geistes *sind* die Hauptstadien der westlichen Kultur, aber diese historischen Manifestationen bleiben beeinflußt von der Negativität; der Geist kommt nur im absoluten Wissen und als solches zu sich selbst. Er ist gleichzeitig die wahre Form des Denkens und die wahre Form des Seins. Sein ist seinem eigentlichen Wesen nach Vernunft. Aber nach Hegel ist die höchste Form der Vernunft fast das Gegenteil der herrschenden: sie ist erreichte und andauernde Er-

15 ebd., S. 432.

füllung, ist transparente Einheit von Subjekt und Objekt, des Allgemeinen und des Individuellen – eine dynamische viel mehr als eine statische Einheit, in der alles Werden freie »Selbst-Entäußerung« ist, Befreiung und »Genuß« von Möglichkeiten. Die Mühsal der Geschichte kommt in der Geschichte zur Ruhe: die Entfremdung ist aufgehoben und mit ihr die Transzendenz und der Fluß der Zeit. Der Geist »hebt seine Zeitform auf; tilgt die Zeit« [16]. Aber das Ende der Geschichte erobert ihren Inhalt aufs neue: die Kraft, die die Zeit besiegt, ist die *Erinnerung*. Das vollkommene Wissen, in dem der Geist die Wahrheit erfährt, ist »sein Insichgehen, in welchem er sein Dasein verläßt und seine Gestalt der Erinnerung übergibt« [17]. Dasein ist nicht mehr die schmerzliche Transzendenz auf die Zukunft hin, sondern das friedliche Wiedererfassen der Vergangenheit. Die »Er-Innerung«, die alles bewahrt hat, was war, ist »das Innere und die in der Tat höhere Form der Substanz« [18].

Daß die Erinnerung hier als die entscheidende existentielle Kategorie für die höchsten Formen des Daseins auftritt, charakterisiert die innere Tendenz der Hegelschen Philosophie. Er ersetzt die Idee des Fortschritts durch die einer zyklischen Entwicklung, die, sich selbst genügend, sich in der Wiederholung und Vollendung dessen, was *ist* bewegt. Diese Entwicklung setzt die gesamte Geschichte des Menschen (seine subjektive und objektive Welt) und den ganzen Umfang seines Geschichtsablaufes voraus – die Erinnerung seiner Vergangenheit. Das Vergangene bleibt gegenwärtig, es ist das eigentliche Leben des Geistes; was gewesen ist, entscheidet über das, was ist. Freiheit bedeutet Versöhnung – die Erlösung von der Vergangenheit. Wird die Vergangenheit nur einfach dem Vergessen anheimgegeben, so wird das destruktive Böse nie ein Ende finden. Irgendwie muß der Fortschritt der Missetat aufgehalten werden. Hegel dachte, daß die »Wunden des Geistes

16 ebd., S. 521. – 17 ebd. – 18 ebd.

heilen, ohne daß Narben bleiben«. Er glaubte, daß auf der erreichten Stufe der Kultur, mit dem Siege der Vernunft, die Freiheit zur Wirklichkeit geworden sei. Doch verkörpert weder der Staat noch die Gesellschaft die höchste Form der Freiheit. So vernünftig sie auch organisiert sein mögen, sie sind doch immer noch mit Unfreiheit behaftet. Die wahre Freiheit lebt nur in der Idee. Die Befreiung wird damit zu einem geistigen Ereignis. Hegels Dialektik verbleibt innerhalb des Rahmens, den das geltende Realitätsprinzip errichtet hat.

Die westliche Philosophie endet mit dem Gedanken, mit dem sie begann. Zu Anfang und zu Ende, bei Aristoteles und bei Hegel, erscheint die höchste Form der Vernunft und der Freiheit als *nous*, als Geist. Zu Anfang und zu Ende bleibt die empirische Welt in der Negativität – der Stoff und das Handwerkszeug des Geistes oder seiner Vertreter auf Erden. In Wahrheit erlöst weder die Erinnerung noch das vollkommene Wissen das, was war und ist. Dennoch legt die Philosophie nicht nur für das Realitätsprinzip Zeugnis ab, das die empirische Welt beherrscht, sondern auch für seine Negation. Die Vollendung des Seins ist nicht die aufsteigende Kurve, sondern die Schließung des Kreises: die Rück-Kehr von der Entfremdung. Die Philosophie konnte solch einen Zustand nur als Zustand des reinen Denkens konzipieren. Zwischen dem Anfang und dem Ende liegt die Entwicklung der Vernunft als Logik der Herrschaft – der Fortschritt durch die Entfremdung. Die unterdrückte Befreiung wird aufrechterhalten: in der Idee und im Ideal.

Mit Hegel hat sich der Hauptstrom der westlichen Philosophie erschöpft. Der Logos der Herrschaft hat sein System gebaut und was nachfolgt, ist Epilog: die Philosophie lebt als eine spezielle (und nicht sehr lebenswichtige) Funktion in den akademischen Einrichtungen weiter. Die neuen Prinzipien des Denkens entwickeln sich außerhalb dieser Einrichtungen: sie sind qualitativ neuartig und einer andersartigen Form der Vernunft, einem andersartigen Realitätsprinzip verhaftet. Metaphysisch gesprochen, kommt die Veränderung durch die Tatsache zum Ausdruck, daß das Wesen des Seins nicht mehr als Logos aufgefaßt wird. Mit dieser Veränderung in der Grunderfahrung des Seins wird die Logik der Herrschaft herausgefordert. Wenn Schopenhauer das Wesen des Seins als Willen definiert, so zeigt sich dieser als unersättliches Bedürfnis und Aggression, die um jeden Preis befriedigt werden müssen. Für Schopenhauer sind sie nur durch ihre absolute Negation zu befriedigen; der Wille selbst muß zur Ruhe kommen – zu einem Ende. Aber das Ideal des Nirwana enthält die Versicherung, daß das Ende Erfüllung, Befriedigung, ist. Das Nirwana ist das Urbild des Lustprinzips. Als solches ersteht es, noch in repressiver Form, in Richard Wagners Musikdrama: repressiv, da (wie in jeder guten Theologie und Moral) die Erfüllung das Opfer des irdischen Glücks fordert. Das *principium individuationis* selbst wird als unzulänglich bezeichnet – Erfüllung ist nur jenseits seines Bereichs möglich; noch der orgiastischste »Liebestod« feiert den orgiastischsten Triebverzicht.

Nur Nietzsches Philosophie geht über die ontologische Tradition hinaus, aber seine Beschuldigung des Logos als Unterdrückung und Perversion des Willens zur Macht ist so doppeldeutig, daß sie häufig das Verständnis erschwert und blockiert. Erst einmal ist schon die Anschuldigung doppeldeutig. Historisch gesehen hat der Logos der Herrschaft den Willen zur Macht eher entfesselt als gehemmt; es war die Richtung, in die dieser Wille gelenkt wurde, die sich als Unterdrückung auswirkte – die Hinlenkung auf den produktiven Triebverzicht, die den Menschen zum Sklaven seiner Arbeit und Feind seiner eigenen Lustbefriedigung machte. Außerdem ist der »Wille zur Macht« nicht Nietzsches letztes Wort: »Wille – so heißt der Befreier und Freudebringer: also lehrte ich euch, meine Freunde! Aber nun lernt Dies hinzu: der Wille ist selber noch ein Gefangener.« [19] Der Wille ist noch ein Gefangener, weil er

19 »Also sprach Zarathustra«, Leipzig 1898, S. 206.

keine Macht über die Zeit hat: die Vergangenheit bleibt nicht nur unbefreit, sondern stellt sich, freiheitslos wie sie ist, aller Befreiung in den Weg. Solange die Macht der Zeit über das Leben nicht gebrochen ist, gibt es keine Freiheit: die Tatsache, daß die Zeit nicht »wiederkehrt«, hält die Wunde des schlechten Gewissens offen: es brütet Rache und das Bedürfnis nach Strafe, das wiederum die Vergangenheit und die Krankheit zum Tode verewigt. Mit dem Sieg der christlichen Moral wurden die Lebenstriebe pervertiert und gefesselt; das schlechte Gewissen wurde mit einer »Schuld gegen Gott« in Verbindung gebracht. »Feindschaft, Auflehnung, Aufruhr gegen den ›Herren‹, den ›Vater‹, den Urahn und Anfang der Welt« [20] wurden den menschlichen Trieben eingeimpft. Unterdrückung und Beraubung wurden auf diese Weise mit dem Schein des Rechts umgeben und befestigt; so wurden sie zu den erfolgreichen aggressiven Kräften, die über die menschliche Existenz bestimmten. Mit ihrer zunehmenden sozialen Nutzbarmachung wurde der Fortschritt notwendigerweise zur fortschreitenden Unterdrückung. Auf diesem Wege gibt es keine Alternative, und keine geistige und transzendentale Freiheit kann einen Ausgleich für die repressiven Grundlagen der Kultur schaffen. Wenn die »Wunden des Geistes« überhaupt heilen, hinterlassen sie Narben. Die Vergangenheit wird zum Herren über die Gegenwart und das Leben ein Tribut an den Tod:

Und nun wälzte sich Wolke auf Wolke über den Geist: bis endlich der Wahnsinn predigte: »Alles vergeht, darum ist Alles wert zu vergehen!« »Und dies ist selber Gerechtigkeit, jenes Gesetz der Zeit, daß sie ihre Kinder fressen muß«: also predigt der Wahnsinn. [21]

Nietzsche stellt den gigantischen Trugschluß bloß, auf dem die westliche Philosophie und Moral errichtet ist – nämlich die Umformung von Tatsachen in Wesenhaftes, von historischen

20 »Zur Genealogie der Moral«, Ges. Werke VIII, Leipzig 1906, S. 391.
21 »Also sprach Zarathustra«, a. a. O., S. 207.

in metaphysische Bedingungen. Die Schwäche und Verzagtheit des Menschen, die Ungleichheit an Macht und Reichtum, Ungerechtigkeit und Leid, alles wurde einem transzendentalen Verbrechen, einer tieferen Schuld zugeschrieben, Auflehnung wurde zur Ursünde, zum Ungehorsam gegen Gott; und das Streben nach Befriedigung wurde zur Fleischeslust erklärt. Diese ganze Serie von falschen Schlußfolgerungen gipfelte dazu in der Vergöttlichung der Zeit: da alles in unserer empirischen Welt vorübergeht, ist der Mensch seinem eigentlichen Wesen nach endlich und der Tod das eigentliche Wesen des Lebens. Nur die höheren Werte sind unsterblich und daher wirklich wahr: der innere Mensch, der Glaube, Liebe, die nicht fragt und nichts fordert. Nietzsches Versuch, die historischen Wurzeln dieser Umformung bloßzulegen, zeigt ihre doppelte Funktion: die Unterprivilegierten dieser Erde zu beruhigen, ihnen einen Ausgleich zu bieten, sie zu rechtfertigen – und diejenigen zu beschützen, die sie zu Unterprivilegierten machten und darin festhalten. Das Ergebnis wuchs zur Lawine und riß Herren und Knechte, Herrscher und Beherrschte in jener Flut produktiver Unterdrückung mit sich, die die westliche Zivilisation zu einem immer höheren Wirkungs- und Leistungsstand vorantrieb. Die wachsende Wirksamkeit allerdings bedeutet eine zunehmende Degeneration der Lebenstriebe – den Abstieg des Menschen.

Nietzsches Kritik unterscheidet sich von aller schulmäßigen Sozialpsychologie durch die Position, von der sie ausgeht. Nietzsche spricht im Namen eines Realitätsprinzips, das dem der westlichen Kultur von Grund auf widerspricht. Die traditionsgemäße Form der Vernunft wird auf der Grundlage der Erfahrung des Daseins-als-Zweck-an-sich – des Daseins als Lust und Freude – abgelehnt. Von dieser Position aus wird der Kampf gegen die Zeit unternommen: die Tyrannei des Werdens über das Sein muß gebrochen werden, soll der Mensch zu sich selber kommen, in einer Welt, die wahrhaft ihm gehört. Solange der nicht zu fassende, unbesiegte Fluß der Zeit fortdauert – sinnloser Verlust, schmerzliches »es war«, das niemals zurückkehrt –, enthält das Sein die Saat der Zerstörung, die Gutes in Böses verkehrt und Böses in Gutes. Der Mensch kann nur zu sich selbst gelangen, wenn die Transzendenz besiegt ist – wenn die Ewigkeit im Hier und Jetzt gegenwärtig ist. Nietzsches Konzeption endet in der Vision des geschlossenen Kreises – nicht Fortschritt, sondern »ewige Wiederkehr«:

Alles geht, alles kommt zurück; ewig rollt das Rad des Seins. Alles stirbt, Alles blüht wieder auf, ewig läuft das Jahr des Seins. Alles bricht, Alles wird neu gefügt; ewig baut sich das gleiche Haus des Seins. Alles scheidet, Alles grüßt sich wieder: ewig bleibt sich treu der Ring des Seins. In jedem Nu beginnt das Sein, um jedes Hier rollt sich die Kugel Dort. Die Mitte ist überall. Krumm ist der Pfad der Ewigkeit. [22]

Der geschlossene Kreis war schon früher aufgetaucht: bei Aristoteles und bei Hegel als Symbol des Seins als Selbstzweck. Aber während Aristoteles ihn dem *nous theos* vorbehielt, Hegel ihn mit der absoluten Idee gleichsetzte, stellt sich Nietzsche die ewige Wiederkehr des Endlichen genau so wie es ist vor – in seiner vollen Konkretheit und Endlichkeit: dies ist die vollständige Bestätigung des Lebenstriebs, die jede Ausflucht und Negation ablehnt. Die ewige Wiederkehr ist der Wille und die Vision einer erotischen Einstellung zum Sein, für die Notwendigkeit und Erfüllung zusammenfallen:

Schild der Notwendigkeit! Höchstes Gestirn des Seins!
– das kein Wunsch erreicht,
das kein Nein befleckt,
ewiges Ja des Seins,
ewig bin ich dein Ja:
denn ich liebe dich: oh Ewigkeit. [23]

Die Ewigkeit, längst schon der letzte Trost eines entfremdeten Daseins, war durch die Verweisung auf eine transzenden-

22 »Also sprach Zarathustra«, a. a. O., S. 206.
23 »Ruhm und Ewigkeit«, Gedichte und Sprüche von Friedrich Nietzsche, Leipzig 1908, S. 169.

tale Welt zu einem Instrument der Unterdrückung geworden – ein unwirklicher Lohn für wirkliche Leiden. Hier wird die Ewigkeit für die schöne Erde zurückgefordert – als die immerwährende Wiederkehr ihrer Kinder, der Lilien und Rosen, der Sonne über den Bergen und Seen, der Liebenden und der Geliebten, der Angst um ihr Leben, des Schmerzes und des Glücks. Der Tod *ist*; besiegt wird er nur, wenn er von der wirklichen Wiedergeburt alles dessen gefolgt wird, was vor dem Tode hier auf Erden war – nicht als bloße Wiederholung, sondern als gewollte und gewünschte Wieder-Schöpfung. Die ewige Wiederkehr bedeutet also auch die Wiederkehr des Leides als Mittel reicherer Befriedigung, zur Erhöhung der Lust. Der Schrecken des Schmerzes entstammt dem »Gefühl der Schwäche«, der Tatsache, daß Schmerz überwältigen kann, endgültig und verhängnisvoll wird. Leiden kann bejaht werden, wenn die Kraft des Menschen stark genug ist, den Schmerz zum Anreiz der Bejahung zu machen – zu einem Glied in der Kette der Lust. Die Lehre von der ewigen Wiederkehr schöpft ihren ganzen Sinn aus dem zentralen Satz, daß »alle Lust Ewigkeit will« – will, daß sie selbst und alle Dinge ewig währen.

Nietzsches Philosophie enthält genug Elemente der schrecklichen Vergangenheit: in seiner Verherrlichung von Schmerz und Macht dauern Merkmale eben der Moral fort, die er zu überwinden strebt. Aber wie dem auch sei: das Bild eines neuen Realitätsprinzips durchbricht das System der Unterdrückung, ein Vorbote der Befreiung von der archaischen Erbschaft: »Die Erde war zu lange schon ein Irrenhaus!«[24] Für Nietzsche hängt die Befreiung von der Umkehrung des Schuldgefühls ab; die Menschheit muß dahin kommen, das schlechte Gewissen mit der Verneinung des Lebenstriebs zu assoziieren und nicht mehr mit seiner Bejahung; nicht mit der Auflehnung, sondern mit der Hinnahme repressiver Ideale[25].

24 »Zur Genealogie der Moral«, S. 392.
25 ebd., S. 393 ff.

Wir haben auf Knotenpunkte in der Entwicklung der westlichen Philosophie hingewiesen, die die historischen Grenzen ihres Systems der Vernunft erkennen lassen – und die Bemühungen, dieses System zu überwinden. Der Kampf wird in dem Antagonismus zwischen Sein und Werden deutlich, zwischen der ansteigenden Linie und dem Kreis, zwischen Fortschritt und ewiger Wiederkehr, zwischen Transzendenz und Ruhe in der Erfüllung [26]. Es ist der Kampf zwischen der Logik der Herrschaft und dem Willen zur Lust. Beide erheben den Anspruch, das Realitätsprinzip darzustellen. Die traditionelle Ontologie wird angefochten: gegen die Auffassung des Seins in Begriffen des Logos erhebt sich die Auffassung vom Sein in a-logischen Begriffen: Wille und Lust. Diese Gegenströmung strebt nach der Formulierung ihres eigenen Logos: der Logik der Befriedigung.
Freuds Theorie hat in ihren äußersten Positionen an dieser philosophischen Dynamik teil. In ihrem Versuch, das Wesen des Seins zu definieren, bezeichnet seine Metapsychologie es als Eros – im Gegensatz zu der traditionellen Definition des Seins als Logos. Der Todestrieb bejaht das Prinzip des Nicht-Seins (die Negation des Seins) gegen Eros (das Prinzip des Seins). Die in Freuds Gedankengängen überall anzutreffende Verschmelzung der beiden Prinzipien entspricht der traditionellen metaphysischen Verschmelzung von Sein und Nichtsein. Natürlich bezieht sich Freuds Begriff des Eros nur auf das organische Leben. Aber die anorganische Materie ist als »Endzustand« des Todestriebs so unlöslich mit der organischen Materie verbunden, daß es (wie oben angedeutet) erlaubt scheint, seiner Auffassung einen allgemeinen ontologischen Sinn zu geben. Dasein ist dem Wesen nach das Streben nach Lust. Die-

26 Die beiden, hier nur angedeuteten antagonistischen Zeitbegriffe werden von Mircea Eliade in seinem Buch »The Myth of the Eternal Return« (London, Routledge and Kegan Paul, 1955) besprochen. Er stellt die zyklische Zeitvorstellung der linearen gegenüber. Die erste ist charakteristisch für traditionelle (vorwiegend primitive) Kulturen, die letztere für den »modernen Menschen«.

ses Streben wird zu einem »Ziel« der menschlichen Existenz: der erotische Antrieb, lebende Substanz zu immer größeren und dauerhafteren Einheiten zu verschmelzen, ist die Triebquelle der Kultur. Die Sexualtriebe sind *Lebens*triebe: der Impuls, das Leben durch die Unterwerfung der Natur entsprechend den sich entfaltenden vitalen Bedürfnissen zu schützen und zu bereichern, ist ursprünglich ein erotischer Impuls. Die Lebensnot wird als Schranke gegen die Befriedigung der Lebenstriebe empfunden, die nach Lust und nicht nach Sicherheit streben. Der »Kampf ums Dasein« ist ursprünglich ein Kampf um Lust: die Kultur beginnt mit der kollektiven Bemühung um dieses Ziel. Später allerdings wird dieser Kampf ums Dasein im Interesse der Herrschaft organisiert: die erotischen Grundlagen der Kultur werden umgebildet. Wenn die Philosophie das Wesen des Seins als Logos auffaßt, so ist dies schon der Logos der Herrschaft – die befehlende, beherrschende, lenkende Vernunft, der Mensch und Natur unterworfen werden müssen.

Freuds Interpretation des Seins in Begriffen des Eros nimmt die Frühform der platonischen Philosophie wieder auf, die die Kultur nicht als verdrängende Sublimierung, sondern als freie Selbstverwirklichung des Eros begriff. Schon bei Plato erscheint diese Auffassung als archaisch-mythischer Überrest. Der Eros wird in den Logos aufgenommen, und Logos ist die Vernunft, die die Triebe bändigt. Die Geschichte der Ontologie ist ein Abbild des Realitätsprinzips, das die Welt immer ausschließlicher beherrscht: die Einsichten, die in der metaphysischen Vorstellung vom Eros enthalten waren, sind in ein untergründiges Exil vertrieben worden. In eschatologischer Entstellung lebten sie in vielen häretischen Bewegungen, in der hedonistischen Philosophie weiter. Ihre Geschichte ist noch nicht geschrieben worden – ebensowenig wie die Geschichte der Umformung des Eros in Agape [27]. Freuds eigene Theorie

27 s. Anders Nygren, »Agape and Eros«, Philadelphia, Westminster Press, 1953.

folgt der allgemeinen Tendenz: in seinem Werk setzt sich die Rationalität des herrschenden Realitätsprinzips gegen die metaphysischen Spekulationen über den Eros durch.

Wir wollen anschließend versuchen, den vollen Gehalt seiner Gedankengänge wieder zu erfassen.

Zweiter Teil

Jenseits des Realitätsprinzips

Wieviel Zeit wurde im Verlauf des menschlichen Geschicks in der Anstrengung vergeudet, zu entscheiden, wie die nächste Welt wohl beschaffen sein könnte! Je heftiger die Bemühungen waren, es herauszufinden, desto weniger wußte der Mensch über die gegenwärtige Welt, in der er lebte. Diese eine, liebliche Welt, die er kannte, die er bewohnte, die ihm alles gab, was er besaß, sollte nach der Meinung der Prediger und Prälaten diejenige sein, der er am wenigsten Gedanken zuwandte. Vom Tage seiner Geburt an wurde ihm geraten und befohlen, ihr Lebewohl zu sagen. Oh, wir haben genug vom Mißbrauch dieser schönen Erde! Es ist keine traurige Wahrheit, daß sie unsere Heimat sein sollte. Böte sie uns auch nur ein einfaches Obdach, einfache Kleidung, einfache Nahrung, zusammen mit den Lilien und Rosen, den Äpfeln und Birnen wäre sie eine gute Heimstätte für Sterbliche und Unsterbliche.

Sean O' Casey, Sunset and Evening Star

VI

Die historischen Grenzen des geltenden Realitätsprinzips

In der vorangehenden Analyse war der Versuch unternommen worden, bestimmte grundlegende Züge der Triebstruktur der Kultur festzustellen und insbesondere das spezifische Realitätsprinzip zu definieren, das den Fortschritt der westlichen Kultur und Zivilisation beherrschte. Wir bezeichneten dies Realitätsprinzip als das Leistungsprinzip; und wir versuchten nachzuweisen, daß Herrschaft und Entfremdung – der vorherrschenden gesellschaftlichen Organisation der Arbeit entspringend – in hohem Maße die den Trieben durch dies Realitätsprinzip auferlegten Forderungen bestimmten. Es erhob sich die Frage, ob die fortdauernde Herrschaft des Leistungsprinzips als Realitätsprinzip schlechthin als sicher angenommen werden muß (so daß der Gang der Kultur im Lichte eben dieses Prinzips gesehen werden müßte), oder ob vielleicht das Leistungsprinzip die Vorbedingungen für ein qualitativ anderes, nicht unterdrückendes Realitätsprinzip geschaffen hat. Diese Frage drängte sich auf, als wir die psychoanalytische Theorie vom Menschen einigen grundlegenden historischen Gedankenrichtungen gegenüberstellten:

1. Gerade der Fortschritt der Kultur und Zivilisation unter dem Leistungsprinzip hat einen Stand der Produktivität mit sich gebracht, angesichts dessen die Ansprüche der Gesellschaft auf Verausgabung von Triebenergie in entfremdeter Arbeit um ein Beträchtliches vermindert werden könnte. Infolgedessen erscheint die fortgesetzte unterdrückende Organisation der Triebe weniger durch den »Kampf ums Dasein« erzwungen als durch ein Interesse an der Verlängerung dieses Kampfes – ein Interesse der Herrschaft.

2. Die repräsentative Philosophie der westlichen Kultur hat einen Vernunftbegriff entwickelt, der die hervorstechenden

Züge des Leistungsprinzips enthält. Die gleiche Philosophie aber endet mit der Vision einer höheren Form der Vernunft, die die gerade Verneinung dieser Züge ist – nämlich Rezeptivität, Kontemplation, Freude. Hinter der Definition des Subjekts in den Begriffen der immer transzendierenden und produktiven Tätigkeit des Ich erhebt sich das Bild der Erlösung vom Ich: das Zurruhekommen aller Transzendenz in einer Daseinsform, die alles Werden in sich aufgenommen hat, die in aller Andersheit für und mit sich selbst ist.

Das Problem des historischen Charakters und der historischen Begrenztheit des Leistungsprinzips ist für Freuds Theorie von entscheidender Bedeutung. Wir sahen, daß er das geltende Realitätsprinzip (d. h. das Leistungsprinzip) mit dem Realitätsprinzip als solchem gleichsetzt. Demzufolge würde seine Dialektik der Kultur ihrer Endgültigkeit verlustig gehen, falls sich das Leistungsprinzip als nur eine spezifische historische Form des Realitätsprinzips erwiese. Mehr als das: da Freud auch den historischen Charakter der Triebe mit ihrer »Natur« gleichsetzt, würde die Relativität des Leistungsprinzips sogar seine grundlegende Auffassung der Triebdynamik zwischen Eros und Thanatos berühren: ihre Beziehung und deren Entwicklung müßte unter einem anderen Realitätsprinzip auch anders sein. Demgegenüber aber liefert Freuds Triebtheorie eines der stärksten Argumente *gegen* den relativen (historischen) Charakter des Realitätsprinzips. Ist die Sexualität ihrem eigentlichen Wesen nach anti- und asozial und Destruktivität die Manifestation eines Urtriebs, dann wäre die Idee eines nicht-unterdrückenden Realitätsprinzips nichts als eitle Spekulation.

Freuds Triebtheorie weist die Richtung, in der das Problem untersucht werden muß. Das Leistungsprinzip erzwingt eine immer vollständigere repressive Organisation der Sexualität und des Destruktionstriebs. Wenn daher der historische Prozeß dahin tendiert, die Institutionen des Leistungsprinzips abzubauen und hinfällig werden zu lassen, so würde er damit auch die Trieborganisation hinfällig werden lassen – d. h., die Triebe aus der vom Leistungsprinzip geforderten Beschränkung und Ablenkung lösen. Das würde nun tatsächlich die Möglichkeit bedeuten, die zusätzliche Unterdrückung allmählich abzubauen, wobei ein wachsendes Gebiet der Destruktivität von der gestärkten Libido absorbiert oder neutralisiert werden könnte. Freuds Theorie beugt offensichtlich der Konstruktion irgendeiner psychoanalytischen Utopie vor. Wenn wir seine Theorie akzeptieren und doch noch daran festhalten, daß in der Vorstellung einer nicht-unterdrückenden Kultur eine historische Substanz enthalten ist, dann müßte diese aus Freuds Trieblehre selbst zu entnehmen sein. Wir müssen seine Konzeptionen überprüfen, um festzustellen, ob sie Elemente enthalten, die einer neuen Interpretation bedürfen. Diese Methode entspräche derjenigen, die wir bei den vorangehenden soziologischen Überlegungen anwandten. Dort haben wir den Versuch unternommen, die Erstarrung des Leistungsprinzips von den historischen Zuständen »abzulesen«, die es hervorgebracht hat: nun wollen wir versuchen, aus den historischen Triebschicksalen »abzulesen«, ob es eine Möglichkeit ihrer nicht-unterdrückenden Entwicklung gibt. Solch ein Vorgehen erfordert eine Kritik des geltenden Realitätsprinzips im Namen des Lustprinzips – eine neue Bewertung der antagonistischen Beziehung, die bisher zwischen den beiden Dimensionen des menschlichen Daseins herrschte.

Freud behauptet, daß ein grundsätzlicher Konflikt zwischen den beiden Prinzipien unvermeidlich sei; in der weiteren Ausgestaltung seiner Theorie aber scheint diese Unvermeidlichkeit doch nicht so fraglos zu sein. Der Konflikt soll in der Form, den er innerhalb der Kultur annimmt, durch die Ananke, die Lebensnot, den Kampf ums Dasein, verursacht und ständig weiter genährt werden. (Auch die spätere Form der Triebtheorie, mit den Begriffen des Eros und des Todestriebs, hebt die These nicht auf: die Lebensnot erscheint nun als die dem organischen Leben selbst innewohnende Bedürftigkeit und Unvollkommenheit.) Der Kampf ums Dasein macht die verdrängende Triebmodifizierung hauptsächlich darum unerläßlich, weil nicht genügend Mittel und Hilfsquellen für eine vollständige, schmerz- und mühelose Befriedigung der Triebbedürfnisse zur Verfügung stehen. Wenn dies zutrifft, dann wäre also die repressive Trieborganisation im Kampf ums Dasein *exogenen* Faktoren zuzuschreiben – exogen in dem Sinn, daß sie nicht der »Natur« der Triebe innewohnen, sondern sich aus den spezifischen historischen Bedingungen ergeben, unter denen die Triebe sich entwickeln. Nach Freuds Ansicht ist diese Unterscheidung bedeutungslos, da die Triebe selbst »historisch« sind [1]; es gibt keine Triebstruktur »außerhalb« der historischen Struktur. Das enthebt uns aber nicht der Notwendigkeit, die Unterscheidung zu machen – nur muß sie *innerhalb* der historischen Struktur vollzogen werden. Diese letztere erscheint als in zwei Ebenen geschichtet: a) die phylogenetisch-biologische Schicht, die Entwicklung des menschlichen Tieres im Kampf mit der Natur und b) die soziologische Schicht, die Entwicklung der zivilisierten Individuen und Gruppen im Kampf untereinander und mit ihrer Umgebung. Die beiden Ebenen stehen in dauernder, unauflöslicher Wechselwirkung, aber die Faktoren, die auf der zweiten, sozialen Ebene geschaffen werden, sind für die erste, biologische Ebene durchaus exogene Faktoren und haben daher ein anderes Gesicht und eine andere Wertigkeit (obwohl sie im Laufe der Entwicklung auf die erste Ebene »hinuntersinken« können): sie sind relativer, sie können sich schneller ändern und das ohne die Entwicklung der Art zu gefährden oder rückläufig zu gestalten. Dieser Unterschied im Ursprung der Triebmodifikation liegt jener Unterscheidung zugrunde, die wir in Hinsicht auf die »unvermeidliche« und auf die zusätzliche Unterdrückung machten [2]. Die letztere entstammt der soziologischen Ebene und wird auf dieser durchgeführt.

1 s. z. B. »Jenseits des Lustprinzips«. – 2 s. S. 40.

Freud ist sich der historischen Elemente innerhalb der menschlichen Triebstruktur durchaus bewußt. Bei der Diskussion der Religion als einer spezifisch historischen Form der »Illusion« führt er gegen sich selbst folgendes Argument an: »Die Menschen sind Vernunftgründen so wenig zugänglich, werden ganz von ihren Triebwünschen beherrscht. Warum soll man also ihnen eine Triebbefriedigung wegnehmen und durch Vernunftgründe ersetzen wollen?« Und er antwortet sich selbst: »Freilich sind die Menschen so, aber haben sie sich gefragt, ob sie so sein müssen, ob ihre innerste Natur sie dazu nötigt?« [3] Allerdings zieht Freud in seiner Triebtheorie keine grundlegenden Schlüsse aus der historischen Unterscheidung, sondern schreibt beiden Ebenen gleiche und allgemein sich auswirkende Kraft zu. Für seine Metapsychologie ist es nicht entscheidend, ob die Hemmungen durch die Lebensnot, oder durch die hierarchische *Verteilung* der Not, durch den Kampf ums Dasein oder durch das Interesse an der Herrschaft auferlegt werden. Und tatsächlich sind die beiden Faktoren – der phylogenetisch-biologische und der soziologische – im Verlauf der uns bekannten Geschichte miteinander verschmolzen. Aber diese Verschmelzung ist längst schon »unnatürlich« geworden – genauso wie die bedrückende »Modifizierung« des Lustprinzips durch das Realitätsprinzip. Freuds beständige Ablehnung irgendeiner wirklichen Befreiungsmöglichkeit aus dieser Modifizierung setzt also voraus, daß die Lebensnot ebenso dauerhaft ist wie die Herrschaft – eine Annahme, die nun eben fraglich ist. Kraft dieser Annahme erhält ein äußerer Faktor die theoretische Würde eines inhärenten Elements des Seelenlebens, inhärent selbst in den primären Trieben. Angesichts des Verlaufs der Kultur auf weite Sicht und angesichts von Freuds eigener Deutung der Triebentwicklung muß die Richtigkeit dieser Annahme in Frage gestellt werden. Die historische Möglichkeit, vielleicht sogar die historische Notwendigkeit einer

3 »Die Zukunft einer Illusion«, Ges. Werke XIV, S. 370.

allmählichen Befreiung der Triebentwicklung aus der Überwachung muß ernstgenommen werden, wenn die Kultur sich zu einem höheren Zustand der Freiheit entwickeln soll.

Um die Hypothese einer unterdrückungslosen Kultur aus Freuds Triebtheorie zu extrapolieren, muß man sein Konzept der primären Triebe (Urtriebe), ihrer Ziele und wechselseitigen Beziehung nochmals überprüfen. Freuds Auffassung nach ist es vor allem der Todestrieb, der jeglicher Hypothese einer verdrängungsfreien Kultur entgegensteht: schon die Existenz solch eines Triebes scheint »automatisch« das gesamte Netzwerk der durch die Kultur eingeführten Beschränkungen und Kontrollen zu schaffen: die eingeborene Destruktivität muß die fortwährende Unterdrückung erzeugen.

Unsere Nachprüfung muß daher mit Freuds Analyse des Todestriebes beginnen.

Wir sahen, daß in Freuds späterer Triebtheorie »ein dem belebten Organischen innewohnender Drang zur Wiederherstellung eines früheren Zustandes, welchen dies Belebte unter dem Einfluß äußerer Störungskräfte aufgeben mußte« [4], beiden Primärtrieben gemeinsam ist: dem Eros und dem Todestrieb. Freud sieht diese nach rückwärts gerichtete Tendenz als einen Ausdruck der »Trägheit im organischen Leben« an und läßt sich auf folgende hypothetische Erklärung ein: zur Zeit, da das organische Leben aus der unbelebten Materie entsprang, entwickelte sich eine starke »Spannung«, die der junge Organismus durch eine »Rückkehr zum Leblosen« zu lösen suchte [5]. Im frühen Stadium des organischen Lebens war der Weg zurück zum anorganischen Dasein wahrscheinlich sehr kurz und das Sterben leicht; aber allmählich verlängerten »äußere Einflüsse« diesen Weg und zwangen die Organismen zu immer längeren und komplizierteren »Umwegen zum Tode«. Je länger und komplizierter die »Umwege«, desto differenzierter und kraftvoller wird der Organismus: schließlich erobert er

4 »Jenseits des Lustprinzips«, S. 38. – 5 ebd., S. 40.

die Welt als seinen Herrschaftsbereich. Aber das ursprüngliche Ziel der Triebe bleibt noch erhalten – die Rückkehr zum anorganischen Leben, zur »toten« Materie. Genau an dieser Stelle, bei der Entwicklung seiner weitgreifendsten Hypothese, wiederholt Freud mehrfach, daß es exogene Faktoren sind, die die primäre Triebentwicklung bestimmten: unter dem Druck »äußerer, störender Kräfte« war der Organismus gezwungen, den früheren Zustand aufzugeben: »die Erfolge der organischen Entwicklung ... müssen wir ... auf die Rechnung äußerer, störender und ablenkender Einflüsse setzen«, »maßgebende äußere Einflüsse« änderten sich so, »daß sie die noch überlebende Substanz zu immer größeren Ablenkungen vom ursprünglichen Lebensweg ... nötigten« [6]. Wenn der Organismus aus »inneren Gründen« [7] stirbt, dann muß der Umweg zum Tode von äußeren Faktoren verursacht sein. Freud nimmt an, daß diese Faktoren in der »Entwicklungsgeschichte unserer Erde und ihres Verhältnisses zur Sonne« zu suchen seien [8]. Aber die Entwicklung des Animal »Mensch« bleibt nicht in der geologischen Geschichte beschlossen; der Mensch wird, auf Grund der Naturgeschichte, zum Subjekt und Objekt seiner eigenen Geschichte. War ursprünglich der tatsächliche Unterschied zwischen Lebens- und Todestrieb sehr gering, so wächst er im Verlauf der Geschichte des menschlichen Tieres und wird zu einem wesentlichen Charakteristikum des historischen Prozesses selbst. Das Diagramm auf der gegenüberliegenden Seite soll Freuds Konstruktion der grundlegenden Triebdynamik illustrieren.

Das Diagramm skizziert eine historische Reihenfolge vom Beginn des organischen Lebens an (Stadium 2 und 3) über das Bildungsstadium der beiden Primärtriebe (5) zu ihrer »modifizierten« Entwicklung als menschliche Triebe in der Kultur (6 bis 7). Die Wendepunkte liegen bei den Stadien 3 und 6. Beide werden sie durch äußere Faktoren verursacht, kraft

6 ebd., S. 39, 40, 41. – 7 ebd., S. 40 – 8 ebd., S. 39 f.

Stadium 1	2—3	4	5	6	7
	Lustprinzip			*Realitätsprinzip* Ananke, Kampf ums Dasein	
Anorganische Materie	Ursprung des Lebens / Schaffung von Spannung	Regressionszwang	→ *Eros*	*Sexualität*	
			Vereinigung von Keimzellen →	»Organisierter« Eros Sublimierung usw →	Gruppenbildung,
					Herrschaft über Mensch und Natur
			→ Streben nach Rückkehr ins Anorganische →	externalisierte und internalisierte Aggression →	Moral
			Todestrieb; Zerstörungstrieb		
				Nirwanaprinzip	

deren sowohl die endgültige Formung als auch die spätere Dynamik der Triebe zur »historisch erworbenen« werden. Im Stadium 3 ist der äußere Faktor die »ungelöste Spannung«, die durch die Geburt des organischen Lebens entstanden ist; die »Erfahrung«, daß das Leben weniger »befriedigend«, daß es schmerzlicher ist als der vorhergehende Zustand, erzeugt den Todestrieb als das Streben, diese Spannung durch Regression »abzugleichen«. Das Wirken des Todestriebs erscheint so als Ergebnis des Traumas der primären, der Urversagung: Mangel und Schmerz, hier durch ein geologisch-biologisches Ereignis verursacht.
Der andere Wendepunkt hingegen ist kein geologisch-biologischer mehr: er ereignet sich an der Schwelle der Kultur. Hier ist der äußere Faktor die Ananke, der bewußte Kampf ums Dasein. Dieser Kampf ist es, der sowohl die verdrängende Lenkung der Sexualtriebe erzwingt (erst durch die rohe Gewalt des Urvaters, später durch Institutionalisierung und Internalisierung) als auch die Umformung des Todestriebes in gesellschaftlich nützliche Aggression und Moral. Diese Organisation der Triebe (in Wirklichkeit ein Prozeß von langer Zeitdauer) schafft die zivilisatorische Arbeitsteilung, den Fortschritt, »Recht und Gesetz«; aber gleichzeitig setzt sie jenen Ablauf von Ereignissen in Bewegung, der zur fortschreitenden Schwächung des Eros und damit zum Anwachsen der Aggressivität und des Schuldgefühls führt. Wir sahen, daß diese Entwicklung dem Kampf ums Dasein nicht »inhärent«, nicht von Natur aus zugehörig ist, sondern nur seiner unterdrükkenden Organisation, und daß die im heutigen Entwicklungsstadium mögliche Überwindung des Mangels diesen Kampf immer irrationaler werden läßt.
Aber liegen nicht in den Trieben selbst asoziale Kräfte, die hemmende Beschränkungen notwendig machen, ganz unabhängig von Mangel oder Überfluß in der äußeren Welt? Wiederum erinnern wir uns an Freuds Feststellung, daß die Natur der Triebe »historisch erworben« ist. Daher unterliegt diese

Natur der Veränderung, wenn die Grundbedingungen, die die Triebe zur Annahme eben dieser Natur zwangen, sich verändert haben. Es ist richtig, daß diese Grundbedingungen insofern noch die gleichen sind, als der Kampf ums Dasein noch immer im Rahmen von Mangel und Herrschaft des Menschen über den Menschen vor sich geht. Aber angesichts der tatsächlichen Möglichkeit ihrer Behebung scheinen sie allmählich überholt und »künstlich« zu werden. Das Ausmaß, in dem die *Grundlage* der Kultur sich verändert hat (während ihr *Prinzip* erhalten geblieben ist), läßt sich an der Tatsache illustrieren, daß der Unterschied zwischen den Anfängen der Kultur und dem heutigen Zustand unendlich viel größer erscheint, als der Unterschied zwischen den Anfängen der Kultur und dem vorhergehenden Stadium, in dem die »Natur« der Triebe erworben wurde. Sicherlich würde die Veränderung in den Grundbedingungen der Kultur direkt nur die geformten menschlichen Triebe (den Sexual- und Aggressionstrieb) berühren. In den biologisch-geologischen Grundbedingungen, die Freud für die lebende Substanz als solche annahm, kann man sich eine derartige Veränderung nicht vorstellen; die Geburt des Lebens wird weiterhin ein Trauma bleiben und damit scheint die Herrschaft des Nirwanaprinzips unerschütterlich. Die Abkömmlinge des Todestriebs wirken sich allerdings nur in der Verschmelzung mit den Sexualtrieben aus; solange Leben wächst, bleiben die ersten den letzteren untergeordnet; das Schicksal der *Destrudo* (oder »Energie« der Destruktionstriebe) hängt von dem der Libido ab. Infolgedessen muß eine qualitative Veränderung in der Entwicklung der Sexualität notwendigerweise die Manifestation des Todestriebes ändern.

Die Hypothese einer nicht-unterdrückenden Kultur erlangt also theoretisch erst durch den Beweis der Möglichkeit einer nicht-verdrängenden Libidoentwicklung unter den Bedingungen der reifen Kultur Gültigkeit. Die Richtung solch einer Entwicklung ist durch die seelischen Kräfte gewiesen, die, nach

Freud, im wesentlichen vom Realitätsprinzip verschont bleiben und diese Freiheit in die Welt des reifen Bewußtseins hinübertragen. Unser nächster Schritt muß die Überprüfung dieser Kräfte sein.

VII

Phantasie und Utopie

In Freuds Theorie erscheinen die dem Realitätsprinzip widerstrebenden psychischen Kräfte meist als ins Unbewußte verbannt und vom Unbewußten aus wirkend. Das »unmodifizierte« Lustprinzip herrscht nur über die tiefsten und »archaischsten« unbewußten Vorgänge: sie können uns weder Maßstäbe für die Konstruktion des nicht-verdrängenden Seelenlebens noch für den Wert solch einer Konstruktion liefern. Aber Freud hebt die Phantasie als die eine seelische Fähigkeit hervor, die selbst in der Sphäre des entwickelten Bewußtseins einen hohen Grad an Freiheit vom Realitätsprinzip beibehält. Wir erinnern uns an seine Darstellung in den »Formulierungen über die zwei Prinzipien des psychischen Geschehens«:

Mit der Einsetzung des Realitätsprinzips wurde eine Art Denktätigkeit abgespalten, die von der Realitätsprüfung freigehalten und allein dem Lustprinzip unterworfen blieb. Es ist dies das Phantasieren, welches bereits mit dem Spielen der Kinder beginnt und später als Tagträume fortgesetzt die Anlehnung an reale Objekte aufgibt.[1]

Die Phantasie spielt eine höchst entscheidende Rolle in der gesamten seelischen Struktur: sie stellt eine Verbindung zwischen den tiefsten Schichten des Unbewußten und den höchsten Hervorbringungen des Bewußtseins (in der Kunst) her, zwischen dem Traum und der Wirklichkeit, sie bewahrt den Archetypus der Gattung, die fortdauernden aber verdrängten Vorstellungen des kollektiven und individuellen Gedächtnisses, die tabuierten Urbilder der Freiheit. Freud stellt eine zweifache Beziehung »zwischen dem Sexualtrieb und der Phantasie einerseits, dem Ichtrieb und den Bewußtseinstätigkeiten anderseits« fest. Diese Spaltung ist unhaltbar – nicht nur im

1 Ges. Werke VIII, S. 234.

Hinblick auf die spätere Formulierung der Triebtheorie (die die unabhängigen Ichtriebe aufgibt), sondern auch wegen der Einbeziehung der Phantasie in das künstlerische (und sogar normale) Bewußtsein. Trotzdem bleibt die Affinität zwischen Phantasie und Sexualität entscheidend für die Funktion der ersteren.

Die Anerkennung der Phantasie (der Imagination, der Vorstellungskraft) als Denkvorgang mit eigenen Gesetzen und eigenen Wahrheitsgehalten war nichts Neues innerhalb der Psychologie und Philosophie. Freuds Beitrag lag in dem Versuch, die Genese dieser Denkform und ihren essentiellen Zusammenhang mit dem Lustprinzip aufzuzeigen. Die Aufrichtung des Realitätsprinzips verursacht eine Aufspaltung und eine Verstümmelung der Psyche, die verhängnisvoll über ihre gesamte Entwicklung entscheiden. Der seelische Prozeß, der bis dahin im Lustprinzip geeint war, wird nun gespalten: der Hauptstrom wird in den Bereich des Realitätsprinzips geleitet und auf dessen Bedürfnisse ausgerichtet. Der so geprägte Anteil der Psyche erhält das Monopol, die Realität zu deuten, zu manipulieren und zu verändern – Erinnern und Vergessen unter seine Herrschaft zu stellen, ja selbst zu entscheiden, was Realität ist und wie sie verwendet und verändert werden sollte. Der andere Anteil des psychischen Apparats bleibt frei von der Kontrolle des Realitätsprinzips – um den Preis, machtlos zu werden, inkonsequent, unrealistisch. Während das Ich ursprünglich vom Gesamt seiner psychischen Energie gespeist, angetrieben und gelenkt wurde, wird es jetzt nur mehr von dem Teil geführt, der in Einklang mit dem Realitätsprinzip steht. Dieser Teil – und nur dieser Teil – soll die Ziele, Normen und Werte des Ichs bestimmen; als *Vernunft* wird er zum einzigen Ort der Urteilsfähigkeit, der Wahrheit, des Vernunftgemäßen (der Rationalität); er entscheidet, was nützlich und was unnütz ist, was gut und böse [2]. Durch die Organisation

2 *Vernunft* in diesem Sinne ist nicht identisch mit der *rationalen Fähigkeit*

des Lust-Ich in ein Realitäts-Ich wird die Phantasie als abgetrennter seelischer Vorgang geboren – und wird zu gleicher Zeit in den Hintergrund gedrängt. Die Vernunft siegt: sie wird lustlos aber nützlich und »richtig«; die Phantasie bleibt lustvoll, aber sie wird nutzlos und unwahr – ein bloßes Spiel, Tagträumerei. Als solches fährt sie fort, die Sprache des Lustprinzips zu sprechen, die Sprache der Freiheit von Unterdrükkung und Verdrängung, von ungehemmten Wünschen und Erfüllungen – während die Wirklichkeit sich nach den Gesetzen der Vernunft durchsetzt, ohne weiterhin der Sprache der Träume verhaftet zu sein.

Die Phantasie aber behält die Struktur und die Strebungen der Psyche bei, wie sie vor deren Organisation durch die Wirklichkeit bestanden, ehe sie zu einem »Individuum« wurde, das sich gegen andere Individuen absetzt. Auf die gleiche Weise bewahrt sich die Phantasie – wie das Es, dem sie verhaftet bleibt – die »Erinnerung« an die vorhistorische Vergangenheit, als das Leben des Einzelnen das Leben der Gattung war; die Erinnerung an das Urbild der unmittelbaren Einheit zwischen dem Allgemeinen und dem Gesonderten unter der Herrschaft des Lustprinzips. Im Gegensatz dazu zeichnet sich die gesamte spätere Geschichte des Menschen durch die Zerstörung dieser ursprünglichen Einheit aus: die Stellung des Ichs in seiner Fähigkeit eines unabhängigen individuellen Organismus gerät in Konflikt mit sich selbst in seiner anderen Fähigkeit als ein Mitglied einer Reihe von Generationen[3]. Die Gattung lebt nun in bewußtem, immer erneutem Konflikt zwischen den Individuen und zwischen ihnen und ihrer Welt. Durch all diese Konflikte hindurch schreitet der Fortschritt unter dem Leistungsprinzip voran. Das *principium in-*

(dem Intellekt) der traditionellen theoretischen Psychologie. Hier bezeichnet der Ausdruck *Vernunft* jenen Teil der Psyche, der unter die Herrschaft des Realitätsprinzips gestellt wird und den organisierten Anteil der »vegetativen«, »sensitiven« und »appetitiven« Fähigkeiten enthält.

3 »Vorlesungen zur Einführung in die Psychoanalyse«, Ges. Werke IX.

dividuationis, wie es durch dieses Realitätsprinzip zur Ausführung gelangt, führt zur repressiven Ausnutzung der Primärtriebe, die weiterhin, jeder auf seine Weise, bestrebt sind, das *principium individuationis* zu annullieren. Aber durch eben den Fortschritt, den ihre Energie speist, werden sie beständig von ihrem Ziel abgelenkt. Beide Triebe unterliegen bei diesem Bemühen. Es ist die Phantasie, die gegen die Welt und in der Welt des antagonistischen *principium individuationis* den Anspruch des Gesamtindividuums, das in Einklang mit dem Genus und der »archaischen« Vergangenheit ist, aufrechterhält.

Freuds Metapsychologie setzt die Phantasie hier wieder in ihre Rechte ein. Als fundamentaler unabhängiger seelischer Vorgang hat sie einen eigenen Wahrheitsgehalt, der einer besonderen, ihr eigenen Erfahrung entspricht – nämlich der Überwindung der feindseligen menschlichen Wirklichkeit. Die Phantasie sieht das Bild der Wiederversöhnung des Einzelnen mit dem Ganzen, des Wunsches mit der Verwirklichung, des Glücks mit der Vernunft. Für das geltende Realitätsprinzip ist diese Harmonie ins Reich der Utopie entrückt, aber die Phantasie besteht darauf, daß es Wirklichkeit werden muß und kann: daß hinter der Illusion ein *Wissen* steht. Die Wahrheiten der Vorstellungskraft werden erst realisiert, wenn die Phantasie selbst Form annimmt, wenn sie ein Universum der Wahrnehmung und des Verständnisses – ein subjektives und gleichzeitig objektives Universum – schafft. Dies geschieht in der *Kunst.* Die Analyse der erkennenden Funktion der Phantasie wird so zur Ästhetik, als zur »Wissenschaft von der Schönheit« hingeführt: hinter der ästhetischen Form steht die verdrängte Harmonie von Sinnlichkeit und Vernunft – der ewige Protest gegen die Organisation des Lebens durch die Logik der Herrschaft, die Kritik am Leistungsprinzip.

Die Kunst ist vielleicht die sichtbarste »Wiederkehr des Verdrängten« nicht nur auf der individuellen, sondern auch auf der genetisch-historischen Ebene. Die künstlerische Vorstellungskraft verleiht der »unbewußten Erinnerung« von der verfehlten Befreiung, von dem verratenen Versprechen, Form. Unter dem Regiment des Leistungsprinzips setzt die Kunst der institutionalisierten Unterdrückung das »Bild des Menschen als eines freien Subjekts« entgegen. »Im unfreien Zustand aber ist Kunst des Bildes der Freiheit mächtig nur in der Negation der Unfreiheit.«[4] Seit dem Erwachen des Bewußtseins der Freiheit gibt es kein echtes Kunstwerk, das nicht den archetypischen Gehalt offenbarte: die Negation der Unfreiheit. Wir werden später sehen, wie dieser Gehalt dazu kam, die ästhetische Form anzunehmen, die von ästhetischen Prinzipien beherrscht ist[5]. Als ästhetisches Phänomen hebt die kritische Funktion der Kunst sich selbst auf. Gerade das Verhaftetsein der Kunst an die Form entkräftet und verfälscht die Negation der Unfreiheit in der Kunst. Um vereint zu sein, muß die Unfreiheit mit dem Anschein der Realität im Kunstwerk dargestellt werden. Dies Element des Scheins macht es notwendig, die dargestellte Wirklichkeit ästhetischen Maßstäben unterzuordnen, und beraubt sie damit ihres Schreckens. Außerdem bekleidet die Form des Kunstwerks den Inhalt mit den Eigenschaften der Freude. Stil, Rhythmus, Maß führen eine ästhetische Ordnung ein, die an sich erfreulich ist; sie versöhnt mit dem Inhalt. Die ästhetische Qualität der Freude, selbst der Unterhaltung, war untrennbar vom Wesen der Kunst, gleichgültig wie tragisch, wie kompromißlos das Kunstwerk ist. Aristoteles' Satz über die kathartische Wirkung der Kunst faßt ihre Doppelfunktion in Kürze zusammen: sowohl zu entzweien als zu versöhnen, anzuklagen und freizusprechen, das Verdrängte zurückzurufen und es wieder – gereinigt – zu verdrängen. Die Menschen können mit Hilfe der Klassiker sich selbst erheben: sie lesen und sehen und hören ihre eigenen Archetypen sich auflehnen, triumphieren, unterliegen oder

4 Theodor W. Adorno, »Die gegängelte Musik«, in: Der Monat, 5. Jg., S. 182.

5 s. Kap. IX.

untergehen. Und da dies alles in ästhetischer Form geschieht, können sie es genießen – und vergessen.

Trotzdem drückte die Kunst, innerhalb der Grenzen der ästhetischen Form, doch die Rückkehr des verdrängten Urbildes der Befreiung aus, wenn es auch in ambivalenter Weise geschah; die Kunst blieb Widerstand und Opposition. Im gegenwärtigen Zustand, im Stadium der totalen Mobilmachung, scheint selbst diese höchst ambivalente Opposition nicht mehr lebensfähig. Die Kunst überlebt nur dort, wo sie sich selbst aufhebt, wo sie ihre Substanz rettet, indem sie ihre traditionelle Form verleugnet und damit auf die Versöhnung verzichtet: wo sie surrealistisch und atonal wird [6]. Andernfalls teilt die Kunst das Schicksal aller echten menschlichen Kommunikation: sie stirbt ab. Was Karl Kraus zu Beginn der faschistischen Ära schrieb, gilt noch heute:

»Das Wort entschlief, als jene Welt erwachte.«

In weniger sublimierter Form ist der Widerstand der Phantasie gegen das Realitätsprinzip mehr in so unter-realen und surrealen Vorgängen wie den Träumen, dem Tagträumen, dem Spiel, dem »Strömen des Bewußtseins« beheimatet. In ihrem extremen Anspruch auf Befriedigung jenseits des Realitätsprinzips hebt die Phantasie selbst das geltende *principium individuationis* auf. Hier liegen vielleicht die Wurzeln der Verhaftung der Phantasie an den Ur-Eros: »Die Sexualität ist ja die einzige Funktion des lebenden Organismus, welche über das Individuum hinausgeht und seine Anknüpfung an die Gattung besorgt.«[7]

Sofern die Sexualität vom Realitätsprinzip organisiert und kontrolliert ist, behauptet sich die Phantasie vor allem gegenüber der normalen Sexualität. (Wir haben schon früher die Affinität zwischen der Phantasie und den Perversionen bespro-

6 Theodor W. Adorno, »Philosophie der neuen Musik«, J. C. B. Mohr, Tübingen 1949.

7 Freud, »Vorlesungen zur Einführung in die Psychoanalyse«, a. a. O., S. 428.

chen [8].) Das erotische Element in der Phantasie geht aber über den Ausdruck der pervertierten Strebungen hinaus. Es zielt auf eine »erotische Wirklichkeit« ab, wo die Lebenstriebe in einer Erfüllung ohne Verdrängung und Unterdrückung zur Ruhe kämen. Dies ist letztlich der Inhalt des Phantasie-Vorgangs in seinem Widerspruch gegen das Realitätsprinzip: kraft dieses Inhalts spielt die Phantasie eine einzigartige Rolle in der seelischen Dynamik.

Freud erkannte diese Rolle, aber an diesem Punkt nahm seine Metapsychologie eine verhängnisvolle Wendung. Das Urbild einer anderen Wirklichkeitsform hatte sich als die Wahrheit eines der grundlegenden psychischen Vorgänge erwiesen; in diesem Urbild ist die verlorene Einheit zwischen dem Allgemeinen und dem Persönlichen und die völlige Befriedigung der Lebenstriebe durch die Versöhnung zwischen Lust- und Realitätsprinzip enthalten und ausgedrückt. Sein Wahrheitswert wird noch durch die Tatsache erhöht, daß dieses Urbild der Menschheit über und jenseits des *principium individuationis* angehört. Allerdings beschwört dies Bild nach Freuds Meinung nur die *subhistorische Vergangenheit* der Gattung (und des Einzelnen) herauf, die vor allem Kulturbeginn liegt. Da die Kultur sich nur durch die Zerstörung der vorhistorischen Einheit von Lust- und Realitätsprinzip entwickeln kann, muß dies Urbild im Unbewußten begraben bleiben und die Imagination zur bloßen Phantasie, zum Kinderspiel, zum Tagtraum werden. Der lange Weg des Bewußtseins, der von der Urhorde zu immer höheren Formen der Kultur führte, kann nicht rückläufig gemacht werden. Freuds Schlußfolgerungen schließen die Feststellung eines »idealen« Naturzustands aus; aber sie hypostasieren auch eine spezifische historische *Form* der Kultur als *Natur* der Kultur. Freuds eigene Theorie rechtfertigt diesen Schluß nicht. Aus der historischen Notwendigkeit des Leistungsprinzips und seiner Fortdauer über die histo-

8 s. Kap. II.

rische Notwendigkeit hinaus folgt nicht, daß eine andere Kulturform unter einem anderen Realitätsprinzip unmöglich wäre. Bei Freud ist die Freiheit von Unterdrückung und Verdrängung eine Angelegenheit des Unbewußten, der subhistorischen und sogar subhumanen *Vergangenheit*, der primären biologischen und psychischen Vorgänge; infolgedessen ist die Idee eines verdrängungsfreien, nicht repressiven Realitätsprinzips eine Sache der Retrogression. Daß solch ein Prinzip selbst eine historische Realität werden könnte, eine Angelegenheit der wachsenden Bewußtwerdung, daß die Bilder der Phantasie auf die noch uneroberte *Zukunft* der Menschheit Bezug nehmen könnten, statt auf die (schlecht) besiegte Vergangenheit – all das erschien für Freud im besten Fall als eine hübsche Utopie.

Für die Gefahr, daß die Entdeckung des Wahrheitsgehalts der Phantasie für retrogressive Tendenzen mißbraucht werden könnte, bietet das Werk C. G. Jungs ein Beispiel. Emphatischer als Freud bestand er auf der *erkennenden* Kraft der Phantasie. Für ihn hängt sie »ununterscheidbar« mit allen anderen psychischen Funktionen zusammen. »Sie erscheint bald als uranfänglich, bald als letztes und kühnstes Produkt der Zusammenfassung alles Könnens.« »Sie ist vor allem die schöpferische Tätigkeit, aus der die Antworten auf alle beantwortbaren Fragen hervorgehen, sie ist die Mutter aller Möglichkeiten, in der auch, wie alle psychologischen Gegensätze, Innenwelt und Außenwelt lebendig verbunden sind. Die Phantasie war es und ist es immer, die die Brücke schlägt zwischen den unvereinbaren Ansprüchen von Objekt und Subjekt, von Extroversion und Introversion.« [9] Damit wird also deutlich der gleichzeitig retrospektive und Erwartungs-Charakter der Phantasie behauptet: sie blickt nicht nur zurück nach einer urtümlichen goldenen Vergangenheit, sondern auch vorwärts auf alle noch unrealisierten aber realisierbaren Mög-

9 C. G. Jung, »Psychologische Typen«, Zürich, Rascher Verlag, 1950, S. 71.

lichkeiten. Aber schon in Jungs früherem Werk lag der Akzent auf den retrospektiven und infolgedessen »phantastischen« Qualitäten der Vorstellungskraft. Das Traumdenken soll sich in retrograder Weise auf das Rohmaterial der Erinnerung hin bewegen, es ist eine »Regression auf die ursprüngliche Wahrnehmung.«[10] Im Verlauf der Entwicklung der Jungschen Psychologie sind ihre verdunkelnden und reaktionären Tendenden stärker in den Vordergrund getreten und haben die kritischen Einsichten von Freuds Metapsychologie eliminiert[11].

Der Wahrheitswert der Phantasie bezieht sich nicht nur auf die Vergangenheit, sondern ebenso auf die Zukunft: die Formen der Freiheit und des Glücks, die sie aufruft, erheben den Anspruch, historische Wirklichkeit zu werden. Die kritische Funktion der Phantasie liegt in ihrer Weigerung, die vom Realitätsprinzip verhängten Beschränkungen des Glücks und der Freiheit als endgültig hinzunehmen, in ihrer Weigerung, zu vergessen, was sein könnte:

Réduire l'imagination à l'esclavage, quand bien même il y irait de ce qu'on appelle grossièrement le bonheur, c'est se dérober à tout ce qu'on trouve, au fond de soi, de justice suprême. La seule imagination me rend compte de ce qui peut être.[12]

Die Surrealisten erkannten die revolutionären Folgerungen aus Freuds Entdeckungen: »Vielleicht ist die Phantasie dabei, wieder in ihre alten Rechte einzutreten.«[13] Aber wenn sie die

10 C. G. Jung, »Über die Psychologie des Unbewußten«, Zürich, Rascher Verlag, 1948.

11 Edward Glovers vorzügliche Analyse macht eine weitere Besprechung des Werkes von C. G. Jung an dieser Stelle unnötig; s. E. Glover, »Freud or Jung«, New York, W. W. Noton, 1950.

12 »Die Phantasie in die Sklaverei zu verbannen – selbst wenn es sich um das sogenannte Glück handelt – hieße, sich all dessen berauben, was man in seinem eigenen Innersten an höchster Gerechtigkeit findet. Allein die Phantasie gibt mir Rechenschaft über das, was *sein könnte.*« André Breton, »Les Manifestes du Surréalisme«, Paris, Editions du Sagittaire, 1946. Dies war das erste Manifest von 1924.

13 ebd., S. 25.

Frage aufwerfen, ob der Traum nicht auch für die Lösung der fundamentalen Lebensfragen verwandt werden könnte [14], dann gingen sie mit der Forderung, daß der Traum ohne inhaltlichen Kompromiß in die Realität umgesetzt werden solle, über die Psychoanalyse hinaus. Die Kunst verbündete sich mit der Revolution. Das kompromißlose Bekenntnis zu den unverfälschten Wahrheitsgehalten der Phantasie erfaßt die Wirklichkeit vollkommener. Daß die von der künstlerischen Phantasie aufgestellten Behauptungen im Sinne der wirklichen Struktur der Tatsachen unwahr sind, gehört zum Wesen ihrer Wahrheit:

Die Wahrheit, daß irgend eine Behauptung im Hinblick auf eine tatsächliche Gegebenheit unwahr ist, kann unter Umständen die lebendige Wahrheit über die ästhetische Leistung zum Ausdruck bringen. Sie drückt die »Große Weigerung« aus, die ihr primäres Charakteristikum ist. [15]

Die »Große Weigerung« ist der Protest gegen unnötige Unterdrückung, der Kampf um die höchste Form der Freiheit, »ohne Angst zu leben« [16]. Aber nur in der Sprache der Kunst konnte diese Idee ungestraft geäußert werden. Im wirklichkeitsnäheren Zusammenhang der politischen Theorie und selbst Philosophie galt sie fast allgemein als Utopie.

Diese Verweisung realer Möglichkeiten ins Niemandsland der Utopie ist selbst ein wesentliches Element der Ideologie des Leistungsprinzips. Orientiert sich die Konstruktion einer repressionsfreien Triebentwicklung nicht an der vorhistorischen Vergangenheit, sondern an der historischen Gegenwart und einer reifen Kultur, dann verliert der Begriff der Utopie an sich seine Bedeutung. Die Negation des Leistungsprinzips erwächst nicht gegen, sondern *mit* dem Fortschreiten der bewußten Ratio; sie setzt höchste Reife der Kultur voraus. Gerade

14 ebd., S. 26. 15 A. N. Whitehead, »Science and the Modern World«, New York, Macmillan, 1926, S. 228.
16 s. Th. W. Adorno, »Versuch über Wagner«, Suhrkamp, Berlin–Frankfurt, 1952, S. 198.

die Errungenschaften des Leistungsprinzips haben die Diskrepanz zwischen den archaisch unbewußten und den bewußten Prozessen der Menschheit einerseits und ihren tatsächlichen Fähigkeiten andererseits verstärkt. Die Menschheitsgeschichte scheint sich einem neuen Wendepunkt im Triebschicksal zu nähern. Und geradeso wie an den früheren Wendepunkten, scheint die Anpassung der archaischen Struktur der Psyche an die neue Umgebung eine »Katastrophe« bedeuten zu können – eine explosive Veränderung der Umgebung selbst. Während allerdings der erste Wendepunkt, nach Freuds Hypothse, ein Ereignis innerhalb der Erdgeschichte war und der zweite sich zu Beginn der Kultur abspielte, läge der dritte auf der höchsten bisher erreichten Stufe der Kultur. Der Akteur in diesem Ereignis wäre nicht mehr das historische Menschentier, sondern das bewußte rationale Subjekt, das die gegenständliche Welt als Arena seiner Verwirklichung bemeistert, sich aneignet und verwendet. Der in Freuds Triebtheorie enthaltene historische Faktor wird in der Geschichte fruchtbar werden, sobald die Grundlage der Lebensnot (Ananke) – die für Freud die Rationale für das unterdrückende Realitätsprinzip darstellte – durch den Fortschritt von Kultur und Zivilisation untergraben ist.

Allerdings behält das Argument, daß trotz allen Fortschritts Armut und Unreife groß genug bleiben werden, um die Realisierung des Prinzips: »Jedem nach seinen Bedürfnissen« zu verhindern, eine gewisse Gültigkeit. Die materiellen und geistigen Hilfsquellen der Kultur sind noch immer so beschränkt, daß der Lebensstandard um ein Beträchtliches absänke, wenn die soziale Produktion auf die weltweite Befriedigung individueller Bedürfnisse umgestellt würde: viele müßten auf raffinierte Bequemlichkeiten verzichten, wenn alle ein menschenwürdiges Dasein führen sollen. Darüber hinaus scheint die augenblicklich geltende internationale Struktur der industriellen Zivilisation die ganze Idee schlechthin zur Lächerlichkeit zu verdammen. Aber das entwertet die theoretische Einsicht, daß das Leistungsprinzip veraltet ist, keineswegs. Die Versöhnung zwischen Lust- und Realitätsprinzip hängt nicht vom »Überfluß für alle« ab. Die einzig richtige Fragestellung ist die, ob vernünftigerweise ein Kulturstand vorstellbar ist, in dem menschliche Bedürfnisse in einer Weise und in einem Maße befriedigt werden, die die Abschaffung der zusätzlichen Unterdrückung erlauben.

Dieser hypothetische Zustand ließe sich in zwei Punkten vorstellen, die an den beiden äußersten Polen der Triebschicksale lägen: einmal am primitiven Beginn der Geschichte, das andere Mal im Stadium ihrer höchsten Reife. Der erste würde in einer nichtbedrückenden Teilung der Lebensgüter, einer gleichmäßigen Verteilung der Not bestehen (wie dies z. B. in der matriarchalen Phase der Frühgesellschaft der Fall gewesen sein könnte). Der zweite wäre Teil einer rationellen Organisation einer voll entwickelten, industrialisierten Kultur nach der Überwindung der Lebensnot. Die Triebschicksale wären natürlich unter diesen beiden Bedingungen sehr verschieden, aber ein entscheidender Faktor müßte ihnen gemeinsam sein: die Triebentwicklung wäre nicht-repressiv, nicht-verdrängend in dem Sinne, daß zumindest die durch das Interesse der Herrschaft verhängte, zusätzliche Unterdrückung der Triebe fortfiele. Diese gemeinsame Qualität würde die jeweils überwiegende Befriedigungsform sowohl der sexuellen als der sozialen menschlichen Grundbedürfnisse (Nahrung, Wohnung, Kleidung, Muße) widerspiegeln – im Frühstadium höchst primitiv, im zweiten Stadium sehr erweitert und verfeinert. Diese Befriedigung wäre (und das ist der wichtigste Punkt) *mühelos* – das heißt ohne das Herrschaftsgesetz entfremdeter Arbeit über dem menschlichen Dasein. Unter primitiven Bedingungen ist die Entfremdung noch nicht entstanden, weil die Bedürfnisse selbst noch primitiv sind, die Arbeitsteilung noch rudimentär und eine institutionalisierte hierarchische Spezialisierung der Funktionen fehlt. Unter den »Ideal«-Bedingungen der reifen Industrie-Kultur würde die Entfremdung durch umfassende Automatisierung der Arbeit, äußerste Einschränkung der Arbeitszeit und Austauschbarkeit der Funktionen vollständig sein.

Da die Dauer des Arbeitstages an sich einer der entscheidenden Faktoren für die Unterdrückung des Lustprinzips durch das Realitätsprinzip darstellt, ist die Verkürzung der Arbeitszeit bis zu einem Punkt, wo das bloße Arbeitsquantum die menschliche Entwicklung nicht mehr behindert, die erste Vorbedingung der Freiheit. Die Verkürzung der Arbeitszeit würde an sich fast sicher ein beträchtliches Absinken des Lebensstandards, wie er heute in den industriell hochentwickelten Ländern herrscht, bedeuten. Aber die Rückkehr zu einem niedrigeren Lebensstandard, wie der Zusammenbruch des Leistungsprinzips ihn mit sich brächte, spricht nicht gegen den Fortschritt der Freiheit.

Das Argument, daß die Vorbedingung der Freiheit ein immer höherer Lebensstandard sei, dient allzuleicht einer Rechtfertigung der Unterdrückung. Die Definition des Lebensstandards im Sinne von Autos, Fernsehapparaten und Traktoren ist die Definition des Leistungsprinzips an sich. Jenseits dieses Prinzips würde das Lebensniveau mit anderen Kriterien bemessen; dort würde es sich um andere Dinge handeln: um die weltweite Befriedigung menschlicher Grundbedürfnisse und um die Freiheit von Schuld und Angst – sowohl äußere wie internalisierte, triebhafte wie »vernunftgemäße«: »La vraie civilisation ... n'est pas dans le gaz, ni dans le vapeur, ni dans les tables tournantes. Elle est dans la diminuation des traces du pêché originel.«[17]

Das ist die Definition des Fortschritts jenseits des Herrschaftsbereichs des Leistungsprinzips.

Unter optimalen Bedingungen müßte in einer reifen Kultur der materielle und intellektuelle Wohlstand derart sein, daß er

17 »Wahre Kultur liegt nicht in Gas, Dampf oder Drehscheiben. Sie liegt in der Tilgung der Ursünde.« Baudelaire, »Mon Coeur Mis à Nu« XXXII, in: Oeuvres Posthumes, Ed. Conard Bd. II, S. 109.

eine schmerzlose Bedürfnisbefriedigung zuließe, während die Herrschaft nicht mehr systematisch diese Befriedigung behinderte. In diesem Fall wäre das Maß an Triebenergie, das noch auf unvermeidliche mühevolle (aber dann völlig mechanisierte und rationalisierte) Arbeit verwandt werden müßte, so gering, daß ein weites Gebiet repressiver Zwänge und Modifikationen, die nicht mehr durch äußere Kraft aufrechterhalten würden, zusammenbrechen müßte. Infolgedessen würde sich die antagonistische Beziehung zwischen Lust- und Realitätsprinzip zugunsten des ersteren verschieben. Eros, die Lebenstriebe, würden in einem nie dagewesenen Maße freigesetzt werden.

Folgt daraus, daß die Kultur gesprengt und zu prähistorischer Wildheit zurückkehren würde, daß der Einzelne infolge der Erschöpfung der zur Verfügung stehenden Mittel und seiner eigenen Energien zugrunde ginge, daß das Fortfallen von Bedürfnis und Zwang alle Energien zum Versiegen brächte, die sonst die materielle und intellektuelle Leistung vorangetrieben hatte? Freud bejaht diese Möglichkeit. Seine Antwort beruht auf der mehr oder weniger stillschweigenden Billigung einer Reihe von Annahmen: daß freie libidinöse Beziehungen ihrem Wesen nach Arbeitsleistungen widerstreben, daß den ersteren Energie entzogen werden muß, um die letzteren zu begründen, daß nur das Fehlen der vollen Befriedigung die gesellschaftsgründende Organisation der Arbeit aufrechterhält. Selbst unter den optimalen Bedingungen einer rationalen Gesellschaftsorganisation müßte die Befriedigung der menschlichen Bedürfnisse Mühe erfordern, und schon diese Tatsache allein müßte quantitative und qualitative Triebeinschränkung erzwingen und damit zahlreiche soziale Tabus. Ganz unabhängig von ihrem Reichtum hängt die Kultur von stetiger und methodischer Arbeit ab und damit von unlustvoller Verzögerung der Befriedigung. Da die primären Triebe »von Natur aus« gegen diese Verzögerung sich auflehnen, bleibt ihre repressive Modifizierung eine Notwendigkeit für jede Kultur.

Um dieser Beweisführung begegnen zu können, mußten wir

nachweisen, daß die von Freud aufgestellte Wechselbeziehung »Triebverdrängung – sozial nützliche mühselige Arbeit – Kultur« – sinnvoll in die Beziehung »Triebbefreiung – sozial nützliche Arbeit – Kultur« umgestaltet werden kann. Wir sprachen davon, daß die heute überwiegende Triebverdrängung nicht so sehr der Notwendigkeit der Arbeitsleistung entsprang als der spezifischen Organisation der Arbeit, wie sie vom Interesse an der Herrschaft auferlegt wurde – daß Unterdrückung größtenteils zusätzliche Unterdrückung war. Infolgedessen würde das Fortfallen der zusätzlichen Unterdrückung *an sich* schon dazu führen, zwar nicht die Arbeit in Fortfall zu bringen, aber die Organisierung des menschlichen Daseins in ein Arbeitsinstrument aufzuheben. Trifft dies zu, so würde die Entstehung eines neuen, nicht repressiven Realitätsprinzips die gesellschaftliche Organisation der Arbeit ändern, statt sie zu zerstören: die Befreiung des Eros könnte neue, dauerhafte Werkbeziehungen schaffen.

Eine Diskussion dieser Hypothese stößt sofort auf einen der strengst behüteten Werte unserer heutigen Kultur – den der *Produktivität*. Diese Idee, diese Vorstellung der Produktivität drückt vielleicht mehr als eine andere die existentielle Haltung in der industriellen Kultur aus; sie durchtränkt die philosophische Definition des Subjekts im Sinne des immer transzendierenden Ich. Der Mensch wird gemäß seiner Fähigkeit bewertet, gesellschaftlich nützliche Dinge hervorzubringen, zu vermehren und zu verbessern. Die Produktivität bezeichnet also das Ausmaß der Naturbeherrschung: die progressive Ersetzung einer unkontrollierten natürlichen Umgebung durch eine kontrollierte technische. Aber je mehr die Arbeitsteilung auf den Nutzen für den bestehenden Produktionsapparat zugeschnitten wurde, statt auf den Nutzen für den Einzelnen – mit anderen Worten: je mehr das Bedürfnis der Gesellschaft vom Bedürfnis des Individuums abwich –, desto mehr neigte die Produktivität dahin, dem Lustprinzip zu widersprechen und Selbstzweck zu werden. Das Wort selbst bekam einen Beigeschmack von Unterdrückung oder, besser gesagt, ihrer spießbürgerlichen Verherrlichung: es bedeutet gleichzeitig die ressentimentgeladene Diffamierung der Ruhe, der Nachsicht, des rezeptiven Seins – den Triumph über die »niedrigen Abgründe« von Leib und Seele, die Zähmung der Triebe durch die ausbeutende Vernunft. Tüchtigkeit und Unterdrückung reichen sich die Hand: die Produktivität der Arbeit zu steigern, ist das geheiligte Ideal des Kapitalisten wie der stalinistischen Stachanow-Methode. Diese Auffassung der Produktivität hat aber ihre historischen Grenzen: es sind diejenigen des Leistungsprinzips. Jenseits seiner Domäne hat die Produktivität andere Inhalte und eine andere Beziehung zum Lustprinzip: in den Vorgängen der Phantasie sind sie vorweggenommen, die sich freihalten vom Leistungsprinzip, während sie den Anspruch eines *neuen* Realitätsprinzips unterstützen.

Die utopischen Ansprüche der Phantasie wurden im Laufe der Zeit gesättigt mit historischer Realität. Wenn die Errungenschaften des Leistungsprinzips seine Institutionen übertreffen, dann wenden sie sich auch gegen die Richtung, die die Produktivität genommen hat – gegen die Unterwerfung des Menschen unter seine Arbeit. Aus dieser Versklavung befreit, verliert die Produktivität ihre repressive Macht und kann die freie Entwicklung individueller Bedürfnisse fördern. Ein derartiger Wechsel in der Richtung des Fortschritts geht über die grundlegende Neuorganisation der sozialen Arbeit – die er voraussetzt – hinaus. Gleichgültig wie gerecht und rationell die materielle Produktion auch gestaltet wird, ein Gebiet der Freiheit und Befriedigung kann sie nie sein. Aber sie kann Zeit und Energie für das freie Spiel menschlicher Möglichkeiten *außerhalb* der entfremdeten Arbeitsbereiche freisetzen. Je vollständiger die Entfremdung der Arbeit, desto größer das Potential der Freiheit: die totale Automation wäre hier das Optimum. Es ist die Sphäre jenseits der Arbeitsleistung, die die Freiheit und die Erfüllung definiert, und es ist die Definition der menschlichen Existenz im Sinne dieser Sphäre, die die Verneinung des Leistungsprinzips ausmacht. Diese Negation hebt die Vernünftigkeit der Herrschaft auf und de-realisiert bewußt die von dieser Vernünftigkeit geformte Welt – indem sie sie im Sinne der Vernünftigkeit der Befriedigung neu definiert. Während solch eine historische Wendung in der Richtung des Fortschritts nur auf der Grundlage der Errungenschaften des Leistungsprinzips möglich ist, formt sie die menschliche Existenz in ihrer Ganzheit um, einschließlich der Arbeitswelt und des Kampfes mit der Natur. Nicht durch die Verbesserung oder Ergänzung des heutigen Daseins durch etwas mehr Ruhe, etwas mehr Beschaulichkeit, nicht durch Anpreisung und Praktizierung der »höheren Werte«, nicht indem man sich selbst und sein Leben »erhebt«, wird der Fortschritt über das Leistungsprinzip hinaus vollzogen. All diese Vorstellungen gehören noch dem kulturellen Haushalt des Leistungsprinzips an. Die bewegten Klagen über die erniedrigende Wirkung der »totalen Arbeit«, die Ermahnungen, die schönen und guten Dinge dieser und einer jenseitigen Welt zu würdigen, sind an sich schon repressiv, insofern sie versuchen, den Menschen mit der Arbeitswelt auszusöhnen, die man dabei unberührt an der Seite und hinter sich liegen läßt. Außerdem unterstützen sie die Verdrängung und Repression, indem sie die Anstrengungen gerade von der Sphäre weglenken, in der die Unterdrückung wurzelt und dauert.

Jenseits des Leistungsprinzips verlieren sowohl seine Produktivität als seine kulturellen Werte ihre Gültigkeit. Der Kampf ums Dasein geht dort auf neuem Boden und mit neuen Zielen weiter: er wandelt sich in einen konkreten Kampf gegen jede Beschränkung des freien Spiels der menschlichen Fähigkeiten, gegen Mühsal, Krankheit und Tod. Mehr als das: während die Herrschaft des Leistungsprinzips mit einer entsprechenden Kontrolle der Triebdynamik Hand in Hand ging, würde die Umorientierung des Kampfs ums Dasein eine entscheidende Wandlung dieser Dynamik mit sich bringen. Ja, diese Verwandlung müßte geradezu wie eine Vorbedingung des weiteren Fortschritts erscheinen. Wir wollen anschließend zu zeigen versuchen, daß sie die Struktur der Psyche selbst betreffen würde, das Gleichgewicht zwischen Eros und Thanatos verschieben, tabuierte Bereiche der Befriedigung wieder erschließen könnte und die konservativen Tendenzen der Triebe zur Ruhe brächte. Eine neue Grunderfahrung des Daseins würde die menschliche Existenz in ihrer Gänze verwandeln.

VIII

Orpheus und Narziß: Zwei Urbilder

Der Versuch einer theoretischen Konstruktion einer Kultur jenseits des Lustprinzips ist im strengen Sinne »unvernünftig«. Die Vernunft ist die Vernünftigkeit des Leistungsprinzips. Selbst zu Beginn der westlichen Kultur, lange bevor dies Prinzip institutionalisiert war, wurde die Vernunft als Instrument der Hemmung, der Triebunterdrückung definiert; das Reich der Triebe, die Sinnlichkeit, galt als der Vernunft ewig feindlich und abträglich [1]. Die philosophischen Kategorien der menschlichen Existenz haben die Verbindung zwischen Vernunft und Unterdrückung beibehalten: was immer der Sphäre der Sinnlichkeit, der Lust, des Antriebs angehört, hat den Nebensinn einer Gegnerschaft zur Vernunft, ist etwas, das unterworfen, eingedämmt werden muß. Auch die Umgangssprache hat diese Einschätzung bewahrt: die Worte, die diese Sphäre betreffen und bezeichnen, klingen entweder nach Vorwurf oder nach Obszönität. Von Plato bis zu den Schund- und Schmutzgesetzen unserer Tage [2] hat die Diffamierung des Lustprinzips ihre unwiderstehliche Macht bewiesen; Widerstand gegen solch eine Diffamierung verfällt leicht der Lächerlichkeit.

Dennoch war die Herrschaft der repressiven Vernunft (der theoretischen wie der praktischen) niemals vollständig, ihr Monopol auf die Erkenntnis niemals unwidersprochen. Als Freud die fundamental wichtige Feststellung machte, daß die Phantasie (die Vorstellungskraft) eine Wahrheit enthält, die

1 s. Kap. V.

2 Ein vom »New York Joint Legislative Committee« vorgeschlagenes Gesetz über »Comik Books« sollte den Verkauf und die Verbreitung von Büchern verbieten, welche »Nacktheit, Geschlechtlichkeit oder Lust in einer Weise darstellen, die aller Voraussicht nach dazu angetan ist, wollüstige oder unzüchtige Wünsche zu erregen«. New York Times, 17. Februar 1954.

nicht mit der Vernunft vereinbar ist, folgte er einer langen historischen Tradition. Die Phantasie hat insofern erkennende Funktion, als sie die Wahrheit der »Großen Weigerung« aufrechterhält oder, positiv ausgedrückt, insofern sie die Ansprüche des Menschen und der Natur auf vollständige Erfüllung gegen alle unterdrückende Vernunft bewahrt und schützt. Im Reich der Phantasie werden die unvernünftigen Urbilder der Freiheit vernunftvoll, und die »niedrigen Abgründe« der Triebbefriedigung gewinnen eine neue Würde. Die Kultur des Leistungsprinzips zollt übrigens den merkwürdigen Wahrheiten, die die Phantasie in Märchen und Volksbrauch, Kunst und Dichtung lebendig erhalten hat, ihre Anerkennung; sie wurden geistvoll gedeutet und haben ihren Platz im täglichen Leben wie in der Wissenschaft. Die Anstrengungen allerdings, aus diesen Wahrheiten den Gehalt eines stichhaltigen Realitätsprinzips abzuleiten, das dem heute geltenden überlegen wäre, blieben völlig erfolglos. Novalis' Feststellung: »Aus der produktiven Einbildungskraft müssen alle inneren Vermögen und Kräfte und alle äußeren Vermögen und Kräfte deduziert werden« [3], blieb eine Kuriosität – genau so wie das surrealistische Programm *de pratiquer la poésie*. Die beharrliche Behauptung, daß die Phantasie Maßstäbe für existentielle Haltungen, für die Praxis des Daseins und für historische Möglichkeiten liefern könne, erscheint als kindische Träumerei. Nur die Archetypen, nur die Symbole werden akzeptiert und ihre Bedeutung wird gewöhnlich im Sinn phylogenetischer oder ontogenetischer Stufen interpretiert, die längst überwunden sind, statt im Sinn der individuellen oder kulturellen Reife. Wir wollen den Versuch machen, einige dieser Symbole zu identifizieren und ihren historischen Wahrheitsgehalt zu erkennen.

Genauer gesagt sind wir auf der Suche nach den »Kultur-

3 Novalis, »Schriften«, Hrsg. J. Minor, Eugen Diederichs, Jena, 1923, Bd. III, S. 375; s. a. Gaston Bachelard, »La Terre et les Rêveries de la Volonté«, Paris, José Corti, 1948, S. 4 f.

heroen«, wie sie sich in der Phantasie als Symbol jener Haltung und Taten erhalten haben, die das Schicksal der Menschheit bestimmten. Und hier stoßen wir schon zu Beginn auf die Tatsache, daß der Kulturheld in den meisten Fällen der schlaue Betrüger und (leidende) Rebell gegen die Götter ist, der die Kultur um den Preis dauernden Leids schafft. Er symbolisiert die Produktivität, die rastlose Anstrengung, das Leben zu meistern, aber in seiner Produktivität sind Segen und Fluch, Fortschritt und Mühsal unlösbar verflochten. Prometheus ist der Archetypus des Helden des Leistungsprinzips. Und in seiner Welt erscheint Pandora, das weibliche Prinzip, Sexualität und Lust, als Fluch – zersetzend und zerstörend. »Warum sind Frauen solch ein Fluch?« Die Anklage gegen das weibliche Geschlecht, mit der das Kapitel (über Prometheus in Hesiod) schließt, betont vor allem ihre ökonomische Nutzlosigkeit; sie sind zwecklose Drohnen, ein Luxus im Budget des armen Mannes [4]. Ihre Schönheit, das Glück, das sie versprechen, sind in der Arbeitswelt der Kultur nur verhängnisvoll.

Ist Prometheus der Kulturheld der Mühsal, der Produktivität und des Fortschritts durch Unterdrückung, dann müssen die Symbole eines anderen Realitätsprinzips auf dem entgegengesetzten Pol zu finden sein. Orpheus und Narziß stehen für eine sehr andere Wirklichkeit [5] (wie Dionysos, dem sie verwandt sind: der Antagonist des Gottes, der die Logik der Herrschaft, das Reich der Vernunft sanktioniert). Sie wurden niemals die Kulturheroen der westlichen Welt: ihre Imago ist die der Freude und der Erfüllung, ist die Stimme, die nicht befiehlt, sondern singt; die Geste, die gibt und empfängt; die

4 s. Norman O. Brown, »Hesiod's Theogony«, New York, Liberal Arts Press, 1953, S. 18 f., 33; und »Hermes the Thief«, University of Wisconsin Press, 1947, S. 23 ff.

5 Das Symbol des Narziß und der Ausdruck »narzißtisch«, wie sie hier verwendet werden, haben nicht die Bedeutung, die Freud ihnen in seiner Theorie verliehen hat; s. S. 162.

Tat, die Friede ist, und das Ende der Mühsal der Eroberung, ist die Befreiung von der Zeit, die den Menschen mit Gott, den Menschen mit der Natur eint. Die Dichtung hat ihr Urbild bewahrt – so in *»Sonette an Orpheus«:*

Und fast ein Mädchen wars und ging hervor
aus diesem einigen Glück von Sang und Leier
und glänzte klar durch ihre Frühlingsschleier
und machte sich ein Bett in meinem Ohr.
Und schlief in mir. Und alles war ihr Schlaf.
Die Bäume, die ich je bewundert, diese
fühlbare Ferne, die gefühlte Wiese
und jedes Staunen, das mich selbst betraf.
Sie schlief die Welt. Singender Gott, wie hast
du sie vollendet, daß sie nicht begehrte,
erst wach zu sein? Sieh, sie erstand und schlief.
Wo ist ihr Tod? 6

Oder im Bilde des Narzissus, der im Spiegel des Wassers seine eigene Schönheit zu ergreifen versucht. Über den Fluß der Zeit geneigt, in dem alle Formen vorüberziehen, träumt er:

Narcisse rêve au paradis . . .
Quand donc le temps, cessant sa fuite, laissera-t-il que cet écoulement se repose? Formes, formes divines et pérennelles! qui n'attendez que le repos pour reparaître, oh! quand, dans quelle nuit, dans quel silence, vous recristalliserez-vous?
Le paradis est toujours à refaire; il n'est point en quelque lointaine Thulé. Il demeure sous l'apparence. Chaque chose détient, virtuelle, l'intime harmonie de son être, come chaque sel, en lui, l'archetype de son cristal; – et vienne un temps de nuit tacite, où les eaux plus denses descendent: dans les abîmes imperturbés fleuriront les trémies secrètes . . .
Tout s'efforce vers sa forme perdue . . . 7

6 Rainer Maria Rilke, »Sonette an Orpheus«.
7 »Narziß träumt vom Paradies . . .
Wann endlich wird die Zeit, in ihrem vergänglichen Lauf einhaltend, dieses Fließen zur Ruhe kommen lassen? Formen, göttliche und immerwährende Formen, die Ihr nur die Ruhe erwartet um von neuem zu erscheinen, oh! wann, in welcher Nacht, in welcher Stille werdet Ihr wieder Gestalt annehmen?

Un grand calme m'écoute, où j'écoute l'espoir.
La voix des sources change et me parle du soir;
J'entends l'herbe d'argent grandir dans l'ombre sainte,
Et la lune perfide élève son miroir
Jusque dans les secrets de la fontaine éteinte.[8]

Admire dans Narcisse un éternel retour
Vers l'onde où son image offerte à son amour
Propose à sa beauté toute sa connaissance:
Tout mon sort n'est qu'obéissance
A la force de mon amour.
Cher corps, je m'abandonne à ta seule puissance;
L'eau tranquille m'attire où je me tends mes bras:
A ce vertige pur je ne résiste pas.
Que puis-je, ô ma Beauté, faire que tu ne veuilles?[9]

Das Paradies kann immer wieder von neuem geschaffen werden; es ist keineswegs in irgendeinem fernen Thule. Es besteht unter der äußeren Erscheinung fort. Jedes Ding enthält virtuell seine ureigene Harmonie wie jedes Salz die Urform seines Kristalls in sich trägt. Und es wird eine Zeit der schweigenden Nacht kommen, in der dichtere Wasser herabfließen: in den Abgründen, in denen sich nichts bewegt, werden die verborgenen Kristalle blühen.
Alles strebt nach seiner verlorenen Form . . .« André Gide, »Le Traité du Narcisse«.

8 »Eine große Stille hört mir zu, in der ich der Hoffnung lausche.
Die Stimme der Quellen ändert sich und spricht mir vom Abend;
Ich höre das silberne Gras wachsen im heiligen Schatten,
Und der trügerische Mond senkt seinen Spiegel
Bis in die geheimen Gründe des ausgetrockneten Brunnens.«
Paul Valéry, »Narcisse parle«.

9 »Bewundere in Narziß die ewige Rückkehr
zum Wasser, wo sein Bild sich seiner Liebe zeigt
und seiner Schönheit sich offen darbietet:
Mein Schicksal ist allein
der Kraft meiner Liebe zu gehorchen.
Geliebter Körper, ich gebe mich deiner Macht hin;
Das stille Wasser zieht mich an, dem ich meine Arme entgegenstrecke:
Diesem reinen Taumel widerstehe ich nicht.
Wie könnte ich, oh meine Schönheit, etwas tun, was Du nicht wolltest.«
Paul Valéry, »Cantate du Narcisse«. Scene II.

Das Klima dieser Sprache ist das der »Tilgung der Spuren der Ursünde« – ist die Auflehnung gegen eine Kultur, die auf Mühsal, Herrschaft und Triebverzicht gegründet ist. Die Urbilder des Orpheus und Narziß versöhnen Eros und Thanatos. Sie rufen die Erinnerung an eine Welt wach, die nicht bemeistert und beherrscht sondern befreit werden sollte – eine Freiheit, die die Kräfte des Eros entbinden würde, die jetzt noch in den unterdrückten und versteinerten Formen des Menschen und der Natur gefesselt sind. Diese Kräfte werden nicht als Zerstörung, sondern als Friede begriffen, nicht als Schrekken, sondern als Schönheit. Es genügt, die hierher gehörenden Urbilder aufzuzählen, um die Dimension zu umschreiben, der sie verhaftet sind: die Erlösung der Lust, der Stillstand der Zeit, das Ende des Todes, Stille, Schlaf, Nacht, Paradies – das Nirwanaprinzip nicht als Tod, sondern als Leben. Baudelaire gibt das Bild solch einer Welt in zwei Zeilen:

Là, tout n'est qu'ordre et beauté,
*Luxe, calme et volupté.*10

Dies ist vielleicht der einzige Zusammenhang, in dem das Wort *Ordnung* seine repressive Bedeutung verliert: hier ist es die Ordnung der Erfüllung, die der freie Eros schafft. Die Statik triumphiert über die Dynamik; aber dies ist eine Statik, die sich in ihrer eigenen Fülle bewegt, eine schöpferische Kraft, die Sinnlichkeit, Spiel und Sang ist. Jeder Versuch, die so vermittelten Urbilder genauer zu umreißen, hebt sich selbst wieder auf, denn außerhalb der Sprache der Kunst verändern sie ihren Sinn und verschmelzen mit jenen Gehalten, die sie unter dem verdrängenden Realitätsprinzip angenommen haben. Man muß trotzdem den Versuch machen, die Spuren bis zu jenen Wirklichkeiten zurückzuverfolgen, auf die sie sich beziehen.

Im Gegensatz zu den Urbildern der prometheischen Kultur-

10 »Da ist alles nur Ordnung und Schönheit, Überfluß, Stille und Wollust.«

helden sind jene der orphischen und narzißtischen Welt ihrem Wesen nach unwirklich und unrealistisch. Sie bezeichnen eine »unmögliche« Haltung und Existenz. Die Taten der Kulturheroen sind auch »unmöglich«, insofern sie übernatürlich, unglaublich, übermenschlich sind. Aber ihre Ziele und ihr »Sinn« sind der Wirklichkeit nicht fremd, im Gegenteil, sie sind nützlich. Sie fördern und stärken diese Wirklichkeit, sie sprengen sie nicht. Die orphisch-narzißtischen Bilder aber sprengen die Wirklichkeit, sie vermitteln keine »Lebensform«; sie sind der Unterwelt, dem Tode verhaftet. Im besten Falle sind sie poetisch, etwas für Herz und Seele. Aber sie vermitteln keine »Botschaft« – außer vielleicht die negative, daß man in der Bewunderung der Schönheit weder den Tod besiegen noch den Ruf des Lebens vergessen und verwerfen kann.

Solch moralische Botschaften sind einem sehr anderen Inhalt aufgepropft. Orpheus und Narziß symbolisieren genau solche Wirklichkeiten wie Prometheus und Hermes. Bäume und Tiere antworten der Sprache Orpheus'; die Quelle und der Wald antworten der Sehnsucht des Narziß. Der orphische und narzißtische Eros erwecken und befreien reale Möglichkeiten, die in den belebten und unbelebten Dingen, in der organischen und der anorganischen Natur enthalten sind – real, aber in der un-erotischen Realität unterdrückt und verdrängt. Diese Möglichkeiten umschreiben den *telos,* der in ihnen als »einfach zu sein was sie sind« enthalten ist, als »Dasein«, als Existenz.

Die orphische und narzißtische Welterfahrung negiert die Erfahrungsform, die die Welt des Leistungsprinzips aufrechterhält. Der Gegensatz zwischen Mensch und Natur, Subjekt und Objekt, ist überwunden. Das Sein wird als Befriedigung erfahren, die Mensch und Natur eint, so daß die Erfüllung des Menschen gleichzeitig ohne Gewaltsamkeit die Erfüllung der Natur ist. Da sie angesprochen, geliebt, umsorgt werden, erscheinen Blumen, Quelle und Tier als das, was sie sind – schön nicht nur für jene, die sich ihnen zuwenden und sie beschauen

– sondern an sich, »objektiv«. Le monde tend à la beauté [11] – im orphischen und narzißtischen Eros ist dies Streben nach Schönheit erlöst: die Gegenstände der Natur werden frei, das zu sein, was sie sind. Aber um zu sein, was sie sind, sind sie *abhängig* von der erotischen Haltung: nur in ihr empfangen sie ihren *telos*. Orpheus' Gesang befriedet die tierische Welt, versöhnt den Löwen mit dem Lamm und mit dem Menschen. Die Welt der Natur ist eine Welt der Bedrückung, der Grausamkeit und der Schmerzen, wie es die menschliche ist: und wie diese wartet sie auf Befreiung. Diese Befreiung ist das Werk des Eros. Der Gesang Orpheus' durchbricht die Versteinerung, bewegt die Wälder und Felsen – bewegt sie, an der Freude teilzunehmen.

Narziß' Liebe wird vom Echo der Natur beantwortet. Sicherlich erscheint Narziß auch als der *Antagonist* des Eros: er verachtet die Liebe, die mit anderen menschlichen Wesen vereint, und dafür wird er von Eros bestraft [12]. Als Widerpart des Eros symbolisiert Narziß den Schlaf und den Tod, das Schweigen und die Ruhe [13]. In Thrazien steht er in naher Beziehung zu Dionysos [14]. Aber die Bilder des Narziß tragen nicht die Tö-

11 Gaston Bachelard, »L'Eau et les Rêves«, Paris, José Corti, 1942, S. 38. Siehe auch dort (S. 36) Joachim Gasquet's Formulierung: »Le monde est un immense Narcisse en train de se penser«.

12 Friedrich Wieseler, »Narkissos: eine Kunstmythologische Abhandlung«, Göttingen 1856, S. 90, 94.

13 ebd., S. 76, 80–83, 93, 94.

14 ebd., S. 89. In der orphischen Mythologie sind Narziß und Dionysos eng verknüpft, wenn nicht identisch. Die Titanen ergreifen Zagreus-Dionysos, während er sein Bild in dem Spiegel betrachtet, den sie ihm gaben. Eine alte Tradition (Plotin, Proclus) deutet die Spiegel-Verdoppelung als Anfang der Selbstmanifestation des Gottes in der Vielfalt der Erscheinungen der Welt – ein Vorgang, der sein letztes Symbol in der Zerreißung des Gottes durch die Titanen und in seiner Wiedergeburt durch Zeus findet. Der Mythos brächte so die Wiedervereinigung des Getrennten, des Gottes und der Welt, des Menschen und der Natur zum Ausdruck – die Identität des Einen mit den Vielen; s. Erwin Rhode, »Psyche«, Freiburg, 1898, II, 117 Anm.; Otto Kern, »Orpheus«, Berlin 1920, S. 22 f.; Ivan M. Linforth, »The Arts of Orpheus«, University of California Press, 1941, S. 307 ff.

nung der Kälte, der Askese, der Selbst-Liebe; nicht diese Geste ist es, die in Kunst und Dichtung bewahrt wird. Sein Schweigen ist nicht das der toten Starrheit; und wenn er die Liebe der Jäger und Nymphen verachtet, so verwirft er einen Eros um eines anderen willen. Er lebt durch einen eigenen Eros [15] und liebt nicht nur sich selbst. (Er weiß nicht, daß das Bild, das er bewundert, sein eigenes ist.) Ist seine erotische Haltung dem Tode verwandt und bringt den Tod, dann sind Ruhe, Schlaf und Tod nicht schmerzlich getrennt und unterschieden: alle diese Stadien stehen unter dem Szepter des Nirwana-Prinzips. Wenn er stirbt, lebt er als die Blume fort, die seinen Namen trägt.

Wenn wir hier Narziß mit Orpheus verknüpfen und beide als Symbole einer nicht-repressiven Haltung gegenüber der Wirklichkeit deuten, so haben wir das Urbild des Narziß der mythologisch-künstlerischen Tradition entnommen statt der Triebtheorie Freuds. Wir können aber jetzt vielleicht in Freuds Begriff des *primären Narzißmus* eine gewisse Unterstützung finden. Es ist bezeichnend, daß die Einführung des Narzißmus in die Psychoanalyse einen Wendepunkt in der Entwicklung der Triebtheorie bedeutete: die Annahme eines unabhängigen Ichtriebs (Selbsterhaltungstrieb) war erschüttert und wurde durch die Vorstellung einer undifferenzierten einheitlichen Libido ersetzt, die vor der Teilung in Ich und äußere Objekte bestand [16]. Die Entdeckung des primären Narzißmus bedeutete tatsächlich mehr als nur einfach die Anfügung einer weiteren Phase der Libidoentwicklung; mit ihr trat der Archetypus einer anderen existentiellen Beziehung zur *Realität* ins Blickfeld. Der primäre Narzißmus ist mehr als nur Autoerotik; er zieht die Umgebung in sich hinein, indem er das narzißtische Ich mit der objektiven Welt integriert. Die normale

15 In den meisten bildlichen Darstellungen des Narzissus erscheint er in der Gesellschaft eines Amors, der traurig, aber nicht feindlich ist. (s. Wieseler, »Narkissos«, a. a. O., S. 16 f.)

16 s. Kap. II.

antagonistische Beziehung zwischen Ich und Außenwelt ist nur eine spätere Form und Stufe der Beziehung zwischen dem Ich und der Realität:

Ursprünglich enthält das Ich alles, später scheidet es eine Außenwelt von sich ab. Unser heutiges Ichgefühl ist also nur ein eingeschrumpfter Rest eines weitumfassenderen, ja – eines allumfassenden Gefühls, welches einer innigeren Verbundenheit des Ichs mit der Umwelt entsprach.[17]

Der Begriff des primären Narzißmus bedeutet – wie das im Anfangskapitel des »Unbehagens in der Kultur« ausgeführt wird –, daß der Narzißmus nicht nur als neurotisches Symptom weiterlebt, sondern auch als konstitutives Element der Wirklichkeit, das mit dem reifen Realitäts-Ich zusammen besteht. Freud beschreibt die »Vorstellungsinhalte« des überlebenden primären Ichgefühls als »Unbegrenztheit und Verbundenheit mit dem All« (ozeanisches Gefühl)[18]. Später, im selben Kapitel, spricht Freud davon, daß das ozeanische Gefühl »etwa die Wiederherstellung des uneingeschränkten Narzißmus anstreben könnte«[19]. Das verblüffende Paradox, daß der Narzißmus, der im allgemeinen als egoistischer Rückzug vor der Wirklichkeit verstanden wird, hier mit der »Verbundenheit mit dem All« in Zusammenhang gebracht wird, verrät die neuen Tiefen des Begriffs: jenseits aller unreifen Autoerotik bezeichnet der Narzißmus eine fundamentale Bezogenheit zur Realität, die eine umfassende existentielle Ordnung schaffen könnte[20]. In anderen Worten: der Narzißmus könnte den

17 »Das Unbehagen in der Kultur«, Fischer-Bücherei Nr. 47, S. 95.
18 ebd. – 19 ebd., S. 101.
20 In seinem Aufsatz »The Delay of the Machine Age« unternimmt Hanns Sachs einen interessanten Versuch, den Narzißmus als konstituierendes Element des Realitätsprinzips in der griechischen Kultur nachzuweisen. Er fragt, warum die Griechen keine maschinelle Technik entwickelt haben, obwohl ihr Wissen wie ihr Können sie dazu in Stand setzten. Die gewöhnlichen Erklärungen ökonomischer und soziologischer Art scheinen ihm ungenügend. Er glaubt statt dessen, daß es das narzißtische Element in der griechischen Kultur war, das den technischen Fortschritt verhinderte: die

Keim eines andersartigen Realitätsprinzips enthalten: die libidinöse Kathexis des Ich (des eigenen Körpers) könnte zur Quelle und zum Reservoir einer neuen libidinösen Kathexis der Dingwelt werden – die Welt in eine neue Daseinsform überführen. Diese Deutung wird noch durch die entscheidende Rolle bestätigt, die, nach Freuds Auffassung, die narzißtische Libido in der Sublimierung spielt. In *Das Ich und das Es* wirft er die Frage auf, ob etwa »die Sublimierung regelmäßig durch die Vermittlung des Ichs vor sich geht«, das sich »der Libido der Objektbesetzungen bemächtigt, sich zum alleinigen Liebesobjekt aufwirft«, um schließlich dieser narzißtischen Libido andere Ziele zu geben[21]. Ist dies der Fall, dann begönne alle Sublimierung mit der Reaktivierung narzißtischer Libido, die irgendwie überfließt und auf andere Objekte übergreift. Die Hypothese bedeutet fast eine Revolutionierung der Idee der Sublimierung: sie deutet auf eine nicht-verdrängende Form der Sublimierung hin, auf eine Sublimierung, die aus einer Erweiterung der Libido resultiert, statt aus einer einschränkenden Ablenkung. Wir werden noch auf dieses Problem zurückkommen[22].

Die orphisch-narzißtischen Urbilder sind die Urbilder der »Großen Weigerung«; der Weigerung, die Trennung vom libidinösen Objekt (oder Subjekt) zu ertragen. Die Weigerung zielt auf Befreiung ab – auf die Wiedervereinigung dessen, was getrennt wurde. Orpheus ist der Archetyp des *Dichters* als *Befreier* und *Schöpfer*[23]: er richtet eine höhere Ordnung in der Welt auf – eine Ordnung ohne Unterdrückung. In seiner Person sind Kunst, Freiheit und Kultur auf ewig vereint. Er ist der Dichter der Erlösung, der Gott, der Frieden und Ret-

libidinöse Besetzung des Körpers war so stark, daß sie sich gegen jede Mechanisierung und Automatisierung auflehnte. Sachs' Arbeit erschien in: Psychoanalytic Quarterly II, 1933, S. 420 ff.

21 Freud, »Das Ich und das Es«, Ges. Werke XIII, S. 274, 275.

22 s. Kap. X.

23 s. Walter Rehm, »Orpheus«, L. Schwann, Düsseldorf 1950, S. 63 ff.

tung bringt, in dem er Mensch und Natur nicht durch Gewalt, sondern durch den Gesang befriedigt:

Wilde Bewohner des Waldes hat Orpheus' Leier vom bösen
Mördrischen Wandel bekehrt, der Himmlischen heiliger Dolmetsch,
Deshalb heißt's, er zähmte die Leun und reißenden Tiger, – –
. . . Denn das war ehemals Weisheit:
Sondern, was mir und dem Ganzen, was Gott und Menschen gebühre:
Wilder Begattung Einhalt tun und stiften den Ehbund,
Märkte mit Mauern umziehn und Gesetz eingraben in Tafeln.[24]

Aber dem »Kulturheroen« Orpheus wird auch die Errichtung einer sehr anderen Ordnung zugeschrieben – und er zahlt dafür mit seinem Leben:

Dreimal hatte bereits der Titane das Jahr in der »Fische«
Wässrigem Zeichen beschlossen und Orpheus von sich gewiesen,
Jegliche Liebe der Frau'n; sei's weil sie ihm Leiden bereitet,
Sei's auch, weil er also gelobt. Für den Sänger erglühte
Manche der Frauen indes und betrauerte, daß sie verschmäht sei.
Aber ein Beispiel gab er dem Thrakischen Volk in der Liebe
Gegen das zartere Männergeschlecht. Frühzeitige Blüten
Brach er im Frühlingsalter, das reiferen Jahren vorangeht.[25]

Er wurde von den in Wahnsinn verfallenen thrazischen Frauen in Stücke gerissen [26].

Die klassische Tradition setzt Orpheus mit der Einführung der Homosexualität in Verbindung. Wie Narziß verwirft er den normalen Eros, nicht um eines asketischen Ideals, sondern um eines noch volleren Eros willen. Wie Narziß protestierte er gegen die unterdrückende Ordnung der zeugenden Sexualität. Der orphische und narzißtische Eros ist bis zum Ende die Verneinung dieser Ordnung – die »Große Weigerung«. In

24 Horaz, »Die Kunst zu dichten«, Deutsch von R. A. Schröder, in: R. A. Schröder, Ges. Werke, Suhrkamp, Frankfurt–Berlin 1952, Bd. V, S. 951.
25 Ovid, »Metamorphosen« X, V. 78–85, übersetzt von Wilhelm von Tippelskirch, Berlin 1873.
26 ebd., XI, V. 1 ff.

der vom Kulturhelden Prometheus symbolisierten Welt ist es die Verneinung *aller* Ordnung; aber Orpheus und Narziß lassen in dieser Weigerung eine neue Wirklichkeit ahnen, mit eigner Ordnung, geleitet von anderen Prinzipien. Der orphische Eros verwandelt das Dasein: er überwindet Grausamkeit und Tod durch Befreiung. Seine Sprache ist *Gesang*, sein Werk ist *Spiel*. Das Leben des Narziß ist das der *Schönheit* und sein Dasein ist *Kontemplation*. Diese Urbilder haben Bezug zur *ästhetischen Dimension*, als derjenigen, in welcher ihr Realitätsprinzip gesucht werden, in der es Gültigkeit haben muß.

IX
Die ästhetische Dimension

Offensichtlich ist die ästhetische Dimension nicht in der Lage, einem Realitätsprinzip Gültigkeit zu verleihen. Gleich der Phantasie, die ihren wesentlichen seelischen Ausdruck darstellt, ist der Bereich der Ästhetik vorzüglich »unrealistisch«, sie hat sich um den Preis, in der Realität wirkungslos zu sein, ihre Freiheit vom Realitätsprinzip bewahrt. Ästhetische Werte können als private Steckenpferde dem kulturellen Schmuck und der Erhebung dienen, aber mit diesen Werten zu leben ist das Privileg des Genius oder aber das Kennzeichen des dekadenten Bohemiens. Vor dem Gericht der theoretischen und praktischen Vernunft, die die Welt des Leistungsprinzips geformt haben, steht das ästhetische Dasein als Verurteilter. Wir wollen aber den Versuch unternehmen, nachzuweisen, daß diese Vorstellung der Ästhetik aus einer »kulturellen Unterdrückung« von Gehalten und Wahrheiten entspringt, die dem Realitätsprinzip feindlich gegenüberstehen. Indem wir uns die ursprüngliche Bedeutung und Funktion der *Ästhetik* wieder ins Gedächtnis rufen, wollen wir versuchen, diese Unterdrükkungen und Verdrängungen rückgängig zu machen. Dies Unternehmen setzt die Darlegung der inneren Verbindung zwischen Lust, Sinnlichkeit, Schönheit, Wahrheit, Kunst und Freiheit voraus – eine Verbindung, die aus der philosophischen Geschichte des Begriffs Ästhetik ersichtlich wird. Dort deutet der Begriff auf einen Bereich hin, der noch die Wahrheit der Sinne anerkennt und in der Wirklichkeit der Freiheit die »niederen« und »höheren« Fähigkeiten des Menschen versöhnt, die Sinnlichkeit mit dem Intellekt, die Lust mit der Vernunft. Wir beschränken die Untersuchung auf jene Zeitperiode, in der die Bedeutung des Ausdrucks *Ästhetik* festgelegt wurde: die zweite Hälfte des 18. Jahrhunderts.

In Kants Philosophie spiegelt sich der grundlegende Antagonismus zwischen Subjekt und Objekt in der Spaltung zwischen den psychischen Fähigkeiten: Sinnlichkeit und Intellekt (Verstand); Begehren und Erkennen; praktische und theoretische Vernunft (»Vernunft« und »Verstand«) [1]. Die praktische Vernunft konstituiert die Freiheit unter selbst-erlassenen moralischen Gesetzen zu (moralischen) Zwecken; theoretisch konstituiert die Vernunft die Natur unter dem Gesetz von Ursache und Wirkung. Der Bereich der Natur ist völlig verschieden vom Bereich der Freiheit: in die Kausalitätsgesetze kann keine subjektive Autonomie einbrechen, und kein aus dem Bereich der Sinne kommendes Faktum kann die Autonomie des Subjekts bestimmen (denn sonst wäre das Subjekt nicht frei). Und doch muß die Autonomie des Subjekts eine »Wirkung« in der objektiven Wirklichkeit haben, und die Ziele, die das Subjekt sich selbst setzt, müssen wirkliche sein. So muß der Bereich der Natur »empfänglich« sein für die Gesetzgebung der Freiheit; es muß ein »Mittelglied« geben, in dem die beiden sich treffen. Ein drittes »Erkenntnisvermögen« muß zwischen der theoretischen und der praktischen Vernunft bestehen – das »einen Übergang . . . vom Gebiete der Naturbegriffe zum Gebiet des Freiheitsbegriffs bewirkt« und die niederen und höheren Fähigkeiten – die des »Begehrens« und die der »Erkenntnis« verbindet [2]. Diese dritte Fähigkeit ist die der Beurteilung – die »Urteilskraft«. Der anfänglichen Zweiteilung liegt eine dreifache Aufteilung der seelischen Fähigkeiten zugrunde. Während die theoretische Vernunft – der Verstand – das Prinzip der Erkenntnis *a priori* festsetzt und die praktische Vernunft das des Begehrens (Wille), liegt das Urteilsvermögen kraft der Gefühle von Lust und Unlust zwischen

1 Es handelt sich hier nicht um Paare, die zueinander in Beziehung gesetzt werden können. Sie bezeichnen verschiedene begriffliche Gebiete (psychische Fähigkeiten im allgemeinen, erkennende Fähigkeiten und ihre Anwendungsgebiete).

2 Kant, »Kritik der Urteilskraft«, Sämtl. Werke V, Leipzig 1867, S. 182 ff.

diesen beiden. Mit dem Gefühl der Lust vereinigt ist die Urteilskraft Ästhetik und ihr Anwendungsgebiet die Kunst. Dies wäre, in gröbstem Umriß, Kants klassische Ableitung der ästhetischen Funktion, wie er sie in der Einleitung zur *Kritik der Urteilskraft* gibt. Die Unklarheit seiner Exposition wird hauptsächlich durch die Tatsache veranlaßt, daß der ursprüngliche Sinn des Wortes »Ästhetik« (den Sinnen zugehörig) mit der neuen Bedeutung (nämlich: der Schönheit, besonders in der Kunst, zugehörig) vermengt wird, welch letztere Bedeutung sich zur Zeit Kants endgültig durchgesetzt hatte. Obwohl sich seine Bemühung, den unverdrängten ursprünglichen Inhalt wieder zu fassen, innerhalb der durch seine transzendentale Methode gesetzten starren Grenzen erschöpft, bietet seine Konzeption doch noch immer die beste Anleitung zum Verständnis des vollen Umfangs der ästhetischen Dimension.

In der *Kritik der Urteilskraft* erscheint die ästhetische Dimension und das ihr zugeordnete Gefühl der Lust nicht nur als eine dritte Dimension und Fähigkeit des Geistes, sondern als sein *Mittelpunkt,* als das Medium, durch das die Natur empfänglich wird für die Freiheit, die Notwendigkeit empfänglich für die Autonomie. In dieser Vermittlerstellung ist die ästhetische Funktion eine »symbolische«. Der berühmte § 59 der *Kritik der Urteilskraft* trägt die Überschrift »Von der Schönheit als Symbol der Sittlichkeit«. In Kants System ist die Sittlichkeit das Gebiet der Freiheit, in dem die (praktische Vernunft sich unter selbst-gesetzten Geboten verwirklicht. Die Schönheit symbolisiert dies Gebiet insofern, als sie intuitiv die Realität der Freiheit beweist. Da die Freiheit eine Vorstellung ist, der keine Sinneswahrnehmung entspricht, kann solch eine Beweisführung nur »indirekt« sein, symbolisch, *per analogiam.* Wir wollen gleich versuchen, den Grund dieser merkwürdigen Analogie zu klären, die zugleich der Boden ist, auf dem die ästhetische Funktion die »niederen« Fähigkeiten der Sinnlichkeit mit der Sittlichkeit verbindet. Zuvor wollen wir uns nochmals den Zusammenhang vergegenwärtigen, in dem das Problem der Ästhetik akut wurde.

Unsere Definition des spezifischen historischen Charakters des geltenden Realitätsprinzips führte zu einer Überprüfung dessen, was Freud für seine universelle Gültigkeit hielt. Angesichts der historischen Möglichkeit der Aufhebung der durch die Kultur verhängten repressiven Kontrollen zweifelten wir an dieser universellen Gültigkeit. Gerade die Errungenschaften dieser Kultur lassen das Leistungsprinzip als überholt, die repressive Nutzbarmachung der Triebe als archaischen Vorgang erscheinen. Aber dem Gedanken einer nicht-unterdrükkenden Kultur auf der Grundlage der Errungenschaften des Leistungsprinzips begegnete das Argument, daß eine Triebentbindung (und als deren Folge die totale Befreiung) die Kultur sprengen müßte, da letztere nur durch Triebverzicht und Arbeit aufrechterhalten wird – mit anderen Worten: durch die repressive Nutzbarmachung der Triebenergie. Von diesen Einschränkungen befreit, würde der Mensch ohne Arbeit und ohne Ordnung existieren; er fiele wieder der Natur anheim, die die Kultur zerstören würde. Um diesem Argument zu begegnen, erinnerten wir uns gewisser Archetypen der Phantasie, die, im Gegensatz zu den Kultur-Heroen der repressiven Produktivität, die schöpferische Rezeptivität symbolisieren. Diese Archetypen sahen die Erfüllung des Menschen und der Natur nicht in Herrschaft und Ausbeutung, sondern in der Entbindung inhärenter libidinöser Kräfte. Wir stellten uns dann die Aufgabe, diese Symbole zu verifizieren – d. h. ihren wirklichen Wert als Symbole eines Realitätsprinzips *jenseits* des Leistungsprinzips aufzuzeigen. Wir meinten, daß der repräsentative Gehalt der orphischen und narzißtischen Urbilder die erotische Versöhnung (Vereinigung) von Mensch und Natur in der ästhetischen Haltung sei, wo Ordnung Schönheit und Arbeit Spiel ist. Der nächste Schritt bestand darin, die Verzerrung der ästhetischen Haltung in die unwirkliche Atmosphäre des Museums oder der Bohème zu beheben. In dieser Absicht versuchten wir, den vollen Gehalt der ästhetischen Dimension wieder zu entdecken, indem wir nach ihrer philosophischen Legitimation fragten. Wir fanden, daß in Kants Philosophie die ästhetische Dimension die zentrale Position zwischen »Sinnlichkeit« und »Sittlichkeit« einnimmt – den beiden Polen der menschlichen Existenz. Ist dies der Fall, dann muß die ästhetische Dimension Prinzipien enthalten, die für beide Gebiete Gültigkeit haben.

Die grundlegende Erfahrungsweise in dieser Dimension ist mehr sinnlich als begrifflich. Die ästhetische Wahrnehmung ist wesentlich Intuition, nicht Vorstellung [3]. Das Wesen der Sinnlichkeit ist »Empfänglichkeit«, i. e. Erkenntnis, die dadurch zustande kommt, daß gegebene Objekte eine affektive Wirkung auf uns ausüben. Kraft dieser wesenhaften Beziehung zur Sinnlichkeit nimmt die ästhetische Funktion ihre zentrale Position ein. Die ästhetische Wahrnehmung ist von Lust [4] begleitet. Diese Lust stammt aus der Wahrnehmung (»Anschauung«) der reinen Form eines Gegenstands, unabhängig vom »Materiellen« und der (inneren oder äußeren) »Zweckmäßigkeit« dieses Gegenstandes. Ein Gegenstand, der in seiner reinen Form vorgestellt wird, ist »schön«. Solch eine Vorstellung ist das Werk (oder eigentlich das Spiel) der Phantasie (»Vorstel-

3 Die folgende Darstellung kann nicht mehr als eine kurze Zusammenfassung der entscheidenden Schritte in Kants Ausführung geben. Auf die höchst komplexe Beziehung zwischen der Annahme zweier grundlegender Erkenntnisvermögen (Sinnlichkeit und Verstand) einerseits und dreier solcher Vermögen andererseits (Sinnlichkeit, »Einbildungskraft«, bewußte Wahrnehmung) kann hier nicht eingegangen werden, ebensowenig wie auf die Beziehung zwischen der transzendentalen Ästhetik in der »Kritik der reinen Vernunft« und der ästhetischen Funktion in der »Kritik der Urteilskraft«. Heidegger hat als erster auf die zentrale Rolle der ästhetischen Funktion in Kants System hingewiesen: Siehe seine Arbeit »Kant und das Problem der Metaphysik«, Friedrich Cohen, Bonn 1929, über die Beziehung zwischen den grundlegenden erkennenden Fähigkeiten s. bes. S. 31 ff. und 129 ff.

4 Das Nachfolgende in Anlehnung an »Kritik der Urteilskraft«, a. a. O., S. 195 ff.

lungskraft«). Als Vorstellungskraft ist die ästhetische Wahrnehmung sowohl Sinnlichkeit als gleichzeitig mehr als Sinnlichkeit (das »dritte« Erkenntnisvermögen): sie schafft Lust und ist daher im wesentlichen subjektiv; aber insofern diese Lust durch die reine Form des Gegenstandes selbst hervorgerufen wird, begleitet sie die ästhetische Wahrnehmung allgemein und notwendigerweise – für jedes wahrnehmende Subjekt. Obwohl sinnlich und daher rezeptiv, ist die ästhetische Vorstellungskraft schöpferisch: in eigener freier Synthese begründet sie die *Schönheit.* In der ästhetischen Vorstellungskraft schafft die Sinnlichkeit allgemeingültige Prinzipien für eine objektive Ordnung.

Die zwei Hauptkategorien, die die Ordnung bestimmen, sind »Zweckmäßigkeit ohne Zweck« und »Gesetzmäßigkeit ohne Gesetz« [5]. Sie umschreiben über das Kantsche System hinaus das Wesen einer wahrhaft repressionsfreien Ordnung. Die erste Kategorie definiert die Struktur der Schönheit, die zweite die der Freiheit; ihre gemeinsame Eigenschaft ist die Befriedigung im freien Spiel der aus ihren Fesseln gelösten Möglichkeiten von Mensch und Natur. Kant entwickelt diese Kategorien nur als geistige Vorgänge, aber der Einfluß seiner Theorie auf seine Zeitgenossen reichte weit über die Grenzen hinaus, die seine transzendentale Philosophie setzt; wenige Jahre nach dem Erscheinen seiner *Kritik der Urteilskraft* leitete Schiller aus Kants Konzeption seine Vorstellung von einer neuen Form der Kultur ab.

Für Kant ist die »Zweckmäßigkeit ohne Zweck« (die formale Zweckmäßigkeit) die Form, in der der Gegenstand in der ästhetischen Vorstellung erscheint. Was immer der Gegenstand sei (Ding oder Blume, Tier oder Mensch), wird er nicht in Begriffen seiner Nützlichkeit, nicht entsprechend irgendeinem möglichen Zwecke vorgestellt und auch nicht im Hinblick auf seine »innere« Endgültigkeit und Vollständigkeit. In der

5 ebd., §§ 16–17, S. 22.

ästhetischen Phantasie wird der Gegenstand vielmehr als frei von all solchen Beziehungen und Eigenschaften vorgestellt, frei, er selbst zu sein. Die Erfahrung, in der das Objekt solchermaßen »gegeben« ist, ist völlig anders als die alltägliche oder die wissenschaftliche Erfahrung eines Objekts. Alle Bindungen zwischen dem Objekt und der Welt der theoretischen oder praktischen Vernunft sind durchtrennt oder eigentlich aufgehoben. Diese Erfahrungsform, die das Objekt in seine »freie« Existenz entläßt, ist das Werk des freien Spiels der Phantasie (Einbildungskraft)[6]. Subjekt und Objekt werden in einem neuen Sinn frei. Aus dieser radikalen Veränderung in der Haltung zum Dasein resultiert eine neue Qualität der Lust, die durch die Form hervorgerufen wird, in der der Gegenstand sich nun offenbart. Seine »reine Form« erweckt die Vorstellung einer »Einheit des Mannigfaltigen«, eines Zusammenklanges von Bewegungen und Beziehungen, die seinen eigenen Gesetzen folgt – die reine Manifestation seines »Da-Seins«, seiner Existenz. Dies ist die Manifestation der Schönheit. Die Phantasie tritt in Einklang mit den erkennenden Vorstellungen des Verstehens, und dieser Zusammenklang stellt eine Harmonie der seelischen Fähigkeiten her, die die lustvolle Antwort auf die freie Harmonie des ästhetischen Gegenstandes ist. Die Ordnung der Schönheit erwächst aus der Ordnung, die das Spiel der Phantasie regiert. Diese doppelte Ordnung steht in Übereinstimmung mit Gesetzen, aber Gesetzen, die selbst frei sind: sie sind nicht auferlegt, fordern nicht die Einhaltung bestimmter Zwecke und Ziele; sie sind die reine Form des Daseins selbst. Die ästhetische »Gesetzmäßigkeit« verbindet Natur und Freiheit, Lust und Sittlichkeit. Das ästhetische Urteil ist

in Ansehung des Gefühls der Lust oder Unlust ein constitutives Prinzip. Die Spontaneität der Erkenntnisvermögen, deren Zusammenstimmung den Grund dieser Lust enthält, macht den gedachten Begriff zur Vermittelung

6 Siehe Hermann Mörchen, »Die Einbildungskraft bei Kant«, in: Jahrbuch für Philosophie und phaenomenologische Forschung, IX, Halle 1930, S. 478–479.

der Verknüpfung der Gebiete des Naturbegriffs mit dem Freiheitsbegriffe in ihren Folgen tauglich, indem diese zugleich die Empfänglichkeit des Gemüts für das moralische Gefühl befördert.[7]

Für Kant ist die ästhetische Dimension die Mitte, wo Intellekt und Sinne sich begegnen. Die Vermittlerrolle hat die »Vorstellungskraft« inne, die das »dritte Seelenvermögen« ist. Darüber hinaus ist die ästhetische Dimension auch jene Mitte, in der Natur und Freiheit zusammentreffen. Diese doppelte Vermittlung wird durch den alles durchsetzenden Konflikt zwischen den niederen und höheren Fähigkeiten des Menschen nötig, den der Fortschritt der Kultur hervorrief – jener Fortschritt, der durch die Unterjochung der sinnlichen Fähigkeiten unter die Vernunft und durch ihre repressive Nutzbarmachung für soziale Bedürfnisse zustande kam. So erscheint das philosophische Bemühen, mit Hilfe der ästhetischen Dimension zwischen Sinnlichkeit und Vernunft zu vermitteln, als ein Versuch, die beiden Sphären des menschlichen Daseins zu versöhnen, die durch ein repressives Realitätsprinzip auseinandergerissen wurden. Die vermittelnde Funktion wird durch die ästhetische Fähigkeit ausgeübt, die, der Sinnlichkeit verwandt, den Sinnen zugehört. Infolgedessen bedeutet die ästhetische Versöhnung gleichzeitig eine Stärkung der Sinnlichkeit gegen die Tyrannei der Vernunft und fordert letzten Endes die Befreiung der Sinnlichkeit aus dieser unterdrückenden Herrschaft.

Wenn tatsächlich auf der Grundlage der Kantschen Theorie die ästhetische Funktion zum zentralen Thema der Kulturphilosophie wird, so wird sie dazu gebraucht, die Prinzipien einer nicht-unterdrückenden Kultur darzustellen, in der Vernunft sinnlich ist und Sinnlichkeit vernünftig. Schillers »Briefe über die ästhetische Erziehung des Menschen« (1795), die weitgehend unter dem Einfluß der »Kritik der Urteilskraft« geschrieben wurden, haben eine Erneuerung der Kultur mit Hilfe

7 »Kritik der Urteilskraft«, a. a. O., S. 203.

der befreienden Kraft der ästhetischen Funktion zum Ziele: in dieser Funktion wird die Möglichkeit eines neuen Realitätsprinzips gesehen.

Die innere Logik der westlichen Gedankentradition veranlaßte Schiller, das neue Realitätsprinzip und die neue, ihm entsprechende Erfahrungsweise als *Ästhetik* zu definieren. Wir betonten schon, daß der Ausdruck ursprünglich »den Sinnen zugehörig« bedeutete, wobei der Akzent auf deren erkennender (cognitiver) Funktion liegt. Unter der Vorherrschaft des Rationalismus war die erkennende Funktion der Sinnlichkeit immer geringer eingeschätzt worden. In Übereinstimmung mit der repressiven Auffassung von der Vernunft wurde das Erkennen zum letzten Anliegen der »höheren«, nichtsinnlichen Fähigkeiten des Geistes; die Ästhetik wurde von der Logik und der Metaphysik absorbiert. Die Sinnlichkeit als das »niedrigere« und sogar »niederste« seelische Vermögen lieferte im besten Falle den bloßen Stoff, das Rohmaterial der Erkenntnis, das von den höheren Fähigkeiten des Intellekts erst gestaltet, organisiert werden mußte. Inhalt und Gültigkeit der ästhetischen Funktion wurden beschnitten und verflacht. Der Sinnlichkeit verblieb ein gewisses Maß an philosophischer Würde in einer untergeordneten epistomologischen Position; jene ihrer Prozesse, die sich nicht in die rationalistische Erkenntnislehre einordnen ließen – das heißt jene, die über die passive Wahrnehmung von Fakten und Eigenschaften hinausgingen –, wurden heimatlos. Unter diesen heimatlos gewordenen Inhalten und Werten stehen in erster Linie die der Phantasie, der »Einbildungskraft«: die freie, schöpferische oder reproduzierende Intuition von Objekten, die nicht unmittelbar »gegeben« sind – »das Vermögen, einen Gegenstand auch ohne dessen Gegenwart in der Anschauung vorzustellen« [8]. Es gab keine *Ästhetik* als Wissenschaft von der Sinnlichkeit, die der

8 Kants Definition in der »Kritik der reinen Vernunft«, a. a. O., Bd. III, S. 127.

Logik als Wissenschaft vom begrifflichen Verstehen entsprochen hätte. Erst um die Mitte des 18. Jahrhunderts erschien die Ästhetik als neue philosophische Disziplin, als die Theorie der Schönheit und der Kunst: Es war Alexander Gottlieb Baumgarten, der den Ausdruck in dem Sinne einführte, wie er heute gebraucht wird. Der Bedeutungswandel von »den Sinnen zugehörig« ist von sehr viel tieferer Bedeutsamkeit als eine bloße akademische Neuerung.

Die Geschichte des Ausdrucks »Ästhetik« in der Philosophie spiegelt die repressive Behandlung der sinnlichen (und damit »körperwirklichen«) erkennenden Prozesse wider. In dieser Geschichte leisten die Grundlagen der Ästhetik als einer unabhängigen Disziplin der unterdrückenden Herrschaft der Vernunft Widerstand: die Anstrengungen, die zentrale Position der ästhetischen Funktion nachzuweisen und sie als existentielle Kategorie einzuführen, ruft die inhärenten Wahrheitswerte der Sinne gegen ihre Herabsetzung unter dem herrschenden Realitätsprinzip auf. Die ästhetische Disziplin richtet die Ordnung der Sinnlichkeit gegen die Ordnung der Vernunft auf. In die Kulturphilosophie eingeführt, zielt der Begriff auf eine Befreiung der Sinne hin, die keineswegs eine Zerstörung der Kultur zur Folge hätte, sondern ihr eine festere Grundlage und sehr erweiterte Möglichkeiten verschaffte. Durch einen Grundantrieb wirkend – nämlich den *Spieltrieb* – würde die ästhetische Funktion »auch alle Nötigung aufheben, und den Menschen sowohl physisch als moralisch in Freiheit setzen«. Sie würde Gefühle und Empfindungen mit den Ideen der Vernunft in Einklang setzen, »den Gesetzen der Vernunft ihre moralische Nötigung benehmen« und »sie mit dem Interesse der Sinne versöhnen« [9].

Hier wird sich der Einwand erheben, daß eine derartige Deutung, die den philosophischen Ausdruck *Sinnlichkeit* (als cog-

9 Schiller, »Briefe über die ästhetische Erziehung des Menschen«, Sämtl. Werke, XVIII, Cotta, Stuttgart und Tübingen 1826, S. 72 f.

nitive Fähigkeit, als »Erkenntnisvermögen«) mit der Befreiung der Sinne in Verbindung setzt, ein bloßes Spiel mit einer etymologischen Doppeldeutigkeit darstelle; die Wurzel »Sinne« in dem Begriff »Sinnlichkeit« rechtfertige die Nebenbedeutung der »Sinneslust« nicht mehr. Im Deutschen wird sowohl die Sinnlichkeit im ersten Sinne (= *sensousness)* wie die Sinneslust (= *sensuality)* mit dem gleichen Ausdruck, eben als »Sinnlichkeit« bezeichnet. Es kann damit sowohl die triebhafte (besonders die sexuelle) Befriedigung als die erkennende Fähigkeit der Sinneswahrung und Vorstellung (Empfindung) gemeint sein. Diese Doppelbedeutung hat sich sowohl in der Umgangssprache wie in der Terminologie der Philosophie erhalten und ist in der Anwendung des Ausdrucks Sinnlichkeit für die Begründung der Ästhetik enthalten. Hier bezeichnet der Ausdruck die »niedrigeren« (»dunkeln«, »verworrenen«) Erkenntnisfähigkeiten des Menschen *zusammen* mit dem »Gefühl von Lust und Unlust« – Sinneseindruck *plus* Gemütsbewegung [10]. In Schillers Briefen über die ästhetische Erziehung liegt die Betonung auf dem impulsiven, triebhaften Charakter der ästhetischen Funktion [11]. Von hier stammt das Ausgangsmaterial für die neue Disziplin der Ästhetik. Sie wird als »die Wissenschaft der sinnlichen Wahrnehmung« aufgefaßt – als eine »Logik der niedrigeren Erkenntnisfähigkeiten« [12]. Die Ästhetik ist die »Schwester« und zugleich der Widerpart der Logik. Der Gegensatz zur Vorherrschaft der Vernunft charakterisiert die neue Wissenschaft: Nicht Vernunft, sondern Sinnlichkeit begründet die ästhetische Wahrheit oder Unwahrheit. Was die Sinnlichkeit als wahr erkennt oder erkennen kann, das kann die Ästhetik als wahr vertreten, selbst wenn die Vernunft

10 A. G. Baumgarten, »Meditationes Philosophicae de Nonnullis ad Poema Pertinentibus«, §§ XXV–XXVI, in: A. G. Baumgarten, »Aesthetica«, Barii, Josef Laterza et Filias, 1936.

11 Schiller, »Briefe über die ästhetische Erziehung des Menschen«, 4. u. 8. Brief.

12 A. G. Baumgarten, »Aesthetica«, § 1 und »Meditationes Philosophicae«, § CXV.

es als unwahr verwirft[13]. Auch Kant spricht in seinen anthropologischen Vorlesungen davon, daß man allgemeingültige Gesetze der Sinnlichkeit aufstellen könne, wie man allgemeingültige Gesetze des Verstandes aufstellen kann, d. h., daß es eine Wissenschaft der Sinnlichkeit, nämlich die Ästhetik, gebe, wie es eine Wissenschaft des Verstandes, nämlich die Logik, gibt [14]. Die Prinzipien und Wahrheiten der Sinnlichkeit liefern den Inhalt der Ästhetik, und »Ziel und Zweck der Ästhetik ist die Vollkommenheit der sinnlichen Wahrnehmung. Diese Vollkommenheit ist Schönheit« [15]. Hier ist der Schritt vollzogen, der die Ästhetik, die Wissenschaft von der Sinnlichkeit, in die Wissenschaft von der Kunst transformiert und die Ordnung der Sinnlichkeit in die der Kunst.

Das etymologische Schicksal eines grundlegenden Ausdrucks ist selten ein Zufall. Was für eine Realität verbirgt sich hinter der begrifflichen Entwicklung von *Sinnenhaftigkeit, Sinneslust* zur *Sinnlichkeit* (als sinnlicher Erkenntnis) bis zur *Kunst* (Ästhetik)? Die »Sinnlichkeit«, der vermittelnde Begriff, bezeichnet die Sinne als Quelle und Organe der Erkenntnis. Aber die Sinne sind nicht ausschließlich und nicht einmal in erster Linie Organe der Erkenntnis. Ihre erkennende Funktion ist verschmolzen mit ihrer appetitiven Funktion (Sinneslust), sie sind erotogen und vom Lustprinzip beherrscht. Aus dieser Verschmelzung erkennender und appetitiver Funktionen stammt der verworrene, inferiore, passive Charakter der sinnlichen Erkenntnis, der sie unbrauchbar für das Realitätsprinzip macht, es sei denn, sie würde der begrifflichen Aktivität des Intellekts, der Vernunft, unterworfen und von ihr geformt. Soweit die Philosophie Herrschaft und Wertsetzung des Realitätsprinzips anerkannte, haben die Ansprüche der

13 s. Baumgartens »Ästhetik«, Hrg. Poppe, in: A. G. Baumgarten, Bonn-Leipzig 1907, S. 42.

14 ebd., S. 57.

15 »Aestheticus finis est perfectio cognitionis sensitivae . . . Haec autem est pulchritudo«, s. A. G. Baumgarten, »Aesthetica«, § 14, a. a. O., S. 59.

nicht der Vernunft unterstellten Sinnlichkeit auch keinen Eingang in die Philosophie gefunden; stark modifiziert fand sie ihre Zuflucht in der Theorie der Kunst. Die künstlerische Wahrheit ist die Befreiung der Sinnlichkeit durch ihre Versöhnung mit der Vernunft: dies ist die zentrale Vorstellung der klassisch-idealistischen Ästhetik.

Im Kunstschönen ist der Gedanke verkörpert, und die Materie von ihm nicht äußerlich bestimmt, sondern existiert selber frei, indem das Natürliche, Sinnliche, Gemüt usf. in sich selbst Maß, Zweck und Übereinstimmung hat, und die Anschauung und Empfindung ebenso in geistige Allgemeinheit erhoben ist, als der Gedanke seiner Feindschaft gegen die Natur nicht nur entsagt, sondern sich in ihr erheitert und Empfindung, Lust und Genuß berechtigt und geheiligt ist, so daß Natur und Freiheit, Sinnlichkeit und Begriff in Einem ihr Recht und Befriedigung finden.[16]

Die Kunst fordert das geltende Realitätsprinzip heraus: da sie die Ordnung der Sinnlichkeit vertritt, ruft sie eine tabuierte Logik auf – die Logik der Erfüllung gegen die der Unterdrückung. Hinter der sublimierten ästhetischen Form kommt der unsublimierte Inhalt zum Vorschein: die Verhaftung der Kunst an das Lustprinzip [17]. In der Psychoanalyse spielt die Erforschung der erotischen Wurzeln der Kunst eine große Rolle. Allerdings liegen sie wohl eher im Wirken und in der Funktion der Kunst als im Künstler. Ästhetische Form ist sinnliche Form – durch *die Ordnung der Sinnlichkeit* bestimmte Form. Wenn die »Vollkommenheit« der Sinnes-Erkenntnis als Schönheit bezeichnet wird, so enthält diese Definition noch immer die innere Beziehung zur Triebbefriedigung, und auch die ästhetische Lust ist noch immer Lust. Aber der sinnliche Ursprung ist »verdrängt«, und die Befriedigung ist die an der reinen *Form* des Objekts. Als ästhetischer Wert wird die nicht-begriffliche Wahrheit der Sinne sanktioniert, dem »freien Spiel«

16 Hegel, »Vorlesungen über die Ästhetik« I, Einl. S. 95, in: Sämtl. Werke, Stuttgart 1927, X.
17 Otto Rank, »The Play-impulse and Aesthetic Pleasure«, in: Art and Artist, New York, Alfred Knopf, 1932.

der schöpferischen Phantasie wird die Freiheit vom Realitätsprinzip zugebilligt. Hier wird eine Wirklichkeit mit völlig anderen Maßstäben anerkannt. Aber da diese andere, »freie« Wirklichkeit der Kunst, und ihr Erlebnis der ästhetischen Haltung zugeschrieben wird, ist sie unverpflichtend und erfaßt das menschliche Dasein im sonstigen alltäglichen Leben nicht; sie ist »unreal«.

Schillers Versuch, die Sublimierung der ästhetischen Funktion rückgängig zu machen, geht von Kants Standpunkt aus: nur weil die »Vorstellungskraft« eine zentrale geistige Fähigkeit ist, nur weil »die Schönheit eine notwendige Bedingung der Menschheit« ist [18], kann die ästhetische Funktion eine entscheidende Rolle bei der Neubildung der Kultur spielen. Zur Zeit, als Schiller dies schrieb, schien die Notwendigkeit solch einer Neubildung offensichtlich; Herder und Schiller, Hegel und Novalis entwickelten, mit fast gleichen Worten, den Begriff der Entfremdung. Während unterm Szepter des Leistungsprinzips die industrielle Gesellschaft Form anzunehmen begann, dringt ihre innere Negativität in die philosophische Analyse ein:

> *... Der Genuß wurde von der Arbeit, das Mittel vom Zweck, die Anstrengung von der Belohnung geschieden. Ewig nur an ein einzelnes kleines Bruchstück des Ganzen gefesselt, bildet sich der Mensch selbst nur als Bruchstück aus; ewig nur das eintönige Geräusch des Rades, das er umtreibt, im Ohr, entwickelt er nie die Harmonie seines Wesens, und, anstatt die Menschheit in seiner Natur auszuprägen, wird er bloß zu einem Abdruck seines Geschäfts, seiner Wissenschaft.*[19]

Da es die Kultur selbst war, die dem modernen Menschen »diese Wunde zufügte«, kann nur eine neue Form der Kultur sie heilen. Die Wunde ist durch die widersetzliche Beziehung zwischen den beiden polaren Dimensionen der menschlichen Existenz verursacht. Schiller stellt diesen Antagonismus in

18 »Briefe über die ästhetische Erziehung des Menschen«, a. a. O., S. 50.
19 ebd., S. 24.

einer Reihe von paarweisen Begriffen dar: Sinnlichkeit und Vernunft, Materie und Form (Geist), Natur und Freiheit, das Persönliche und das Absolute. Jede dieser beiden Dimensionen wird von einem grundlegenden Impuls beherrscht: dem »sinnlichen Trieb« und dem »Formtrieb« [20]. Der erste ist im wesentlichen passiv, rezeptiv, der zweite aktiv, herrschend, bemeisternd. Kultur erwächst aus dem Zusammenspiel und der Wechselwirkung zwischen den beiden Antrieben. Aber in der herrschenden Kulturform war ihre Beziehung feindlich und gegensätzlich geworden: statt die beiden Triebe zu versöhnen, indem sie die Sinnlichkeit vernünftig und die Vernunft sinnlich gestaltete, hatte die Kultur die Sinnlichkeit der Vernunft dergestalt unterworfen, daß erstere, wo immer sie sich wieder durchzusetzen strebt, dies in zerstörerischen und »wilden« Formen unternimmt, während die Tyrannei der Vernunft die Sinnlichkeit verarmen läßt und barbarisiert. Sollen die menschlichen Möglichkeiten sich frei entfalten können, so muß dieser Konflikt gelöst werden. Da nur die Triebe jene überdauernde Kraft besitzen, die das menschliche Dasein in seinen Grundlagen berührt, muß die Versöhnung der beiden Triebe das Werk eines dritten Impulses sein. Schiller definiert diesen dritten, vermittelnden Trieb als den *Spieltrieb,* dessen Gegenstand die Schönheit, dessen Endziel die Freiheit ist. Wir wollen hier den Versuch machen, den vollen Gehalt der Auffassung Schillers vor der wohlwollenden ästhetischen Behandlung zu retten, die die traditionsgemäße Deutung ihr zuteil werden ließ.
Es handelt sich um ein »politisches« Problem: die Befreiung des Menschen von unmenschlichen Daseinsbedingungen. Schiller ist der Ansicht, daß der Mensch, um dieses politische Problem zu lösen, den Weg des Ästhetischen beschreiten muß (»zu Schönheitsgefühlen den Weg sich bahne«), da es die Schönheit ist, die zur Freiheit führt. Der Spieltrieb ist das Vehikel dieser Befreiung. Es ist das nicht ein Impuls, der auf das Spiel »mit«

20 ebd., S. 56 ff.

irgend etwas gerichtet ist; vielmehr ist es das Spiel des Lebens selbst, jenseits von Bedürfnis und äußerem Zwang – die Manifestation eines Daseins ohne Furcht und Angst, und somit die Manifestation der Freiheit. Der Mensch ist nur dort frei, wo er frei von Zwang ist, von äußerem und innerem, von physischem und von moralischem – wenn er weder vom Gesetz noch »vom Bedürfnis genötigt ist«[21]. Diese Nötigung *ist* aber die Realität. Freiheit wäre also im strengen Sinn Freiheit von der geltenden Realität: der Mensch ist frei, »wo alles Wirkliche seinen Ernst verliert« und »das Notwendige den seinigen ablegt, weil es *leicht* wird«[22]. »Die höchste Stupidität und der höchste Verstand haben darin eine gewisse Affinität miteinander, daß beide nur das Reelle suchen, und für den bloßen Schein gänzlich unempfindlich sind.« Da aber »das Bedürfnis der Realität und die Anhänglichkeit an das Wirkliche bloße Folgen des Mangels sind, ist die Gleichgültigkeit gegen Realität und das Interesse am Schein eine wahre Erweiterung der Menschheit und ein entschiedener Schritt zur Kultur«[23]. In einer wahrhaft menschlichen Kultur wird das Dasein viel mehr Spiel als Mühe sein, und der Mensch wird in der spielerischen Entfaltung statt im Mangel leben.

Diese Idee stellt wohl eine der fortschrittlichsten Denkpositionen dar. Man muß sich dabei im klaren sein, daß die hier gemeinte Befreiung von der Realität keine transzendentale, »innere« oder bloß intellektuelle Freiheit ist (wie Schiller dies ausdrücklich betont[24]), sondern Freiheit *in* der Realität. Das »Wirkliche, das seinen Ernst verliert«, ist die inhumane Wirklichkeit von Mangel und Not, und sie verliert ihren Ernst, wenn Mangel und Not ohne entfremdete Arbeit befriedigt werden können. Dann ist der Mensch frei, mit seinen Fähigkeiten und Möglichkeiten und denen der Natur zu spielen, und nur wenn er mit ihnen spielt, ist er frei. Seine Welt ist

21 ebd., S. 76. – 22 ebd., S. 77.
23 ebd., S. 142, 143. – 24 ebd., S. 150 ff.

dann »Schein« und seine Ordnung die der Schönheit. Auf Grund dieser Realisierung der Freiheit ist das Spiel *mehr* als die beschränkende und moralische Wirklichkeit ». . . mit dem Angenehmen, mit dem Guten, mit dem Vollkommenen ist es dem Menschen nur ernst; aber mit der Schönheit spielt er« [25]. Wäre das Bereich des Spieles nur das des Ornaments, des Schmucks, des Luxus, der »Ferien«, dann wären solche Formulierungen verantwortungsloser Ästhetizismus. Hier aber wird die ästhetische Funktion als ein Prinzip aufgefaßt, das das gesamte menschliche Dasein beherrscht, und das kann es nur, wenn es »universell«, wenn es absolut wird. Die ästhetische Kultur setzt eine völlige Revolution der »Erkenntnis und der Gesinnung« [26] voraus, die nur möglich wird, wenn die Kultur die höchste physische und geistige Reife erreicht hat. Erst wenn der »Zwang des Bedürfnisses« durch den »Zwang des Überflusses« ersetzt ist, wird das menschliche Dasein zu »der freien Bewegung, die sich selbst Zweck und Mittel ist« [27], angetrieben werden. Befreit von dem Druck des schmerzlichen Zwecks und der durch die Not erzwungenen Leistung, wird dem Menschen »die Freyheit, zu seyn, was er seyn soll, vollkommen zurückgegeben« [28]. Aber was »sein soll« ist die Freiheit selbst: die Freiheit zu spielen. Die seelische Fähigkeit, die diese Freiheit ausübt, ist die der *Einbildungskraft* [29]. Sie projektiert und plant die Möglichkeiten des gesamten Daseins; befreit von ihrer Knechtschaft in der beschränkenden Materie, erscheinen sie als »reine Formen«. Als solche errichten sie eine eigene Ordnung: die reinen Formen existieren »nach Gesetzen der Schönheit« [30].

Der Spieltrieb könnte, würde er tatsächlich als Kulturprinzip Geltung gewinnen, die Realität im wahrsten Sinne des Wortes umgestalten. Die Natur, die objektive Welt, würde dann nicht mehr in erster Linie als den Menschen beherrschend

25 ebd., S. 78. – 26 ebd., S. 198. – 27 ebd., S. 154. – 28 ebd., S. 109.
29 ebd., S. 129, 146. – 30 ebd., S. 121.

erfahren (wie in der primitiven Gesellschaft) noch als etwas, das vom Menschen beherrscht wird (wie in unserer Welt), sondern vielmehr als ein Gegenstand der »Betrachtung, der Reflexion« [31]. Mit dieser Veränderung der grundlegenden, formativen Erlebnisform (Erfahrung) verändert sich das Objekt der Erfahrung selbst: befreit von gewaltsamer Herrschaft und Ausnutzung, geformt statt dessen vom Spieltrieb, wäre die Natur auch ihrer eigenen Roheit ledig und frei, die Fülle ihrer zwecklosen Formen spielerisch darzustellen, die das »innere Leben« ihres Gegenstandes ausdrücken. Auch in der subjektiven Welt würde sich ein entsprechender Wandel vollziehen. Auch hier würde das ästhetische Erlebnis die gewalttätige und ausbeuterische Produktivität beenden, die den Menschen zum Arbeitsinstrument erniedrigt. Er würde aber nicht zu einem Zustand leidender Passivität zurückkehren. Sein Dasein wäre noch immer Tätigkeit, aber »Was er besitzt, was er hervorbringt, darf nicht mehr bloß die Spuren der Dienstbarkeit, die ängstliche Form seines Zwecks an sich tragen« [32]. Jenseits von Mangel und Angst wird die menschliche Tätigkeit zur »Darstellung«, zur freien Manifestation der Möglichkeiten. »Mitten in dem furchtbaren Reich der Kräfte und mitten in dem heiligen Reich der Gesetze baut der ästhetische Bildungstrieb unvermerkt an einem dritten fröhlichen Reich des Spiels und des Scheins, worin er dem Menschen die Fesseln aller Verhältnisse abnimmt, und ihn von allem, was Zwang heißt, sowohl im Physischen als im Moralischen, entbindet.« [33]

An diesem Punkt treten die explosiven Eigenschaften der Schillerschen Konzeption aufs deutlichste in Erscheinung. Für ihn besteht die Krankheit der Kultur im Konflikt zwischen den beiden Grundantrieben des Menschen (dem sinnlichen und dem Form-Trieb) oder besser gesagt, in der gewaltsamen »Lösung« dieses Konfliktes: eben in der Aufrichtung der Tyrannei

31 ebd., S. 135. – 32 ebd., S. 157. – 33 ebd., S. 159 f.

der Vernunft über die Sinnlichkeit. Infolgedessen müßte die Versöhnung der feindlichen Impulse die Behebung dieser Tyrannei voraussetzen – d. h., die Wiedereinsetzung der Sinnlichkeit in ihre ursprünglichen Rechte. Die Freiheit müßte in der Befreiung der Sinnlichkeit, nicht in der der Vernunft zu suchen sein, in der Beschränkung der Ansprüche der »höheren« Fähigkeiten zugunsten der »niederen«. Mit anderen Worten, die Rettung der Kultur schlösse die Abschaffung der repressiven Kontrollen in sich, welche die Kultur der Sinnlichkeit auferlegt hat ... Und das ist auch tatsächlich der Gedanke, der hinter der *ästhetischen Erziehung des Menschen* steht: sie zielt darauf ab, die Sittlichkeit auf der Grundlage der Sinnlichkeit zu errichten [34]; die Gesetze der Vernunft müssen mit den Interessen der Sinne versöhnt werden [35]. Der Formtrieb, der die Herrschaft an sich gerissen hat, muß in seiner Wirkung eingeschränkt werden: »die Sinnlichkeit selbst muß mit siegender Kraft ihr Gebiet behaupten, und der Gewalt widerstreben, die ihr der Geist durch seine vorgreifende Thätigkeit gern zufügen möchte« [36]. Sicherlich bedarf nicht nur die Vernunft, sondern auch der »sinnliche Trieb« einer einschränkenden Umformung (»Beide Triebe haben also Einschränkung, und insofern sie als Energien gedacht werden, Abspannung nötig«), wenn die Freiheit zum leitenden Prinzip der Kultur werden soll. Die zusätzliche Freisetzung sinnlicher Energie muß mit der universellen *Ordnung* der Freiheit in Einklang stehen. Aber jede Ordnung, die dem sinnlichen Trieb irgend auferlegt werden müßte, muß selbst »eine Handlung der Freiheit sein« [37]. Das freie Individuum muß selbst die Harmonie zwischen der individuellen und der allgemeinen Befriedigung schaffen. In einer wirklich freien Kultur sind alle Gesetze vom Einzelnen selbst eingesetzt: »Freiheit zu geben durch Freiheit ist das Grundgesetz« des ästhetischen

34 ebd., 3. Brief. – 35 ebd., S. 73. – 36 ebd., S. 69.
37 ebd., S. 68.

Staats[38]. In einer wirklich freien Kultur vollzieht sich »der Wille des Ganzen« nur »durch die Natur des Individuums«[39]. Ordnung ist nur dann Freiheit, wenn sie auf der freien Befriedung des Individuums gegründet und von ihr aufrechterhalten wird.

Aber der verhängnisvolle Feind aller dauernden Befriedigung ist die *Zeit,* die innere Endlichkeit, die Kürze aller Zustände. Die Idee einer vollständigen menschlichen Befreiung schließt daher notwendigerweise die Vision eines Kampfs gegen die Zeit in sich. Wir sahen, daß die orphischen und narzißtischen Urbilder die Auflehnung gegen die Vergänglichkeit symbolisieren, das verzweifelte Bemühen, den Fluß der Zeit aufzuhalten – das konservative Wesen des Lustprinzips. Soll der ästhetische Staat wirklich der Staat der Freiheit sein, dann muß er letzten Endes den zerstörerischen Ablauf der Zeit überwinden können. Nur das wäre das Wahrzeichen einer nicht-repressiven Kultur. Daher schreibt Schiller dem befreienden Spieltrieb die Funktion zu, »die Zeit in der Zeit aufzuheben, Werden mit absolutem Sein, Veränderungen mit Identität zu vereinbaren«[40]. In dieser Aufgabe gipfelt der Fortschritt der Menschheit zu einer höheren Form der Kultur.

Die idealistische und ästhetische Sublimierung, die allgemein in Schillers Werk vorherrscht, verhindert keineswegs seine radikalen Schlußfolgerungen. C. G. Jung erkannte diese Folgerungen und war entsprechend erschrocken über sie. Er warnte davor, daß die Herrschaft des Spieltriebs eine »Aufhebung der Verdrängung« mit sich bringen würde, »die notwendig mit einer Heruntersetzung der bisher höchsten Werte endet« – mit einer »Katastrophe der Kultur«, in einem Wort, mit der Barbarei[41]. Schiller selbst war offenbar weniger als Jung geneigt, eine repressive Kultur mit Kultur schlechthin gleichzusetzen; er schien bereit, das Risiko einer Katastrophe für erstere und

38 ebd., S. 169.
39 ebd., S. 169. – 40 ebd., S. 71.
41 C. G. Jung, »Psychologische Typen«, Rascher, Zürich 1950, S. 144.

eine Herabsetzung ihrer Werte hinzunehmen, wenn dies den Weg zu einer höheren Kultur bedeutet. Er war sich völlig bewußt, daß der Spieltrieb »in seinen ersten Versuchen noch kaum zu erkennen sein« wird, »da der sinnliche (Trieb) mit seiner eigensinnigen Laune und seiner wilden Begierde unaufhörlich dazwischentritt«[42]. Aber er war der Ansicht, daß solche »barbarischen« Ausbrüche im Lauf der Entwicklung der neuen Kultur verschwinden würden, und daß nur ein »Sprung« von der alten zur neuen führen könne. Er befaßte sich nicht weiter mit den katastrophalen Veränderungen in der sozialen Struktur, die dieser »Sprung« auslösen müßte: sie lagen außerhalb der Grenzen der idealistischen Philosophie. Aber die *Richtung* der Veränderung auf eine nicht-repressive Ordnung hin kommt in seiner ästhetischen Konzeption deutlich zum Ausdruck.

Fassen wir die wichtigsten Elemente nochmals zusammen, so finden wir:

1. Die Umformung von Arbeit (Mühe) in Spiel und von repressiver Produktivität in »Schein« – eine Umformung, der die Überwindung des Mangels (der Lebensnot) als determinierender Faktor der Kultur und Zivilisation vorangehen müßte[43].

42 »Briefe über die ästhetische Erziehung des Menschen«, a. a. O., S. 156.

43 Gustav Bally hat vor kurzem in seiner Untersuchung »Vom Ursprung und den Grenzen der Freiheit«, Benno Schwabe, Basel 1945, einen Versuch gemacht, die menschliche Freiheit auf biologischer Basis in Begriffen des Spiels zu definieren. Er sieht die Dimension der Freiheit in der Freiheit von instinktbedingter Determination. Der Mensch ist nicht, wie das Tier, notwendig durch seine Triebe determiniert; er besitzt ein entspanntes Feld – einen Spielraum, in dem er sich von seinen Triebzielen distanziert, mit ihnen spielt und so mit seiner Welt spielt. Diese Haltung einer dauernden Distanzierung von den Triebzielen macht die menschliche Kultur möglich.
Ballys Auffassung nähert sich der Schillers, ist aber regressiv, wo Schiller progressiv ist. Schillers spielerische Freiheit ist das Ergebnis der Triebbefreiung. Ballys Freiheit ist »relative Freiheit gegenüber den Instinkten«, ist die Freiheit, Triebbedürfnissen zu widerstehen: kein Wunder, daß die neue Deutung der Freiheit sich als die alte Freiheit, zu verzichten und

2. Die Selbst-Sublimierung der Sinnlichkeit (des sinnlichen Triebes) und die Ent-Sublimierung der Vernunft (des Formtriebs), um die beiden antagonistischen Grundantriebe zu versöhnen.
3. Die Überwindung der Zeit, insofern die Zeit zerstörerisch für die dauerhafte Befriedigung ist.

Diese Elemente sind praktisch identisch mit denen einer Versöhnung zwischen Lust- und Realitätsprinzip. Wir erinnern uns der konstitutiven Rolle, die der »Vorstellungskraft« (der Phantasie) in »Spiel« und »Schein« zugewiesen wird: die Phantasie behält die Ziele jener psychischen Vorgänge bei, die frei vom verdrängenden Realitätsprinzip geblieben sind; in ihrer ästhetischen Funktion können diese Prozesse in die bewußte Rationalität einer reifen Kultur eingegliedert werden. Der Spieltrieb ist der gemeinsame Nenner für die beiden entgegengesetzten psychischen Prozesse und Prinzipien.

Noch ein weiteres Element verbindet die ästhetische Philosophie mit den orphischen und narzißtischen Urbildern: das Bild einer nicht-repressiven Ordnung, in der die subjektive und objektive Welt, in der Mensch und Natur in Harmonie sind. Die orphischen Symbole haben ihren Mittelpunkt im Bild des singenden Gottes, der lebt, um den Tod zu überwinden, und der die Natur befreit, so daß die gefesselte und fesselnde Materie die schöne und spielerische Form der belebten und unbelebten Dinge freigibt. Nicht länger mehr »um ein Endlich noch Erreichtes« [44] sich sehnend und mühend, sind sie frei von Furcht und Fesseln – und so frei *an sich*. Die Kontemplation des Narziß weist in der erotischen Hingabe an die Schönheit jede andere Aktivität von sich und verschmilzt sein eigenes Dasein untrennbar mit der Natur. Ähnlich ver-

Versuchungen zu widerstehen, herausstellt, als der »Mut«, sich selbst zu binden, die Macht, sich selbst zu unterdrücken. Und ganz folgerichtig wird die höchste und wahre Freiheit, die »Freiheit von Angst und Tod« als eine falsche und fragwürdige Libertät bezeichnet.

44 R. M. Rilke.

steht die ästhetische Philosophie die nicht-repressive Ordnung in der Weise, daß die Natur in- und außerhalb des Menschen frei empfänglich für »Gesetze« wird – Gesetze des »Scheins« und der Schönheit.

Die nicht-repressive Ordnung ist ihrem Wesen nach eine Ordnung der *Fülle:* notwendige Einschränkungen erwachsen aus dem »Überfluß« statt aus der Not. Nur eine Ordnung der Fülle, des Überflusses, ist vereinbar mit Freiheit. In diesem Punkt begegnen sich die idealistische und die materialistische Kulturkritik. Beide stimmen darin überein, daß nur bei höchster Reife der Kultur und Zivilisation, wenn alle Grundbedürfnisse mit einem Minimum an körperlicher und geistiger Energie, in einem Minimum an Zeit befriedigt werden können, eine nicht-repressive Ordnung möglich wird. Bei Ablehnung des Freiheitsbegriffs, wie er der Herrschaft des Leistungsprinzips zugehört, behalten sie sich die Freiheit für eine neue Daseinsform vor, die sich auf dem Boden universell befriedigter Existenzbedürfnisse entwickeln sollte. Jenseits des Bereichs der Notwendigkeit erhebt sich die Vision eines Reiches der Freiheit: Freiheit ist nicht innerhalb, sondern außerhalb des »Kampfes ums Dasein«. Besitz und Beschaffung des Lebensnotwendigen sind Vorbedingungen, nicht Inhalt einer freien Gesellschaft. Das Bereich der Notwendigkeit, der Arbeit, ist ein Bereich der Unfreiheit, weil die Existenz des Menschen auf diesem Gebiet durch Ziele und Funktionen bestimmt wird, die nicht seine eigenen sind und kein freies Spiel der menschlichen Möglichkeiten und Wünsche zulassen. Das Optimum auf diesem Gebiet muß daher in Maßstäben der Rationalität gemessen werden und nicht in Maßstäben der Freiheit – es liegt darin, die Produktion und Verteilung so zu organisieren, daß die geringst mögliche Zeit dafür aufgewendet wird, allen Mitgliedern der Gesellschaft alles Notwendige zugänglich zu machen. Notwendige Arbeit ist ein System ihrem Wesen nach unmenschlicher, mechanischer, routinemäßiger Tätigkeit; innerhalb solch eines Systems kann die Individualität kein Wert und Selbstzweck sein: Vernünftigerweise sollte das System der gesellschaftsnotwendigen Arbeit im Hinblick auf Zeit- und Raumersparnis für die Entwicklung der Einzelpersönlichkeit *außerhalb* der unerläßlich unterdrückenden Arbeitswelt organisiert werden. Spiel und Selbstentfaltung als Prinzipien der Zivilisation bedeuten nicht eine Umformung der (mühsamen) Arbeit, sondern deren vollständige Unterordnung unter die frei sich entfaltenden Möglichkeiten des Menschen und der Natur. Jetzt verrät die Idee von »Spiel und Schein« ihren ganzen Abstand von den Wertmaßstäben der Produktivität und Leistung; das Spiel ist eben deswegen unproduktiv, weil es die unterdrückenden und ausnützerischen Züge im System von Arbeit und Ruhe aufhebt, es »spielt nur« mit der Realität. Aber es hebt auch die sublimen Züge – die »höheren Werte« auf. Die Ent-Sublimierung der Vernunft ist ein ebenso wesentlicher Vorgang für die Entstehung einer neuen Kultur, wie die Selbst-Sublimierung der Sinnlichkeit. Im geltenden System der Herrschaft ergänzen und erhalten die repressive Struktur der Vernunft und die repressive Organisation der Sinnesfähigkeiten einander gegenseitig. Mit Freud zu sprechen: die kulturelle Moral *ist* die Moral der verdrängten Triebe; eine Befreiung der letzteren bedeutet eine Herabsetzung der ersteren. Aber diese Erniedrigung der höheren Werte könnte sie in die organische Struktur des menschlichen Daseins zurückführen, von der sie getrennt waren, und die Wiedervereinigung könnte diese Struktur selbst umformen. Wenn die höheren Werte ihre Ferne, ihre Isolierung von den niederen Fähigkeiten verlören, könnte diese frei empfänglich für die Kultur werden.

X
Die Verwandlung der Sexualität in den Eros

Die Vision einer Kultur ohne Unterdrückung und Verdrängung, wie wir sie aus einem Randgedanken der Mythologie und Philosophie entwickelten, tendiert auf eine neue Beziehung zwischen Trieben und Vernunft hin. Die kulturelle Moral wird durch die Harmonisierung von Triebfreiheit und Ordnung aufgehoben und ersetzt: befreit von der Tyrannei repressiver Vernunft richten sich die Triebe auf freie und dauerhafte existentielle Beziehungen – sie schaffen ein *neues* Realitätsprinzip. In Schillers Gedanken eines »ästhetischen Staates« ist die Vision einer unterdrückungsfreien Kultur auf der Ebene einer reifen Zivilisation konkretisiert. Auf dieser Ebene wird die Organisation der Triebe zu einem sozialen Problem (in Schillers Terminologie zu einem *politischen*), wie sie das auch in Freuds Psychologie wird. Der Prozeß, der das Ich und das Über-Ich schafft, formt auch spezifische gesellschaftsbildende Institutionen und verleiht ihnen Dauer. Psychoanalytische Begriffe wie Sublimierung, Identifizierung, Introjektion und ähnliche haben nicht nur einen psychologischen Inhalt, sondern auch einen sozialen: sie enden in einem System von Einrichtungen, Gesetzen, Institutionen, Dingen und Bräuchen, die dem Individuum als objektive Einheiten entgegentreten. Innerhalb dieses antagonistischen Systems ist der seelische Konflikt zwischen Ich und Über-Ich, zwischen Es und Ich, gleichzeitig auch ein Konflikt zwischen dem Individuum und seiner Gesellschaft. Die letztere verkörpert die Rationalität der Gesamtheit, und der Kampf des Einzelnen gegen die unterdrükkende Kraft ist ein Kampf gegen die objektive Vernunft. Daher würde die Heraufkunft eines nicht-repressiven Realitätsprinzips, das Triebbefreiung mit sich brächte, eine *Regression* unter die erreichte Stufe zivilisierter Rationalität bedeuten.

Es wäre sowohl eine psychische als eine soziale Regression: sie würde frühe Stadien der Libido reaktivieren, die in der Entwicklung des Realitäts-Ich übergangen wurden, und die Institutionen der Gesellschaft auflösen, in der das Realitäts-Ich existiert. Im Sinne dieser Institutionen ist die Triebbefreiung ein Rückfall in die Barbarei. Aber wenn diese Befreiung nun auf der Höhe der Zivilisation vonstatten ginge, als Folge eines Sieges und keineswegs einer Niederlage im Kampf ums Dasein, mit der Unterstützung einer freien Gesellschaft, dann könnte sie sehr andere Resultate erbringen. Es wäre noch immer eine Umkehrung des Zivilisationsprozesses, ein Umsturz der Kultur – aber *nachdem* diese ihr Werk verrichtet und eine Menschheit und eine Welt hervorgebracht hat, die frei sein könnte. Es wäre noch immer »Regression« – aber im Licht des reifen Bewußtseins und geleitet von einer neuen Vernunft. Unter diesen Bedingungen ist die Möglichkeit einer repressionslosen Kultur nicht auf dem Stillstand des Fortschritts gegründet, sondern auf seiner Befreiung –, so daß der Mensch sein Leben im Einklang mit seinem voll entwickelten Wissen ordnen würde, so daß er wieder fragen würde, was gut und was böse ist. Wenn die in der kulturellen Herrschaft des Menschen über den Menschen angehäufte Schuld je durch Freiheit eingelöst werden kann, dann muß die »Ursünde« noch einmal begangen werden. »Wir müssen wieder vom Baum der Erkenntnis essen, um in den Stand der Unschuld zurückzufallen« [1].

Die Vorstellung von einer nicht-repressiven Triebordnung muß in erster Linie an dem »ordnungslosesten« aller Triebe – der Sexualität nämlich – geprüft werden. Eine repressionsfreie Ordnung wäre nur möglich, wenn es sich erweist, daß die Sexualtriebe, kraft ihrer eigenen Dynamik und unter veränderten sozialen und Daseins-Bedingungen, imstande sind, dauerhafte erotische Beziehungen unter reifen Individuen zu stiften. Wir müssen uns fragen, ob die Sexualtriebe, nach der

1 Heinrich von Kleist, »Über das Marionettentheater«.

Behebung aller zusätzlichen Unterdrückung eine »libidinöse Vernünftigkeit« entwickeln können, die nicht nur mit einem Fortschritt zu höheren Formen kultureller Freiheit vereinbar sind, sondern ihn selber fördern. Diese Möglichkeit soll hier in Freuds eigenen Begriffen untersucht werden.

Wir haben mehrfach Freuds Überzeugung erwähnt, daß jede echte Abnahme der gesellschaftlichen Kontrolle über die Sexualtriebe, selbst unter optimalen Bedingungen, die Organisation der Sexualität auf »vorkulturelle« Stadien zurückwerfen würde. Diese Regression müßte die zentralen Befestigungen des Leistungsprinzips durchbrechen: sie würde die Ableitung der Sexualität in die Kanäle der monogamen Fortpflanzung zerstören und das Tabu auf die Perversionen aufheben. Unter der Herrschaft des Leistungsprinzips sind die libidinöse Besetzung des individuellen Körpers und die libidinösen Beziehungen zu anderen normalerweise auf die Freizeit beschränkt und auf die Vorbereitung und Ausführung des genitalen Geschlechtsverkehrs gerichtet; nur in Ausnahmefällen und unter einem hohen Grad an Sublimierung dürfen libidinöse Beziehungen in die Sphäre der Arbeit eindringen. Diese Einschränkungen werden durch die Notwendigkeit erzwungen, ein großes Quantum an Energie und Zeit für nicht befriedigende, mühsame Arbeit zur Verfügung zu stellen, und sie sind es, die die Desexualisierung des Körpers zu einem dauernden Zustand machen möchten, um den Organismus zu einem Subjekt-Objekt gesellschaftlich nützlicher Leistungen umzuformen. Wird nun umgekehrt der Arbeitstag und die aufzuwendende Energie auf ein Minimum reduziert, und die freie Zeit nicht entsprechend manipuliert, dann würde der Grund für diese Einschränkungen untergraben. Es würde Libido freiwerden, die die institutionalisierten Grenzen, in denen sie durch das Realitätsprinzip gehalten wird, überfluten müßte.

Freud betont mehrfach, daß die dauerhaften zwischenmenschlichen Beziehungen, auf denen die Kultur beruht und von denen sie abhängt, voraussetzen, daß die Sexualtriebe in ihren

Zielen gehemmt werden [2]. Die Liebe, und die treuen und verantwortlichen Beziehungen, die sie fordert, beruhen auf einer Verschmelzung der Sexualität mit »Zärtlichkeit«. Diese Verschmelzung ist das historische Ergebnis eines langen und grausamen Domestikationsprozesses, in dem die legitime Manifestation des Triebes den höchsten Vorrang erhielt, während die Partialtriebe in ihrer Entwicklung aufgehalten wurden. Diese kulturelle Verfeinerung der Sexualität, ihre Sublimierung zur Liebe, ging innerhalb einer Zivilisation vonstatten, die besitzhafte Privatbeziehungen aufrichtete, die sich von den besitzhaften gesellschaftlichen Beziehungen unterschieden, und ihnen in einer entscheidenden Hinsicht widersprachen. Während das Leben der Menschen außerhalb der privaten Sphäre der Familie hauptsächlich durch den Tauschwert ihrer Produkte und Leistungen bestimmt wurde, sollte ihr Leben in Heim und Ehebett durchtränkt sein vom Geist göttlicher und moralischer Gesetze. Die Menschheit sollte Selbstzweck sein und niemals bloßes Mittel zum Zweck; aber diese Ideologie wirkte sich in den privaten Funktionen des Individuums aus, statt in den gesellschaftsbildenden, in der Sphäre der libidinösen Befriedigung statt in der Arbeit. Gegen die Verwendung des Körpers als bloßes Objekt, als Mittel, als Instrument der Lust wurde die ganze Streitmacht der kulturellen Moral mobilisiert; eine derartige Verdinglichung war tabuiert und untersagt und blieb das übelbeleumdete Vorrecht von Huren, Degenerierten und Pervertierten. Gerade in seiner Befriedigung und ganz besonders in seiner sexuellen Befriedigung sollte der Mensch ein höheres Wesen sein, das höheren Werten verpflichtet ist. Die Sexualität mußte durch Liebe geadelt sein. Dieser Prozeß würde mit dem Auftauchen eines neuen, nicht-repressiven Realitätsprinzips, mit der Abschaffung der zusätzlichen Unterdrückung, wie das Leistungsprinzip sie verhängte, rückläufig werden. In den gesellschaftlichen Beziehungen würde die Neuorientierung der Arbeitsteilung an

2 s. z. B. »Massenpsychologie und Ich-Analyse«, Ges. Werke XIII, S. 71 ff.

der Befriedigung frei sich entwickelnder, individueller Bedürfnisse die Verdinglichung des Menschen verringern; während in den libidinösen Beziehungen das Tabu auf die Verdinglichung des Körpers gelockert würde. Der Körper, der nicht mehr ganztägig als Arbeitsinstrument zur Verfügung stehen müßte, würde resexualisiert. Die mit dieser Ausbreitung der Libido verbundene Regression würde sich als erstes in einer Reaktivierung aller erogenen Zonen und damit in einem Wiederaufleben der prägenitalen polymorphen Sexualität und in der Abnahme des genitalen Supremats manifestiren. Der Körper in seiner Gesamtheit würde ein Objekt der Besetzung, ein Ding, dessen man sich erfreuen kann – ein Instrument der Lust. Diese Veränderung im Wert und im Ausmaß der libidinösen Beziehungen würde zu einer Auflösung der Institutionen führen, in denen die privaten zwischenmenschlichen Beziehungen organisiert waren, besonders der monogamen und patriarchalen Familie.

Diese Aussichten scheinen die Erwartungen zu rechtfertigen, daß eine Triebbefriedigung nur zu einer Gesellschaft von Triebbesessenen führen könne – d. h. zu keiner Gesellschaft. Aber der eben skizzierte Vorgang bedeutete ja nicht einfach eine Freisetzung, sondern eine *Transformation*, eine Umwandlung von Libido: von der unter das genitale Supremat gezwungenen Sexualität zu der Erotisierung der Gesamtpersönlichkeit. Das ist eine Ausweitung statt einer Explosion von Libido – eine Ausdehnung über private und gesellschaftliche Beziehungen, die die von einem repressiven Realitätsprinzip aufrechterhaltene Spaltung überwindet. Diese Umwandlung der Libido wäre das Ergebnis einer gesellschaftlichen Umwandlung, die das freie Spiel individueller Bedürfnisse und Fähigkeiten ermöglichen würde. Kraft dieser Bedingungen unterscheidet sich die freie Entwicklung umgewandelter Libido *jenseits* der Institutionen des Leistungsprinzips ihrem Wesen nach von der Freisetzung gehemmter Sexualität *innerhalb* des Bereichs dieser Institutionen. Der letztere Vorgang könnte *unter-*

drückte Sexualität explosionsartig freisetzen; die Libido trägt weiterhin das Kennzeichen der Unterdrückung und manifestiert sich in den scheußlichen Formen, die in der Kulturgeschichte so wohlbekannt sind: in den sadistischen und masochistischen Orgien verzweifelter Massen, »gesellschaftlicher Eliten«, verhungerter Söldnerbanden, der Aufseherhorden in Gefängnissen und Konzentrationslagern. Eine dergestalte Freisetzung von Libido bildet eine periodisch notwendige Abfuhr für unerträgliche Versagung; statt die Wurzeln der Triebhemmung zu schwächen, stärkt sie sie; infolgedessen wurde sie immer wieder einmal von tyrannischen Regimen als Hilfsmittel verwendet. Im Gegensatz dazu würde die freie Entwicklung verwandelter Libido innerhalb gewandelter Institutionen, während sie bisher tabuierte Zonen, Zeiten und Beziehungen erotisiert, die Manifestation *bloßer* Sexualität vermindern, indem sie sie in eine viel größere Ordnung integriert, einschließlich der Werkordnung. In diesem Zusammenhang strebt die Sexualität nach ihrer eigenen Sublimierung: die Libido würde nicht einfach präkulturelle und infantile Stadien reaktivieren, sondern würde auch den pervertierten Inhalt dieser Stadien verwandeln.

Unter dem Ausdruck Perversionen werden sexuelle Phänomene zusammengefaßt, die ihrem Wesen nach verschiedenen Ursprungs sind. Dasselbe Tabu betrifft triebhafte Manifestationen, die unvereinbar mit der Kultur sind, und Manifestationen, die unvereinbar mit der Unterdrückung, mit der repressiven Kultur, besonders mit dem Supremat der genitalen Monogamie sind. Aber innerhalb der historischen Triebdynamik nehmen z. B. die Koprophilie und die Homosexualität sehr verschiedene Plätze ein und haben ganz unterschiedliche Funktionen[3]. Ähnliche Unterschiede gelten aber auch innerhalb einer und derselben Perversion: die Funktion des Sadismus ist eine andere in einer freien libidinösen Beziehung als etwa bei den Unternehmungen von SS-Truppen. Die unmenschli-

3 s. Kap. II.

chen, zwangshaften, erzwingenden und zerstörerischen Formen dieser Perversionen scheinen mit der allgemeinen Perversion des menschlichen Daseins in einer unterdrückenden Kultur zusammenzuhängen, aber die Perversionen selbst haben einen triebhaften Gehalt, der anders ist als diese Formen; und dieser Gehalt könnte durchaus in anderen Formen zum Ausdruck gelangen, die mit normalen Verhaltensweisen innerhalb einer hohen Kultur wohl vereinbar wären. Nicht alle Partialtriebe und nicht alle Triebstadien, die verdrängt wurden, haben dies Schicksal erlitten, nur weil sie die Entwicklung des Menschen und der Menschheit behindert hätten. Die Reinheit, die Regelmäßigkeit, die Reinlichkeit und die Fortpflanzung, wie das Leistungsprinzip sie fordert, sind nicht von Natur aus in dieser Form Eigenschaften jeder reifen Kultur. Und die Reaktivierung prähistorischer und kindhafter Wünsche und Haltungen ist nicht notwendigerweise schon eine Regression, ein Rückschritt; sie kann durchaus das Gegenteil bedeuten – die Annäherung an ein Glück, das schon immer das verdrängte Versprechen einer besseren Zukunft war. In einer seiner großartigsten Formulierungen definierte Freud einmal das Glück als die nachträgliche Erfüllung eines prähistorischen Wunsches. Das sei der Grund, warum Reichtum so wenig Glück beschere – Geld war kein Kindheitswunsch [4].

Hängt aber das menschliche Glück von der Erfüllung der Kindheitswünsche ab, so hängt, nach Freuds Ansicht, die Kultur von der Unterdrückung des stärksten aller Kindheitswünsche ab, von der des ödipalen Wunsches. Bedarf nun die Realisierung des Glücks in einer freien Kultur noch dieser Unterdrückung? Oder könnte die Umwandlung der Libido auch die Ödipussituation mit erfassen? Im Zusammenhang unserer Hypothese sind solche Spekulationen belanglos; obwohl primäre Quelle und Grundmodell neurotischer Konflikte, ist der Ödipuskomplex sicherlich nicht die zentrale Ur-

4 Ernest Jones, »The Life and Work of Sigmund Freud«, Vol. I, New York, Basic Books, 1953, p. 330.

sache des Unbehagens in der Kultur und nicht das zentrale Hindernis für dessen Behebung. Selbst unter der Herrschaft eines repressiven Realitätsprinzips geht der Ödipuskomplex vorüber. Freud gibt für diesen »Untergang des Ödipuskomplexes« zwei allgemeine Begründungen: er erlischt durch Mangel an Erfolg, oder er hört auf, wenn die Zeit für seine Auflösung gekommen ist, so wie die Milchzähne ausfallen, wenn das endgültige Gebiß zu wachsen beginnt. In beiden Fällen erscheint der Untergang des Komplexes als »natürliches« Ereignis [5].

Wir sprachen von der *Selbstsublimierung der Sexualität.* Diese Formulierung besagt, daß die Sexualität unter bestimmten Bedingungen höchst kultivierte menschliche Beziehungen begründen kann, ohne der repressiven Organisation unterworfen zu sein, wie sie die heute geltende Kultur über die Triebe verhängt. Eine derartige Selbstsublimierung setzt historische Fortschritte über die Institutionen des Leistungsprinzips hinaus voraus, Fortschritte, die ihrerseits eine Triebregression auslösen würden. Für die Triebentwicklung bedeutet das eine Regression von der Sexualität im Dienst der Fortpflanzung zur Sexualität in der »Funktion der Lustgewinnung aus Körperzonen« [6]. Mit dieser Wiederherstellung der Urstruktur der Sexualität ist das Primat der genitalen Funktion gebrochen – und damit die Desexualisierung des Körpers, welche dies Primat begleitete. Der Organismus wird in seiner Gesamtheit zum Substrat der Sexualität, während zur gleichen Zeit das Triebziel nicht mehr von einer spezialisierten Funktion absorbiert wird – nämlich von »dem Bestreben, die eigenen Genitalien mit denen einer Person des anderen Geschlechts in Kontakt zu bringen« [7]. So erweitert, wird das Leben des Organismus selbst zum Gebiet und Ziel der Triebe. Dieser Vorgang legt fast von selbst aus seiner inneren Logik heraus die begriffliche Umgestaltung der Sexualität in den Eros nahe.

5 »Der Untergang des Ödipuskomplexes«, Ges. Werke XIII, S. 393 ff.
6 Sigmund Freud, »Abriß der Psychoanalyse«, S. 15. – 7 ebd., S. 14.

Die Einführung des Ausdrucks »Eros« in Freuds späteres Schaffen war sicher durch verschiedene Motive veranlaßt: Eros als Lebenstrieb bezeichnet eher einen breiteren biologischen Trieb als ein breiteres Wirkungsfeld der Sexualität [8]. Es ist aber vielleicht kein Zufall, daß Freud nicht starr zwischen Eros und Sexualität unterscheidet, und seine Verwendung des Ausdrucks Eros (besonders in »Das Ich und das Es«, »Das Unbehagen in der Kultur« und »Abriß der Psychoanalyse«) bedeutet eine Erweiterung der Bedeutung der Sexualität selbst. Auch ohne Freuds ausdrücklichen Hinweis auf Plato wäre der Wandel in der Betonung deutlich: Eros bezeichnet eine quantitative und qualitative Erweiterung der Sexualität. Und der erweiterte Begriff scheint eine entsprechend modifizierte Auffassung der Sublimierung zu erfordern. Die Modifikationen der Sexualität sind nicht die gleichen wie die Modifikationen des Eros. Freuds Begriff der Sublimierung bezieht sich auf das Schicksal der Sexualität unter einem repressiven Realitätsprinzip. So bedeutet die Sublimierung »eine gewisse Art von Modifikation des Ziels und Wechsel des Objekts, bei der unsere soziale Wertung in Betracht kommt« [9]. Der Ausdruck wird auf eine Gruppe unbewußter Vorgänge angewandt, denen gemeinsam ist, daß

... als Ergebnis innerer oder äußerer Entbehrung das Ziel der Objektlibido eine mehr oder weniger vollständige Ablenkung, Modifizierung oder Hemmung erleidet. In der großen Mehrzahl der Fälle unterscheidet sich das neue Ziel von der sexuellen Befriedigung oder liegt ihr fern, d. h. es ist ein asexuelles oder nicht-sexuelles Ziel [10].

Diese Form der Sublimierung wird in weitgehendem Maß von spezifischen sozialen Bedürfnissen diktiert und kann nicht

8 s. die Arbeiten von S. Bernfeld und E. Bibring in »Imago« XXI und XXII, 1935, 1936.

9 »Neue Folge der Vorlesungen zur Einführung in die Psychoanalyse«, Ges. Werke XV, S. 103.

10 Edward Glover, »Sublimation, Substitution, and Social Anxiety«, in: International Journal of Psychoanalysis XII, No. 3, 1931, p. 264.

automatisch auf andere und weniger repressive Formen der Kultur mit andersartigen »sozialen Wertungen« ausgedehnt werden. Unter dem Leistungsprinzip findet die Ablenkung der Libido auf nützliche kulturelle Betätigungen nach der Periode der frühen Kindheit statt. Die Sublimierung wirkt dann auf eine schon vorgeprägte Triebstruktur ein, die die funktionelle und zeitliche Beschränkung der Sexualität, ihre Ableitung in die Kanäle monogamer Fortpflanzung und die Desexualisierung fast des gesamten Körpers in sich schließt. Die Sublimierung arbeitet mit der so vorbereiteten Libido und ihren besitzgierigen, ausnützerischen, aggressiven Kräften. Der tatsächlichen Sublimierung geht die repressive »Modifikation« des Lustprinzips voraus, und sie trägt dann die repressiven Elemente in die sozial nützlichen Betätigungen hinüber.

Aber es gibt auch andere Formen der Sublimierung. Freud spricht von zielgehemmten Sexualstrebungen, »die man noch nicht sublimierte zu nennen braucht, wenngleich sie diesen (sublimierten Trieben) nahestehen. Sie haben ihre direkt sexuellen Ziele nicht aufgegeben, werden aber von der Erreichung derselben durch innere Widerstände abgehalten, begnügen sich mit gewissen Annäherungen an die Befriedigung« [11]. Freud nennt sie »soziale Triebe« und erwähnt als Beispiel die »Zärtlichkeitsbeziehungen zwischen Eltern und Kindern, die Gefühle der Freundschaft und die aus sexueller Zuneigung hervorgegangenen Gefühlsbindungen in der Ehe«. In seiner »Massenpsychologie und Ich-Analyse« hat Freud außerdem noch auf das Ausmaß hingewiesen, in dem soziale Beziehungen (Gemeinschaft in der Kultur) sowohl auf *un*sublimierten als auf sublimierten libidinösen Bindungen beruhen: »sowohl die geschlechtliche Liebe zum Weibe« als auch »die desexualisierte, sublimiert homosexuelle Liebe zum anderen Manne« erscheint hier als triebhafte Quelle einer dauerhaften, sich er-

11 »Libidotheorie«, Ges. Werke XIII, S. 232.

weiternden Kultur [12]. Diese Konzeption läßt aus Freuds eigenem Werk das Bild einer Kultur erstehen, das sehr verschieden von dem durch repressive Sublimierung erreichten ist, nämlich die Idee einer Kultur, die aus freien libidinösen Beziehungen erwächst und von ihnen getragen wird. Géza Rôheim verwendete Ferenczis Begriff einer »genitofugalen Libido« [13], um seine Theorie vom libidinösen Ursprung der Kultur zu stützen. Mit der Lösung extremer Spannungen fließt Libido vom Objekt zum Körper zurück, und diese Wiederbesetzung des gesamten Organismus mit Libido ruft ein Gefühl des Glücks hervor, in dem die Organe ihren Lohn für die Anstrengungen und den Anreiz zu neuer Tätigkeit finden [14]. Dieser Gedanke nimmt also eine genitofugale »Libidotendenz zur Entwicklung von Kultur« an – mit anderen Worten, ein der Libido selbst inhärentes Streben nach »kulturellem« Ausdruck *ohne* äußere repressive Modifikation. Und diese »kulturelle« Tendenz der Libido scheint genitofugal zu sein, d. h. vom genitalen Supremat fort zur Erotisierung des Gesamtorganismus zu streben.

Diese Vorstellungen kommen der Erkenntnis einer möglichen nicht-repressiven Sublimierung sehr nahe. Und tatsächlich kann unter dem herrschenden Realitätsprinzip die nicht-repressive Sublimierung nur am Rande und nur in unvollständigen Aspekten sichtbar werden; ihre voll entwickelte Form wäre Sublimierung ohne Desexualisierung. Die Triebe werden

12 »Massenpsychologie und Ich-Analyse«, Ges. Werke XIII, S. 156–59.

13 »Versuch einer Genitaltheorie«, Internationaler Psychoanalytischer Verlag 1924, S. 51.

14 Géza Rôheim, »The Origin and Function of Culture«, New York, Nervous and Mental Disease Monograph No. 69, 1943. In seinem Aufsatz »Sublimation« in: Yearbook of Psychoanalysis I, 1945, betont Rôheim, daß in der Sublimierung »Es-Strebungen in verhüllter Form wieder Boden gewinnen«. So »finden wir, im Gegensatz zur allgemeinen Ansicht, nicht, daß das Über-Ich dem Es Boden entzieht, sondern ganz im Gegenteil, Bereiche des Über-Ich vom Es überschwemmt werden« (S. 117). Auch hier liegt also der Akzent auf dem Ansteigen der Libido in der Sublimierung.

nicht nur von ihren Zielen »abgelenkt«, sondern sie werden in Tätigkeiten und Beziehungen befriedigt, die nicht im Sinne »organisierter« genitaler Sexualität sexuell und doch libidinös und erotisch sind. Wo die repressive Sublimierung überwiegt und die Kultur bestimmt, muß sich die nicht-repressive Sublimierung im Widerspruch gegen die gesamte Sphäre sozialer Nützlichkeit äußern; von dieser Sphäre her gesehen ist sie nichts als die Negation aller gebilligten Produktivität und Leistung. Die orphischen und narzißtischen Urbilder werden in der Erinnerung wieder wach: Plato schon tadelte Orpheus um seiner »Weichheit« willen, die von den Göttern entsprechend bestraft wurde [15] – und so wurde auch die Weigerung des Narziß, »sich zu beteiligen«, bestraft. Vor der Realität, wie sie ist und gilt, sind sie Verurteilte: sie haben die geforderte Sublimierung verweigert. Aber:

> *... La sublimation n'est pas toujours la négation d'un désir; elle ne se présente pas toujours comme une sublimation* contre *des instincts. Elle peut être une sublimation* pour *un idéal. Alors Narcisse ne dit plus: »Je m'aime tel que je suis«, il dit: »Je suis tel que je m'aime.«* [16]

Der orphische und narzißtische Eros ergreift die Wirklichkeit in libidinösen Beziehungen, die den Einzelnen wie seine Umgebung verwandeln; diese Verwandlung aber ist die isolierte Tat je einzigartiger Individuen und als solche bringt sie den Tod hervor. Selbst wenn die Sublimierung nicht *gegen* die Triebe vor sich geht, sondern als ihre Bestätigung, muß sie ein überindividueller Vorgang auf gemeinschaftlicher Basis sein. Als isoliertes, individuelles Phänomen ist die Reaktivierung der narzißtischen Libido nicht kulturschöpferisch, sondern neurotisch:

15 »Symposion«, 179 D.

16 »Die Sublimierung ist nicht immer die Verneinung eines Wunsches; sie stellt sich nicht immer als eine Sublimierung gegen die Instinkte dar. Sie kann eine Sublimierung für ein Ideal sein. Dann sagt Narziß nicht mehr: »Ich liebe mich, wie ich bin«, sondern er sagt: »Ich bin so, daß ich mich liebe.« Gaston Bachelard, L'Eau et les Rêves, a. a. O., S. 34/5.

Der Unterschied zwischen Neurose und Sublimierung liegt offensichtlich im sozialen Aspekt des Phänomens. Eine Neurose isoliert, Sublimierung vereint. In der Sublimierung wird etwas Neues geschaffen – ein Haus, eine Gemeinschaft oder ein Werkzeug – und es wird in einer Gruppe oder für den Gebrauch einer Gruppe geschaffen.[17]

Nur als *soziales* Phänomen kann die Libido den Weg der Selbst-Sublimierung nehmen: als ununterdrückte Kraft kann sie die Kulturbildung nur unter Bedingungen fördern, die zusammengehörige Individuen in der Kultivierung der Umwelt aneinanderbindet, um wachsenden Bedürfnissen und Fähigkeiten gerecht zu werden. Die Reaktivierung polymorpher und narzißtischer Sexualität stellt keine Bedrohung der Kultur mehr dar und kann selber der Kulturentwicklung dienen, wenn der Organismus nicht als ein Instrument entfremdeter Arbeit existiert, sondern als ein Subjekt der Selbstrealisierung – mit anderen Worten, wenn sozial nützliche Arbeit gleichzeitig auch die echte Befriedigung eines individuellen Bedürfnisses darstellt. In einer primitiven Gesellschaft kann diese Organisation der Arbeit unmittelbar und »natürlich« sein; in einer reifen Kultur kann man sie sich nur als Ergebnis der Befreiung vorstellen. Unter solchen Bedingungen könnte der Impuls, »Lust aus Körperzonen zu gewinnen«, sich dahin *ausweiten*, sein Ziel in dauerhaften und umfassenderen libidinösen Beziehungen zu suchen, weil eine solche Ausweitung die Befriedigung intensiviert und erhöht. Außerdem rechtfertigt nichts im Wesen des Eros die Vorstellung, daß sich die »Ausweitung« des Impulses auf die körperliche Sphäre beschränkt. Ist die feindliche Trennung des körperlichen vom geistigen Teil des Organismus selbst ein historisches Ergebnis der Unterdrückung und Verdrängung, dann wird die Überwindung dieses Gegensatzes die geistige Sphäre für die Impulse öffnen. Die ästhetische Idee einer »sinnlichen Vernunft« läßt an solch eine Tendenz denken. Sie unterscheidet sich wesentlich von der

17 Géza Róheim, The Function of Culture, a. a. O., S. 74.

Sublimierung, insofern die geistige Sphäre zum »direkten« Ziel des Eros wird und ein libidinöses Objekt bleibt: weder in der Energie noch im Ziel ist eine Wandlung eingetreten.
Die Vorstellung, daß Eros und Agape letzten Endes doch ein und dasselbe sein könnten – nicht, daß Eros Agape wäre, aber wohl Agape Eros –, klingt nach fast 2000 Jahren Theologie wohl merkwürdig. Es scheint auch nicht gerechtfertigt, sich auf Plato als Verteidiger dieser Gleichsetzung zu berufen – auf Plato, der selbst die repressive Definition des Eros in den Haushalt der westlichen Kultur eingeführt hat: Und doch enthält das »Symposion« die Lobpreisung des sexuellen Ursprungs und Wesens geistiger Beziehungen. Diotima spricht es aus, daß Eros die Begierde eines schönen Körpers nach einem anderen und schließlich nach allen schönen Körpern antreibt; denn die Schönheit des einen Körpers ist der Schönheit eines anderen verwandt, und es wäre töricht, nicht zu erkennen, daß die Schönheit in jedem Körper ein und dieselbe ist. Aus dieser wahrhaft polymorphen Sexualität erwächst die Begierde nach dem, was den begehrten Körper beseelt: nach der Seele und ihren verschiedenen Manifestationen. Eine ungebrochene Linie erotischer Erfüllung führt von der körperlichen Liebe für den Einen zu der für die Anderen, zu der Liebe zum schönen Werk und Spiel (ἔπιϑηδεύματα) und schließlich zur Liebe zu schönem Wissen (Καλὰ μαϑήματα). Der Weg zur »höheren Bildung« führt durch die wahre Knabenliebe (ὄϑῶς παιδεραστειν). Die geistige Zeugung ist ebenso sehr das Werk des Eros wie es die körperliche Liebe ist, und die rechte und wahre Ordnung der Polis ist ebenso sehr eine erotische wie die rechte und wahre Ordnung der Liebe: Die kulturschöpferische Macht des Eros *ist* nicht-repressive Sublimierung: die Sexualität wird weder abgelenkt noch in ihren Zielen gehemmt; vielmehr transzendiert sie, indem sie ihr Ziel erreicht, auf der Suche nach vollerer Befriedigung zu weiteren Zielen.
Im Lichte der Idee einer nicht-repressiven Sublimierung gewinnt Freuds Definition des Eros als Streben, »lebende Sub-

stanz in immer größere Einheiten zu binden, so daß das Leben verlängert und zu höherer Entwicklung gebracht wird«, erhöhte Bedeutung. Der biologische Trieb wird zum kulturellen Antrieb. Das Lustprinzip läßt eine eigene Dialektik erkennen. Das erotische Ziel, den gesamten Körper als Subjekt-Objekt der Lust beizubehalten, verlangt nach fortgesetzter Verfeinerung des Organismus, nach Intensivierung seiner Empfänglichkeit, nach Zunahme seiner Sinnlichkeit. Das Ziel schafft seine eigenen Pläne der Realisierung: Abschaffung der Mühsal, Verbesserung der Umgebung, Überwindung von Krankheit und Verfall, Beschaffung von Luxus. All diese Tätigkeiten entspringen direkt dem Lustprinzip und begründen gleichzeitig Arbeiten und Werke, die die Einzelnen zu »größeren Einheiten« zusammenführen. Befreit aus der verstümmelnden Herrschaft des Leistungsprinzips modifizieren sie die Impulse, ohne sie vom Ziel abzulenken. So gibt es Sublimierung und infolgedessen Kultur; aber die Sublimierung geht in einem System dauerhafter und sich ausweitender libidinöser Beziehungen vor sich, die in sich selbst Werkbeziehungen sind.

Die Vorstellung einer erotischen Neigung zum Werk ist der Psychoanalyse nicht fremd. Freud selbst bemerkt, daß die Arbeit eine Möglichkeit bietet, »ein starkes Ausmaß libidinöser Komponenten, narzißtische, aggressive und selbst erotische« zu entladen [18]. Wir haben diese Feststellung seinerzeit angezweifelt [19], da sie nicht zwischen entfremdeter und nicht-entfremdeter Arbeit (zwischen mühseliger Arbeit und Werk) unterscheidet: erstere unterdrückt ihrer Natur nach menschliche Möglichkeiten und daher auch »libidinöse Partialtriebe«, die in Arbeit eintreten könnten. Aber sieht man diese Feststellung im Zusammenhang der Sozialpsychologie, wie Freud sie in seiner »Massenpsychologie und Ich-Analyse« entwickelt, so

18 »Das Unbehagen in der Kultur«, Fischer-Bücherei, Bd. 47.
19 Siehe Kapitel IV.

nimmt sie eine neue Bedeutung an. Er sagt in diesem Zusammenhang: »Die Libido lehnt sich an die Befriedigung der großen Lebensbedürfnisse an und wählt die daran beteiligten Personen zu ihren ersten Objekten.«[20] Wenn man diesen Gedanken in allen seinen Konsequenzen entwickelt, so hebt er Freuds grundsätzliche Annahme eigentlich auf, wonach der »Kampf ums Dasein« (d. h. um die »Befriedigung der großen Lebensbedürfnisse«) *an sich* anti-libidinös ist, insofern er die Reglementierung der Triebe durch ein einschränkendes Realitätsprinzip erfordert. Man darf hier nicht übersehen, daß Freud die Libido nicht bloß mit der *Befriedigung* der großen Lebensbedürfnisse in Verbindung bringt, sondern mit den vereinten menschlichen Anstrengungen, die Befriedigung zu *erreichen,* also mit dem Arbeitsprozeß:

> *. . . die Erfahrung hat gezeigt, daß sich im Falle der Mitarbeiterschaft regelmäßig libidinöse Bindungen zwischen den Kameraden herstellen; welche die Beziehung zwischen ihnen über das Vorteilhafte verlängern und fixieren.*[21]

Damit wäre also die Lebensnot kein hinlänglicher Grund für die zivilisatorische Triebbeschränkung – und kein hinlänglicher Grund, die Möglichkeit einer nicht-repressiven libidinösen Kultur abzulehnen. Freuds Gedankengänge in der »Massenpsychologie und Ich-Analyse« stellten mehr als eine Neuformulierung seiner These vom Eros als dem Begründer der Kultur dar: hier erscheint vielmehr die Kultur als Begründerin des Eros – das heißt, als die »natürliche« Erfüllung des innersten Strebens des Eros. Freuds Kulturpsychologie fußt auf dem unerbittlichen Konflikt zwischen der Lebensnot und der freien Triebentwicklung. Aber der Widerspruch wird hinfällig, wenn die Lebensnot selbst zum primären Feld libidinöser Entwicklung wird. Der Kampf ums Dasein würde nicht

20 »Massenpsychologie und Ich-Analyse«, Ges. Werke XIII, S. 112.
21 ebd.

nur keinen unbedingten Widerspruch zur Möglichkeit freier Triebentwicklung mehr darstellen (wie wir in Kapitel VI schon erwähnten), sondern sogar eine »Anlehnungs«möglichkeit für die Triebbefriedigung bieten. Die Werkbeziehungen, die die Grundlage der Kultur bilden, und mit ihnen die Kultur selbst, würden durch nicht-desexualisierte Triebenergie »gestützt«. Der gesamte Sublimierungsbegriff steht also auf dem Spiel.

Das Problem des Werkes, der sozial nützlichen Betätigung ohne (repressive) Sublimierung kann nun neu formuliert werden. Es erscheint jetzt als das Problem eines Wandels im Charakter der Arbeit, kraft dessen die letztere dem Spiel ähnlich werden könnte – dem freien Spiel menschlicher Fähigkeiten. Welche Vorbedingungen von Seiten der Triebe erfordert solch eine Wandlung? Der weitgehendste Versuch, diese Frage zu beantworten, wurde von Barbara Lantos in ihrem Aufsatz »Work and the Instincts« unternommen [22]. Sie definiert Arbeit und Spiel im Sinne der in diesen Betätigungen wirksamen Triebstadien. Das Spiel ist gänzlich dem Lustprinzip unterworfen: die Lust ist in der Bewegung selbst enthalten, insofern sie erogene Zonen aktiviert. »Das Grundmerkmal des Spieles ist, daß es an sich Befriedigung schafft, ohne irgendeinen anderen Zweck als dem der Triebbefriedigung zu dienen.« Es sind die prägenitalen Impulse, die das Spiel bestimmen: es drückt objektlose Autoerotik aus und befriedigt jene Partialtriebe, die schon auf die objektive Welt gerichtet sind. Die Arbeit andererseits dient Zwecken, die außerhalb ihrer selber liegen – nämlich dem Zweck der Selbsterhaltung. »Arbeiten ist die aktive Anstrengung des Ich . . . von der Außenwelt all das zu bekommen, was für die Selbsterhaltung notwendig ist.« Dieser Gegensatz stellt eine Parallele zwischen der Organisierung der Triebe und der der menschlichen Tätigkeit her:

22 In: International Journal of Psychoanalysis XXIV, 1943, S. 114 ff.

Spiel ist Selbstzweck, Arbeit ist das Agens der Selbsterhaltung. Partialtriebe und autoerotische Betätigungen suchen Lust ohne anderweitige Konsequenzen, genitale Betätigung ist das Agens der Fortpflanzung. Die genitale Organisation der Sexualtriebe hat eine Parallele in der Arbeits-Organisation der Ich-Triebe.[23]

Damit ist es also der Zweck und nicht der Inhalt, der eine Betätigung als Spiel oder als Arbeit auszeichnet [24]. Eine Wandlung in der Triebstruktur (wie die von der prägenitalen zur genitalen Stufe) würde eine Veränderung im Triebwert der menschlichen Tätigkeit nach sich ziehen, ganz unabhängig von ihrem Inhalt. Würde z. B. die Arbeit von einer Reaktivierung der prägenitalen polymorphen Erotik begleitet, so wäre sie an sich befriedigend, ohne dabei ihren *Werk*-Inhalt zu verlieren. Es ist nun gerade solch eine Reaktivierung der polymorphen Erotik, die als Folge der Überwindung von Mangel und Entfremdung erschien. Die veränderten sozialen Bedingungen würden daher eine Triebgrundlage für die Umwandlung der Arbeit in Spiel liefern. Um mit Freud zu sprechen: je weniger die Anstrengungen, Befriedigungen zu erlangen, von den Interessen der Herrschaft behindert und gelenkt werden, desto freier könnte sich die Libido an die Befriedigung der großen vitalen Bedürfnisse anlehnen. Sublimierung und Befriedigung hängen zusammen. Die Auflösung der ersteren würde mit der Wandlung der Triebstruktur auch die grundlegende Haltung gegenüber Mensch und Natur, wie sie die westliche Kultur charakterisiert hat, verwandeln können.

In der psychoanalytischen Literatur wird die Entwicklung libidinöser Arbeitsbeziehungen gewöhnlich einer »allgemeinen mütterlichen Haltung als dominantem Zug in der Kultur« zugeschrieben [25]. Demgemäß gilt sie eher als Wesenszug primitiver Gesellschaften und nicht als Möglichkeit einer reifen Kultur. Margaret Meads Interpretation der Arapeschkultur ist ganz auf diese Haltung eingestellt:

23 ebd., S. 117. – 24 ebd., S. 118.

25 Géza Rôheim, »The Origin and Function of Culture«, a. a. O., S. 75.

Für die Arapesch ist die Welt ein Garten, der bestellt werden muß, nicht für einen selbst, nicht in Stolz und Eitelkeit, nicht um zu horten und zu nutzen, sondern damit die Kartoffeln und die Hunde und die Schweine und vor allen Dingen die Kinder wachsen. Aus dieser ganzen Haltung entspringen viele der anderen Wesenszüge der Arapesch. Es gibt keine Konflikte zwischen Alt und Jung, jede Voraussetzung für Eifersucht oder Neid fehlt, die Zusammenarbeit spielt die größte Rolle.[26]

Am wichtigsten in dieser Beschreibung erscheint das grundlegend andere Welterlebnis: die Natur wird nicht als Objekt der Herrschaft und Ausbeutung, sondern als »Garten« erfahren, der wachsen kann, während er menschliche Wesen wachsen läßt. Es ist die Haltung, die Mensch und Natur als vereint in einer nicht-repressiven und noch funktionierenden Ordnung erlebt. Wir sehen, wie die sonst am weitesten divergierenden Denktraditionen auf diese Idee hin konvergieren: die philosophische Opposition gegen das Leistungsprinzip; die orphischen und narzißtischen Archetypen; die ästhetische Konzeption. Während aber die psychoanalytischen und anthropologischen Auffassungen solch einer Ordnung sich an der prähistorischen und präkulturellen Vergangenheit orientieren, ist unsere Diskussion des Problems auf die *Zukunft*, auf die Bedingungen einer völlig ausgereiften Zivilisation ausgerichtet. Die Umwandlung der Sexualität in Eros und seine Ausweitung auf dauerhafte libidinöse Werkbeziehungen setzen hier die rationelle Neuorganisation eines riesigen Industrieapparates voraus, eine höchst spezialisierte gesellschaftsformende Arbeitsteilung, die Verwendung phantastisch destruktiver Maschinen und die Zusammenarbeit ausgedehnter Menschenmengen.
In der Gedankentradition findet die Idee libidinöser Arbeitsbeziehungen in einer entwickelten Industriegesellschaft wenig Unterstützung, und wo sie auftaucht, scheint sie nicht ungefährlich. Die Umwandlung von Arbeit in Lust ist der zen-

26 »Sex and Temperament in Three Primitive Societies«, New York, New American Library, 1952, S. 100.

trale Gedanke von Fouriers gigantischer sozialistischer Utopie. Wenn

> *... l'industrie est la destination qui nous est assignée par le créateur, comment penser qu'il veuille nous y amener par la violence, et qu'il n'ait pas su mettre en jeu quelque ressort plus noble, quelqu'amorce capable de transformer les travaux en plaisirs.* [27]

Fourier ist überzeugt, daß diese Verwandlung eine völlige Veränderung der sozialen Einrichtungen voraussetzte: die Verteilung des Sozialprodukts entsprechend dem Bedürfnis, Übertragung von Funktionen entsprechend den individuellen Fähigkeiten und Neigungen, kurze Arbeitszeiten und so weiter. Aber die Möglichkeit »attraktiver Arbeit« *(travail attrayant)* entstammt in erster Linie der Freisetzung libidinöser Kräfte. Fourier nimmt die Existenz einer *attraction industrielle* an, die zu lustvoller Zusammenarbeit beiträgt. Sie beruht auf der *attraction passionnée* in der Natur des Menschen, die trotz des Widerspruchs von Vernunft, Pflicht und Vorurteil weiter besteht. Diese *attraction passionnée* richtet sich auf drei Hauptziele: auf die Schaffung von Luxus oder auf die Lust der fünf Sinne; auf die Bildung libidinöser Gruppen (oder Freundschaft und Liebe); auf die Errichtung einer harmonischen Ordnung, die diese Gruppen im Einklang mit der Entwicklung, der individuellen »Leidenschaften« (inneres und äußeres »Spiel« der Fähigkeiten) organisiert [28]. Fourier kommt der Erkenntnis der Abhängigkeit der Freiheit von nicht-repressiver Sublimierung näher als sonst irgendeiner der utopischen Sozialisten. Aber in seinem detaillierten Entwurf zu

27 »Wenn der Fleiß das uns vom Schöpfer bestimmte Schicksal ist, warum sollte man dann glauben, daß er uns mit Gewalt dahin bringen will, und daß er nicht in der Lage gewesen wäre, edlere Mittel anzuwenden, irgendeinen Reiz, der imstande wäre, Arbeit in Lust zu verwandeln.« F. Armand u. R. Maublanc, »Fourier: Textes Choisis«, Paris, Editions Sociales Internationales, 1937, III, 154.
28 ebd., S. 240 ff.

einer Verwirklichung dieser Idee überläßt er sie einer riesenhaften Organisation und Verwaltung und behält so die repressiven Elemente bei. Die Arbeitsgemeinschaften der *phalanstère* nehmen eher »Kraft durch Freude« voraus als die Freiheit, sie erscheinen mehr eine Verschönerung der Massenkultur als ihre Abschaffung. Die Arbeit als freies Spiel kann nicht der Verwaltung unterstellt werden; nur die entfremdete Arbeit kann durch rationale Routine organisiert und verwaltet werden. Die repressionsfreie Sublimierung schafft ihre eigene kulturelle Ordnung jenseits dieser Sphäre – wenn auch auf ihrer Grundlage.

Wir betonen noch einmal, daß die repressionslose Sublimierung völlig unvereinbar mit den Institutionen des Leistungsprinzips ist und die Verneinung dieses Prinzips in sich schließt. Diese Unvereinbarkeit ist um so wichtiger, seit die nach-Freudsche analytische Theorie eine deutliche Tendenz verrät, sie zu verwischen und die repressive Produktivität als menschliche Selbstverwirklichung zu feiern. Ein schlagendes Beispiel dafür gibt Ives Hendrick in seinem Aufsatz »Work and the Pleasure Principle« [29]. Er spricht davon, daß die Energie und das Bedürfnis, die für die Arbeit verfügbaren physiologischen Organe zu üben, nicht von der Libido zur Verfügung gestellt werden, sondern vielmehr von einem besonderen Trieb, dem »Bemeisterungstrieb«. Dieser zielt darauf ab, »ein Stück der Umgebung durch den geschickten Gebrauch intellektueller, motorischer und Wahrnehmungs-Techniken zu verändern oder zu beherrschen«. Der Trieb nach »Integration und gekonnter Beherrschung« wird »geistig und gefühlsmäßig als das Bedürfnis erlebt, Arbeit erfolgreich zu leisten« [30]. Da also hierbei angenommen wird, daß die Arbeit selbst die Befriedigung eines Antriebes darstellt statt die »zeitweilige Negation« eines Triebes, verschafft die Arbeit in erfolgreicher Leistung Lust. Die

29 »Psychoanalytic Quarterly«, XII, No. 3, 1943.
30 ebd., S. 314.

Arbeitslust entstammt der Befriedigung des Bemeisterungstriebes, aber die »Arbeitslust« fällt gewöhnlich mit der libidinösen Lust zusammen, da die Ich-Organisationen, die als Arbeit funktionieren, »im Allgemeinen und vielleicht immer, gleichzeitig für die Entladung von überschüssiger libidinöser Spannung verwendet werden«[31].

Wie gewöhnlich bedeutet die Revision der Freudschen Theorien einen Rückschritt. Die Annahme irgendeines speziellen Triebes heißt Unbewiesenes als Beweis heranzuziehen, aber die Annahme eines speziellen »Bemeisterungstriebs« bedeutet noch etwas mehr: sie zerstört den gesamten Aufbau und die Dynamik des »psychischen Apparats«, wie Freud ihn konstruierte. Darüber hinaus verwischt sie die repressivsten Züge des Leistungsprinzips, indem sie sie als Befriedigung eines Triebbedürfnisses deutet. Die Arbeit ist schlicht und einfach die wichtigste soziale Manifestation des Realitätsprinzips. Insofern die Arbeit zeitliche Verzögerung und Ablenkung der Triebbefriedigung als Bedingung voraussetzt (und nach Freud tut sie das), widerspricht sie dem Lustprinzip. Wenn Arbeitslust und libidinöse Lust »gewöhnlich zusammenfallen«, dann wird der Begriff des Realitätsprinzips als solcher sinnlos und überflüssig und die Triebschicksale, wie Freud sie beschrieb, wären im besten Falle eine anomale Entwicklung. Das Realitätsprinzip kann auch nicht gerettet werden, wenn man (wie Hendrick das unternimmt) ein Arbeitsprinzip feststellt, das sich vom Realitätsprinzip unterscheidet; denn wenn das letztere nicht die Arbeit beherrscht, dann hat es praktisch nichts in der Realität zu beherrschen.

Natürlich gibt es Arbeit, die in gekonnter Leistung den »für die Arbeit verfügbaren körperlichen Organen« Lust verschafft. Aber was für eine Art von Arbeit und was für eine Art von Lust? Wenn die Lust tatsächlich im Arbeitsakt und nicht irgendwo außerhalb seiner liegt, dann muß diese Lust aus den

31 ebd., S. 317.

sich betätigenden Körperorganen und dem Körper selbst stammen und die erogenen Zonen aktivieren, oder den Körper als Ganzes erotisieren; mit anderen Worten: sie muß libidinöse Lust sein. In einer vom Leistungsprinzip beherrschten Wirklichkeit ist solche »libidinöse« Arbeit eine seltene Ausnahme und kann nur außerhalb oder am Rande der Arbeitswelt vorkommen – als »Steckenpferd«, als Spiel oder in einer direkt erotischen Situation. Die normale Art von Arbeit (sozial nützliche berufsmäßige Betätigung) in der heute üblichen Arbeitsteilung ist so, daß der Einzelne, indem er arbeitet, *nicht* seine *eigenen* Impulse, Bedürfnisse und Fähigkeiten befriedigt, sondern eine vorher festgesetzte Funktion ausübt. Hendrick aber nimmt keine Kenntnis von der Tatsache der *entfremdeten* Arbeit, wie sie unter dem herrschenden Realitätsprinzip überwiegt. Gewiß kann es auch in entfremdeter Arbeit »Lust« geben. Die Sekretärin, die eine perfekte Abschrift, der Schneider, der einen gut sitzenden Anzug liefert, der Frisör, der den perfekten Haarschnitt macht, der Arbeiter, der sein Soll erfüllt – sie alle können Lust an der »gutgemachten« Sache haben. Aber entweder liegt die Lust außerhalb (in der Erwartung des Lohnes z. B.) oder sie ist die Befriedigung darüber (selbst ein Kennzeichen der Unterdrückung), gut beschäftigt zu sein, am richtigen Platz zu stehen, seinen Beitrag zum Funktionieren des Apparats zu liefern. In jedem Fall hat diese Lust nichts mit einer primären Triebbefriedigung zu tun. Wenn man den Versuch macht, die Leistung am laufenden Band, in Büros und Warenhäusern, mit Triebbedürfnissen in Verbindung zu bringen, dann heißt das, die Entmenschlichung als Lust zu verherrlichen. Kein Wunder, daß Hendrick den »sublimen Test des menschlichen Willens, seine Arbeit erfolgreich zu verrichten«, im erfolgreichen Funktionieren einer Armee sieht, die keine »Phantasien vom Sieg oder einer erfreulichen Zukunft« mehr hegt und aus keinem anderen Grunde mehr weiterkämpft, als weil es das Geschäft des Soldaten ist, zu kämpfen, und weil »dies Geschäft fortzuführen, die einzige

Motivierung war, die noch Bedeutung hatte«[32]. Zu behaupten, daß das Geschäft verrichtet werden muß, weil es eben ein »Geschäft« ist, ist wahrhaft der Gipfel der Entfremdung, ist der völlige Verlust jeder instinkthaften und intellektuellen Freiheit, ist eine Unterdrückung, die dem Menschen nicht zur zweiten, sondern zur ersten Natur geworden ist.

Im Gegensatz zu solchen Verirrungen lebt der wahre Geist der psychoanalytischen Theorie in den kompromißlosen Anstrengungen, hinter der Philosophie der Produktivität die antihumanen Kräfte aufzuspüren:

Ausgerechnet die schwere Arbeit ist zur Tugend geworden, statt des Fluchs, als den unsere fernen Vorväter sie immer bezeichneten ... Unsere Kinder sollten darauf vorbereitet werden, ihre Kinder so zu erziehen, daß sie nicht aus neurotischem Zwang arbeiten müssen. Arbeiten zu müssen ist ein neurotisches Symptom. Es ist eine Krücke. Es ist der Versuch, sich selber das Gefühl von Wert zu verleihen, auch wenn keine besondere Notwendigkeit vorliegt, zu arbeiten.[33]

32 ebd., S. 423.

33 C. B. Chisholm in der Ausschußdiskussion »The Psychiatry of Enduring Peace and Social Progress« in: Psychiatry, IX, No. 1, 1946, S. 31.

XI
Eros und Thanatos

Unter nicht-repressiven Bedingungen tendiert die Sexualität dahin, sich zum Eros zu »entwickeln« – das heißt zur Selbst-Sublimierung in dauerhafte und erweiterte Beziehungen (einschließlich von Arbeitsbeziehungen), die dazu dienen, die Triebbefriedigung zu intensivieren und zu vergrößern. Der Eros strebt danach, sich in einer währenden Ordnung zu »verewigen«. Dies Streben stößt im Bereich der Notwendigkeit auf seine ersten Widerstände. Sicherlich könnte die in der Welt herrschende Not und Armut so weit bemeistert werden, daß dem Anbruch der allgemeinen Freiheit nichts im Wege stünde – aber diese Bemeisterung scheint sich selbst immer weiter voranzutreiben – ewig neue Arbeit zu schaffen. All der technische Fortschritt, die Rationalisierung von Mensch und Arbeit haben den Zwang zur entfremdeten Arbeit nicht behoben und können ihn nicht beheben – den Zwang, mechanisch zu arbeiten, lustlos, in einer Art, die keine individuelle Selbstverwirklichung darstellt.

Andererseits erhöht die fortschreitende Entfremdung selbst das Potential der Freiheit; je mehr die Arbeit für den Einzelnen zu etwas Äußerlichem wird, desto weniger berührt sie ihn im Bereich des Notwendigen. Von den Erfordernissen der Herrschaft befreit, führt die quantitative Abnahme der Arbeitszeit und Arbeitsenergie zu einer qualitativen Wandlung im menschlichen Dasein: die Freizeit und nicht die Arbeitszeit bestimmt seinen Gehalt. Das wachsende Bereich der Freiheit wird wirklich zu einem Bereich des Spiels – des freien Spiels der individuellen Fähigkeiten. So befreit, werden diese Möglichkeiten neue Formen der Realisierung und Weltentdeckung hervorbringen, die ihrerseits das Bereich der Notwendigkeit, den Existenzkampf, umformen werden. Die so veränderte

Beziehung zwischen den beiden Bereichen der menschlichen Wirklichkeit verändert die Beziehung zwischen dem, was wünschenswert und dem, was vernünftig ist, zwischen Trieb und Vernunft. Mit der Wandlung von der Sexualität zum Eros entfalten die Lebenstriebe ihre sinnliche Ordnung, während die Vernunft in dem Maße sinnlich wird, als sie die Notwendigkeit im Sinne der Bereicherung und Förderung der Lebenstriebe erfaßt und organisiert. Die Wurzeln der ästhetischen Lebenserfahrung kommen wieder zum Vorschein – nicht nur in einer künstlerischen Kultur, sondern im Kampf ums Dasein selbst. Er nimmt eine neue Vernünftigkeit an. Die unterdrückenden Züge der Vernunft, die die Herrschaft des Leistungsprinzips auszeichnen, gehören nicht *an sich* dem Bereich der Notwendigkeit an. Unterm Leistungsprinzip hängt die Befriedigung des Sexualtriebs weitgehend von der »Abschaltung« der Vernunft und selbst des Bewußtseins ab: vom kurzen (legitimen oder heimlichen) Vergessen des privaten und allgemeinen Elends, von der Unterbrechung der vernunftgemäßen Lebensroutine, der standesgemäßen Pflicht und Würde. Nichtunterdrücktes, unkontrolliertes Glück ist fast definitionsgemäß unvernünftig. Im Gegensatz dazu erfordert die Triebbefriedigung jenseits des Leistungsprinzips um so mehr bewußte Anstrengung der freien Vernunft, je weniger sie ein Nebenprodukt der auferlegten Vernünftigkeit der Unterdrückung ist. Je freier die Triebe sich entwickeln, desto freier wird sich ihre »konservative Natur« entfalten. Das Streben nach *dauernder* Befriedigung geht nicht nur auf eine erweiterte Ordnung der libidinösen Beziehungen (»Gemeinschaft«), sondern auch auf Fortdauer dieser Ordnung auf höherer Ebene. Das Lustprinzip greift auf das Bewußtsein über; der Eros definiert die Vernunft in seinem eigenen Sinne. Vernünftig ist nun, was die Ordnung der Befriedigung unterstützt.

In dem Maße, in dem der Kampf ums Dasein der freien Entwicklung und Erfüllung individueller Bedürfnisse zu dienen beginnt, weicht die repressive Vernunft einer neuen *Ver-*

nünftigkeit der Befriedigung, in der Vernunft und Glück zusammentreffen. Sie schafft ihre eigene Arbeitsteilung, ihre Hierarchie und ihre eigenen Prioritäten. Die historische Erbschaft des Leistungsprinzips ist die Verwaltung, und zwar nicht von Menschen, sondern von Dingen: die reife Zivilisation hingegen hängt für ihr Funktionieren von einer Vielzahl koordinierter Einrichtungen ab. Diese Einrichtungen müssen ihrerseits anerkannte und erkennbare Autorität besitzen. Hierarchische Beziehungen sind nicht *an sich* unfrei; Zivilisation und Kultur beruhen zu einem großen Teil auf einer durch Wissen, Können und Notwendigkeit begründeten Autorität, deren Ziel es ist, das Leben zu beschützen und zu erhalten. Das ist die Art von Autorität, wie der Techniker, der Verkehrsschutzmann, der Pilot im Dienst sie hat. Hier müssen wir uns wieder an den Unterschied zwischen Unterdrückung und zusätzlicher Unterdrückung erinnern. Wenn ein Kind das »Bedürfnis« empfindet, jederzeit beliebig über die Straße zu laufen, so wäre die Unterdrückung dieses »Bedürfnisses« keine Unterdrückung menschlicher Möglichkeiten. Es könnte sogar das Gegenteil sein. Das Bedürfnis, sich mit Hilfe der durch die Industriekultur zur Verfügung gestellten Unterhaltungen zu »entspannen«, ist selbst repressiv und seine Unterdrückung ein Schritt voran zur Freiheit. Wo die Unterdrückung so wirksam geworden ist, daß sie für den Unterdrückten die (illusorische) Form der Freiheit annimmt, erscheint die Abschaffung solch einer Freiheit gerne als ein totalitärer Akt. Hier taucht der alte Konflikt wieder auf: die menschliche Freiheit ist keine Privatangelegenheit – aber sie ist gar nichts, wenn sie nicht *auch* eine Privatangelegenheit ist. Wenn die private Existenz erst einmal nicht mehr abseits von und gegen das öffentliche Dasein geführt werden muß, dann könnte die Freiheit des Einzelnen und die der Gesamtheit vielleicht durch einen »allgemeinen Willen« in Einklang geraten, der sich in Einrichtungen zu Gunsten der individuellen Bedürfnisse äußern könnte. Die Triebverzichte und Verzögerungen der Erfüllung, die der allgemeine Wille fordert, müssen durchaus nicht düster und unmenschlich und ihre Vernunft nicht autoritär sein. Trotzdem bleibt die Frage bestehen: wie kann die Zivilisation ungehemmt die Freiheit hervorbringen, wenn die Unfreiheit zum Anteil und Kernstück des psychischen Apparats geworden ist. Und wenn nicht, wer hat das Recht, objektive Wertmaßstäbe aufzustellen und sie durchzusetzen?

Von Plato bis Rousseau besteht die einzig ehrliche Antwort in der Idee einer erzieherischen Diktatur, die von denen ausgeübt wird, denen man zutrauen könnte, daß sie das Wissen um das wirkliche Gute erworben haben. Diese Antwort ist seither in Vergessenheit geraten: das Wissen um die Mittel zur Schaffung eines menschlichen Daseins für Alle ist nicht mehr auf eine privilegierte Elite beschränkt. Die Tatsachen sind nur zu offenbar und das individuelle Bewußtsein würde sie ohne weiteres erfassen, würde es nicht methodisch daran behindert und abgelenkt. Der Einzelne kann selbst zwischen rationaler und irrationaler Autorität, zwischen notwendiger und zusätzlicher Unterdrückung unterscheiden und diese Unterscheidung überprüfen. Daß er es heute noch nicht kann, bedeutet nicht, daß er es nicht lernen könnte, wenn er erst Gelegenheit dazu hätte. Dann wird der Unterricht in Versuchen und Irrtümern zum vernunftgemäßen Unterricht in der Freiheit. Utopien geraten leicht unter den Verdacht, unrealistische Planungen zu sein; auf die Bedingungen für eine freie Gesellschaft trifft dies nicht zu. Sie sind eine Angelegenheit der Vernunft.

Das stärkste Argument gegen die Idee einer freien Kultur liegt weniger im Konflikt zwischen Trieb und Vernunft, als in dem Konflikt, den der Trieb in sich selbst schafft. Selbst wenn die destruktiven Formen seiner polymorphen Perversionen und Hemmungslosigkeit zu Lasten der zusätzlichen Unterdrückung gehen und mit deren Behebung einer libidinösen Ordnung zugänglich werden, wirken die Triebe an sich jenseits von Gut und Böse – und keine Kultur kann auf diese Unterscheidung verzichten. Schon die bloße Tatsache, daß der Sexualtrieb in der Wahl seiner Objekte nicht von den Bedürfnissen nach Fortpflanzung gelenkt wird, schafft eine Quelle unvermeidlicher Konflikte zwischen den Individuen – und ein gewichtiges Argument gegen die Möglichkeit der Selbst-Sublimierung. Aber gibt es vielleicht im Trieb selbst eine innere Schranke, die seine treibende Kraft »zurückhält«? Gibt es vielleicht eine »nützliche« Selbstbeschränkung des Eros, so daß seine echte Befriedigung nach Verzögerung, Umweg und Hemmung verlangt? Dann gäbe es also Hindernisse und Einschränkungen, die nicht von außen her, von einem repressiven Realitätsprinzip errichtet wären, sondern vom Trieb selbst gesetzt und akzeptiert, weil sie einen inhärenten libidinösen Wert besitzen. Freud weist in der Tat auf diese Möglichkeit hin. Er vertrat die Ansicht, daß eine von Anfang an unbeschränkte sexuelle Freiheit zu nur mangelhafter Befriedigung führen müßte:

Es ist leicht festzustellen, daß der psychische Wert des Liebesbedürfnisses sofort sinkt, sobald ihm die Befriedigung bequem gemacht wird. Es bedarf eines Hindernisses um die Libido in die Höhe zu treiben.[1]

Mehr noch: Freud spricht von der »befremdenden Möglichkeit ... daß etwas in der Natur des Sexualtriebes selbst dem Zustandekommen der vollen Befriedigung nicht günstig ist«[2]. Die Vorstellung ist doppeldeutig und läßt leicht allerlei ideologische Rechtfertigungen zu: vermutlich dienten die ungünstigen Folgen allzu leicht erreichbarer Befriedigung als eine der stärksten Stützen der repressiven Moral. Im Zusammenhang der Freudschen Theorie würde jedoch folgen, daß die »natürlichen Hindernisse« alles andere als eine Verweigerung der Lust bedeuten, vielmehr als Lustprämie dienen können, wenn sie nur von den archaischen Tabus und äußeren Behinderungen getrennt werden. Die Lust enthält ein Element der

1 »Über die allgemeinste Erniedrigung des Liebeslebens«. Ges. Werke, VIII, S. 88.
2 ebd., S. 89.

Selbst-Bestimmung, die das Wahrzeichen des menschlichen Sieges über die blinde Notwendigkeit ist.

Natur kennt nicht eigentlich Genuß: sie bringt es nicht weiter als zur Stillung des Bedürfnisses. Alle Lust ist gesellschaftlich, in den unsublimierten Affekten nicht weniger als in den sublimierten. Die Lust entspringt aus der Entfremdung.[3]

Was die Lust von der blinden Bedürfnisstillung unterscheidet, ist die Weigerung des Triebes, sich in unmittelbarer Befriedigung zu erschöpfen, ist seine Fähigkeit, Schranken zu errichten und sie zur Intensivierung der Erfüllung zu verwenden. Obwohl diese Triebbändigung das Werk der Herrschaft verrichtet hat, kann sie auch der entgegengesetzten Funktion dienen; sie kann nicht-libidinöse Beziehungen erotisieren, biologische Spannung und Abspannung in freies Glück verwandeln. Die Schranken gegen die absolute Befriedigung könnten, wenn sie nicht mehr dazu dienen müßten, Menschen zu entfremdeten Leistungen zu zwingen, zu Elementen der menschlichen Freiheit werden; sie würden jene andere Entfremdung beschützen, aus der die Lust entspringt – die Entfremdung des Menschen nicht von sich selbst, sondern von der bloßen Natur: seine freie Selbstverwirklichung. Die Menschen würden dann wirklich als Einzelwesen leben, jeder sein eigenes Leben formend; sie würden einander mit wirklich verschiedenartigen Bedürfnissen und wirklich verschiedenartigen Befriedigungsformen gegenübertreten – mit ihrer eigenen Wahl und ihrer eigenen Ablehnung. Der Anstieg des Lustprinzips würde so Schmerzen, Versagungen und Konflikte erzeugen – individuelle Konflikte im Streben nach Befriedigung. Aber sie hätten selbst einen libidinösen Wert: sie wären durchtränkt von der Rationalität der Befriedigung. Diese sinnliche Rationalität hat ihre eigenen moralischen Gesetze.

3 Max Horkheimer und Theodor W. Adorno, »Dialektik der Aufklärung«, Amsterdam, Querido Verlag, 1947, S. 127.

Nicht nur Freuds Vorstellung von einer Triebschranke gegenüber der absoluten Befriedigung, sondern auch die psychoanalytischen Deutungen des Über-Ich, legt die Idee einer libidinösen Moral nahe. Es ließ sich feststellen, daß das Über-Ich als seelische Repräsentanz der Moral nicht eindeutig der Vertreter des Realitätsprinzips, vor allem des verbietenden und strafenden Vaters ist. In manchen Fällen scheint das Über-Ich im geheimen mit dem Es verbündet zu sein und die Ansprüche des Es gegen das Ich und die Außenwelt zu vertreten. Charles Odier vertritt daher die Meinung, daß ein Teil des Über-Ich in letzter Analyse der Repräsentant einer primitiven Phase sei, »in der die Moral sich noch nicht vom Lustprinzip befreit hat« [4]. Er spricht von einer prägenitalen, prähistorischen, prä-ödipalen »Pseudo-Moral«, die der Annahme des Realitätsprinzips vorausgeht, und nennt die seelische Repräsentanz dieser »Pseudo-Moral« das *Über-Es.* Es gibt ein psychisches Phänomen, das im Einzelfall den Gedanken nahelegt, daß diese prägenitale Moral einer Identifizierung mit der Mutter entspricht: es kommt im Bestehen eines Kastrationswunsches an Stelle der Kastrationsdrohung zum Ausdruck. Es könnte sich dabei um das Überleben einer regressiven Tendenz handeln: um eine Erinnerung an das Ur-Mutterrecht und gleichzeitig um ein symbolisches Mittel gegen den Verlust der damals geltenden Vorrechte der Frau. Nach Odier ist die prägenitale und prähistorische Moral des Über-Es unvereinbar mit dem Realitätsprinzip und daher ein neurotischer Faktor.
Einen Schritt weiter in der Interpretation und die merkwürdigen Spuren eines »Über-Es« erweisen sich als Spuren einer andersartigen verlorengegangenen Wirklichkeit oder einer verlorenen Beziehung zwischen Ich und Wirklichkeit. Die bei Freud überwiegende Vorstellung der Wirklichkeit und diejenige, die sich im Realitätsprinzip verdichtet, ist an den Vater

4 »Vom Über-Ich« in: Internationale Zeitschrift für Psychoanalyse XII (1926), S. 280–281.

gebunden. Sie steht dem Es und dem Ich als feindliche äußere Kraft gegenüber und der Vater ist dementsprechend eine vorwiegend feindliche Figur, deren Macht durch die Kastrationsdrohung symbolisiert wird, welche sich gegen die Befriedigung libidinöser Wünsche in bezug auf die Mutter wenden. Das wachsende Ich kommt zur Reife, indem es sich diesen feindseligen Kräften fügt: die Unterwerfung unter die Kastrationsdrohung ist der entscheidende Schritt im Aufbau des Ich, soweit es auf dem Realitätsprinzip basiert[5]. Aber diese Wirklichkeit, die dem Ich als äußere feindselige Macht gegenübertritt, ist weder die einzige noch die ursprüngliche Wirklichkeit. Die Entwicklung des Ich ist eine Entwicklung »fort vom primären Narzißmus«; in diesem frühen Stadium ist die Realität »nicht draußen, sondern sie ist im Vor-Ich des primären Narzißmus enthalten«. Sie ist dem Ich nicht feindlich und fremd, sondern »ihm innig verbunden, ursprünglich nicht einmal von ihm unterschieden«[6]. Diese Realität wird zuerst (und zuletzt?) in der libidinösen Beziehung des Kindes zur Mutter erlebt – in einer Beziehung, die zu Beginn innerhalb des »Vor-Ichs« vonstatten geht und erst später von ihm getrennt wird. Mit dieser Trennung der ursprünglichen Einheit entwickelt sich ein Drang, sie wiederherzustellen, entwickelt sich »ein libidinöser Fluß zwischen Säugling und Mutter«[7]. In diesem primitiven Stadium der Beziehung zwischen »Vor-Ich« und Wirklichkeit scheint der narzißtische und der mütterliche Eros eins zu sein. Die primäre Erfahrung der Realität ist die Erfahrung einer libidinösen Einheit. Die narzißtische »Phase der individuellen Prägenitalität« erweckt die Erinnerung an die mütterliche Phase der Menschheitsgeschichte. Beide stellen eine Wirklichkeit dar, auf die das Ich mit einer Haltung nicht von Verteidigung und Unterwerfung, sondern von integraler Identifizierung mit der »Umgebung« reagiert. Aber im Licht des

5 Hans W. Loewald, »Ego and Reality«, in: International Journal of Psychoanalysis, XXX, 1951, Part. I, S. 12.
6 ebd. – 7 ebd., S. 11.

väterlichen Realitätsprinzips verwandelt sich die hier sichtbar werdende »mütterliche Auffassung« der Wirklichkeit sofort in etwas Negatives, Schreckliches. Der Impuls, die verlorene narzißtisch-mütterliche Einheit wiederherzustellen, wird als »Drohung« gedeutet, nämlich als Drohung des »mütterlichen Verschlungenwerdens im überwältigenden Schoß«[8]. Der feindliche Vater wird wiedereingesetzt und erscheint als Retter, der durch die Bestrafung des Inzestwunsches das Ich vor seiner Vernichtung in der Mutter beschützt. Die Frage, ob unter der Macht des reifen Ich und in einer reifen Kultur die narzißtisch-mütterliche Haltung gegenüber der Realität nicht in weniger urtümlicher, weniger verschlingender Form »zurückkehren« könnte, wird nicht gestellt. Dafür gilt die Notwendigkeit, diese Haltung ein für allemal zu unterdrücken, als selbstverständlich. Das patriarchale Realitätsprinzip hält die psychoanalytische Deutung unter seinem Einfluß. Nur jenseits dieses Realitätsprinzips können die »mütterlichen« Urbilder des Über-Ichs Versprechungen statt nur Erinnerungsspuren vermitteln – Bilder einer freien Zukunft an Stelle einer dunklen Vergangenheit.

Aber selbst wenn sich in der Triebstruktur Spuren einer mütterlichen libidinösen Moral finden ließen, selbst wenn eine sinnliche Rationalität den Eros in Freiheit der Ordnung zugänglich machte, so schiene doch noch immer ein innerstes Hindernis alle Projekte einer nicht-repressiven Entwicklung zu verunmöglichen – die Bande nämlich, die den Eros an den Todestrieb binden. Die bloße Tatsache des Todes hebt ein für allemal die Wirklichkeit eines nicht-repressiven Daseins auf. Der Tod ist die endgültige Negativität der Zeit, aber »alle Lust wünscht Ewigkeit«. Zeitlosigkeit ist das Ideal der Lust. Die Zeit hat keine Macht über das Es, das die ursprüngliche Domäne des Lustprinzips ist. Das Ich aber, durch das allein die Lust zur Wirklichkeit werden kann, ist gänzlich der Zeit

8 ebd., S. 15.

unterworfen. Die bloße Voraussicht des unvermeidlichen Endes, die in jedem Augenblick gegenwärtig ist, muß in alle libidinösen Beziehungen ein repressives Element bringen und selbst die Lust leidvoll machen. Diese von allem Anfang an bestehende Versagung in der Triebstruktur des Menschen wird zur unerschöpflichen Quelle aller anderen Versagungen – und ihrer sozialen Wirksamkeit. Der Mensch lernt, »daß es ja doch nicht dauern kann«, daß alle Lust kurz ist, daß für alle endlichen Dinge die Stunde ihrer Geburt schon die Stunde ihres Todes ist – daß es gar nicht anders sein kann. Er resigniert schon, ehe ihn die Gesellschaft zwingt, die Resignation methodisch zu üben. Der Fluß der Zeit ist der natürlichste Verbündete der Gesellschaft in ihrem Bestreben, Recht und Ordnung, Gleichheit und all die andern Einrichtungen aufrechtzuerhalten, die die Freiheit auf eine ewige Utopie verweisen; der Fluß der Zeit hilft den Menschen das zu vergessen, was war und was sein kann: er macht sie vergeßlich gegenüber der besseren Vergangenheit und einer besseren Zukunft.

Diese Fähigkeit, zu vergessen – selbst das Ergebnis einer langen und furchtbaren Erziehung durch die Erfahrung –, ist ein unerläßliches Erfordernis der seelischen und körperlichen Hygiene, ohne die das Leben in der Kultur unerträglich wäre; aber sie ist auch das seelische Vermögen, das die Unterwürfigkeit und den Verzicht unterstützt. Vergessen heißt auch, all das vergeben, was nicht vergeben werden dürfte, wenn Gerechtigkeit und Freiheit gelten sollen. Solch ein Vergessen bringt immer von neuem die Bedingungen hervor, die immer von neuem Ungerechtigkeit und Knechtschaft hervorbringen: vergangene Leiden vergessen, heißt den Kräften vergeben, die diese Leiden verursachten – ohne diese Kräfte zu überwinden. Die Wunden, die mit der Zeit heilen, sind auch die Wunden, die das Gift enthalten. Gegenüber dieser Ergebung in die Zeit ist die Wiedereinsetzung der Erinnerung in ihr Recht als Mittel der Befreiung eine der edelsten Aufgaben des Denkens. In dieser Funktion erscheint die Erinnerung als Abschluß der

Hegelschen *Phänomenologie des Geistes*, in dieser Funktion erscheint sie auch in Freuds Theorie[9]. Die Fähigkeit, sich zu erinnern, ist, gleich der Fähigkeit zu vergessen, eine Hervorbringung der Kultur – vielleicht ihre älteste und grundlegendste psychologische Errungenschaft. Nietzsche sah in der Übung des Gedächtnisses den Anfang der kulturellen Moral – besonders des Gedächtnisses für Verpflichtungen, Verträge, Schuldigkeiten[10]. Diese Zusammenhänge machen die Einseitigkeit der Gedächtnis-Schulung in unserer Kultur deutlich: die Gedächtnisfähigkeit wurde hauptsächlich darauf ausgerichtet, Pflichten zu erinnern statt Freuden; das Gedächtnis wurde mit schlechtem Gewissen, mit Schuldgefühl und Sünde in Verbindung gebracht. Es ist Elend, Unglücklichsein und Strafdrohung, was im Gedächtnis haftet, nicht Glück, nicht das Versprechen der Freiheit.

Ohne die Freisetzung der verdrängten Gedächtnisinhalte, ohne die Lösung der befreienden Macht der Erinnerung ist eine nicht-repressive Sublimierung unvorstellbar. Von der Orpheussage bis zu den Romanen Prousts waren Glück und Freiheit stets mit der Vorstellung der wiedergefundenen Zeit verbunden: *le temps retrouvé*. Die Erinnerung bringt die verlorene Zeit zurück, die die Zeit der Erfüllung und Befriedigung war. Der Eros, der ins Bewußtsein eindringt, wird von der Erinnerung bewegt; mit ihr wendet er sich gegen die Ordnung des Verzichts; er benutzt die Erinnerung in seiner Bemühung, die Zeit in einer Welt, die von der Zeit beherrscht ist, zu überwinden. Aber insofern die Zeit ihre Macht über den Eros behauptet, ist das Glück wesentlich eine Sache der *Vergangenheit*. Der schreckliche Satz, daß nur die verlorenen Paradiese wahre Paradiese sind, verdammt die »verlorene Zeit« und rettet sie gleichzeitig. Die verlorenen Paradiese sind nicht deswegen die einzig wahren, weil im Rückschauen die verflos-

9 s. Kapitel I.
10 »Genealogie der Moral«, Teil II, 1–3.

sene Freude schöner erscheint, als sie wirklich war, sondern weil einzig die Erinnerung die Freude ohne Angst vor ihrem Schwinden verschafft und ihr damit eine sonst unmögliche Dauer verleiht. Die Zeit verliert ihre Macht, wenn die Erinnerung die Vergangenheit wieder zurückbringt.
Dennoch ist dieser Sieg über die Zeit künstlich und unecht; das Gedächtnis ist keine wirkliche Waffe, wenn es nicht in geschichtliche Aktion übertragen wird. Dann erst wird der Kampf gegen die Zeit zu einem entscheidenden Moment im Kampf gegen die Herrschaft.

Das Bewußtsein, das Kontinuum der Geschichte aufzusprengen, ist den revolutionären Klassen im Augenblick ihrer Aktion eigentümlich. Die große Revolution führte einen neuen Kalender ein ... Noch in der Juli-Revolution hatte sich ein Zwischenfall zugetragen, in dem dieses Bewußtsein zu seinem Recht gelangte. Als der Abend des ersten Kampftages gekommen war, ergab es sich, daß an mehreren Stellen von Paris, unabhängig voneinander und gleichzeitig, nach den Turmuhren geschossen wurde 11.

Das Bündnis zwischen der Zeit und der Ordnung der Unterdrückung ist das eigentliche Motiv für die Anstrengungen, den Fluß der Zeit aufzuhalten, und dies Bündnis ist es auch, das die Zeit zum tödlichen Feind des Eros werden läßt. Entschieden können auch die Drohung der Zeit, das Schwinden des Augenblicks der Fülle, die Angst vor dem Ende selbst erotogen werden – zu Hindernissen, die »die Flut der Libido anschwellen« lassen. Aber Fausts Wunsch, der das Lustprinzip beschwört, verlangt nicht nach dem schönen Augenblick, sondern nach der Ewigkeit. Mit seinem Streben nach ewiger Dauer verstößt Eros gegen das entscheidende Tabu, wonach die libidinöse Lust nur als zeitweiliger kontrollierter Zustand zugelassen wird, nicht als beständiger Quell menschlichen Daseins. Es ist tatsächlich so: wenn das Bündnis zwischen der Zeit und der geltenden Ordnung sich auflöste, dann würde das »natür-

11 Walter Benjamin, »Über den Begriff der Geschichte« in: Die Neue Rundschau, 1950, S. 568.

liche« private Unglück nicht mehr das organisierte, gesellschaftsformende Unglück unterstützen. Die Verweisung der menschlichen Erfüllung auf die Utopie würde kein entsprechendes Echo in den menschlichen Trieben mehr finden und das Streben nach Befreiung würde jene erschreckende Kraft gewinnen, die es in der Wirklichkeit noch nie hatte. Alle gesunde Vernunft steht mit ihrer unerschütterlichen Behauptung, daß die Ewigkeit der Lust dem Jenseits vorbehalten sein müsse, und mit ihrem Bestreben, den Kampf gegen Tod und Leiden den nie endenden Bedürfnissen der nationalen und internationalen Sicherheit unterzuordnen, auf Seiten von Ordnung und Gesetz.

Von jedem Maßstab her beurteilt, erscheint das Streben nach der Erhaltung der Zeit in der Zeit, nach dem Festhalten der Zeit, nach der Besiegung des Todes unvernünftig, und unter der Hypothese des Todestriebes, die wir akzeptiert haben, völlig unmöglich. Oder macht gerade diese Hypothese dies Streben irgendwie vernünftiger? Der Todestrieb wirkt unter dem Nirwanaprinzip: er strebt nach jenem Zustand »dauernder Befriedigung«, wo keine Spannung mehr besteht – nach einem Zustand ohne allen Mangel. Diese Triebtendenz bedeutet gleichzeitig, daß die *destruktiven* Manifestationen mit der Annäherung an den erstrebten Zustand abnehmen. Ist das Ziel des Todestriebs nicht die Beendigung des Lebens, sondern das Ende des Leides – das Fehlen von Spannung – dann ist, paradoxerweise, im Sinne des Triebs der Konflikt zwischen Leben und Tod um so geringer, je mehr sich das Leben dem Zustand der Befriedigung nähert. Gleichzeitig würde Eros, befreit von der zusätzlichen Unterdrückung, erstarken und als solcher die Ziele des Todestriebes absorbieren. Der Triebwert des Todes wäre ein anderer geworden: können die Triebe ihre Erfüllung in einer unterdrückungsfreien Ordnung verfolgen und erreichen, so verliert der Wiederholungszwang viel von seiner biologischen Begründung. Wenn Leid und Mangel abnehmen, könnte sich das Nirwanaprinzip mit dem Realitätsprinzip versöhnen. Wäre der erreichte Lebenszustand erfreulich und wünschenswert, so würde das der unbewußten Anziehung, die die Triebe auf einen »früheren Zustand« zurückzieht, erfolgreich entgegenwirken. Die »konservative Natur« der Triebe käme in einer erfüllten Gegenwart zur Ruhe. Der Tod hörte auf, ein Triebziel zu sein. Er bleibt eine Tatsache, vielleicht sogar eine letzte Notwendigkeit – aber eine Notwendigkeit, gegen die die unterdrückte Energie der Menschheit protestieren wird, gegen die sie den entschiedensten Kampf aufnehmen wird.

In diesem Kampf könnten sich Vernunft und Trieb verbünden. Unter wirklich menschlichen Daseinsbedingungen könnte der Unterschied zwischen einem Tod durch Krankheit mit zehn, dreißig, fünfzig oder siebzig Jahren oder einem »natürlichen« Ende nach einem erfüllten Leben wirklich ein Unterschied sein, der einen Kampf mit aller Triebenergie lohnte. Nicht die, die sterben, stellen die große Anklage gegen unsere Kultur dar, aber die, die sterben, ehe sie müssen und wollen, die, die in Todesqual und Schmerzen starben. Sie sind auch die Zeugen für die untilgbare Schuld der Menschheit. Ihr Tod erweckt das schmerzliche Bewußtsein, daß er unnötig war, daß es anders hätte sein können. Es bedarf aller Einrichtungen und Werke einer repressiven Ordnung, um das schlechte Gewissen über diese Schuld zur Ruhe zu bringen. Wieder wird die tiefe Bindung zwischen Todestrieb und Schuldgefühl deutlich. Die stillschweigende »ärztliche Zustimmung« zu der Tatsache von Tod und Krankheit ist vielleicht der verbreitetste Ausdruck des Todestriebs – oder besser, seiner sozialen Brauchbarkeit. In einer repressiven Kultur wird der Tod selbst zu einem Instrument der Unterdrückung. Ob der Tod nun als ständige Bedrohung gefürchtet wird, ob er als höchstes Opfer verherrlicht oder als Tatsache hingenommen wird, immer bringt die Erziehung zur Zustimmung zum Tod von Anfang an ein Element der Unterwerfung ins Leben – der Unterwerfung und der Preisgabe. Diese Erziehung erstickt alle als »utopisch« verworfenen Anstrengungen. Die herrschenden Mächte haben eine tiefe Affinität zum Tode; der Tod ist ein Wahrzeichen der Unfreiheit, der Niederlage. Die Theologie und die Philosophie liegen heute in einem Wettstreit um die Verherrlichung des Todes als existentieller Kategorie; indem sie eine biologische Tatsache in eine ontologische Wesenheit verkehren, erteilen sie der Schuld der Menschheit, die sie zu vertuschen helfen, ihren transzendentalen Segen – sie verraten das Versprechen der Utopie. Eine Philosophie hingegen, die nicht als Handlangerin der Unterdrückung arbeitet, reagiert auf die Tatsache des Todes mit der »Großen Verweigerung« – der Weigerung Orpheus, des Befreiers. Der Tod kann zum Wahrzeichen der Freiheit werden. Die Unvermeidlichkeit des Todes widerlegt nicht die Möglichkeit einer schließlichen Befreiung. Gleich den anderen Notwendigkeiten kann er vernünftig gestaltet werden – schmerzlos. Die Menschen können ohne Angst sterben, wenn sie wissen, daß das, was sie lieben, vor Elend und Vergessen bewahrt ist. Nach einem erfüllten Leben können sie es auf sich nehmen, zu sterben – zu einem Zeitpunkt ihrer eigenen Wahl. Aber selbst der endliche Anbruch der Freiheit kann diejenigen nicht mehr erlösen, die unter Schmerzen gestorben sind. Die Erinnerung an sie und die aufgehäufte Schuld der Menschheit gegenüber ihren Opfern verdunkeln die Aussichten einer Kultur ohne Unterdrückung.

Epilog
Kritik des Neo-Freudianischen Revisionismus

Zusammen mit den fundamentalen sozialen Veränderungen, die sich während der ersten Hälfte unseres Jahrhunderts abspielten, hat sich die Funktion der Psychoanalyse in der Kultur geändert. Der Zusammenbruch der liberalen Ära und ihrer Versprechungen, die Ausbreitung totalitärer Tendenzen und die Anstrengungen, sich diesen Tendenzen entgegenzustellen, kommen auch in der Psychoanalyse zum Ausdruck. Während der zwanzig Jahre ihrer Entwicklung vor dem ersten Weltkrieg hat die Psychoanalyse die Begriffe für die psychologische Kritik der am höchsten bewerteten Errungenschaft der modernen Zeit erarbeitet: des Individuums. Freud wies nach, daß Hemmung, Verdrängung und Triebverzicht der Stoff sind, aus dem die »freie Persönlichkeit« gemacht ist; er erkannte, daß das »allgemeine Elend« der Gesellschaft die unüberschreitbare Grenze ist, die der Heilung und dem normalen Dasein entgegenstehen. Die Psychoanalyse war eine radikal kritische Theorie. Späterhin, als Mittel- und Osteuropa in revolutionären Aufruhr gerieten, stellte sich heraus, in welchem Maße die Psychoanalyse noch der Gesellschaft verhaftet war, deren Geheimnisse sie freigelegt hatte. Der psychoanalytische Begriff des Menschen mit seinem Glauben an die grundsätzliche Unveränderlichkeit der menschlichen Natur erschien jetzt als »reaktionär«; die Freudsche Theorie schien zu besagen, daß die humanitären Ideale des Sozialismus menschlich unerreichbar seien. Nun begannen die Neuerer in der Psychoanalyse Auftrieb zu gewinnen.

Es wäre verlockend, von einer Spaltung in einen linken und einen rechten Flügel zu sprechen. Der ernsthafteste Versuch, die kritische Gesellschaftstheorie Freuds weiter zu entwickeln, wurde von Wilhelm Reich in seinen frühen Schriften unternommen. In seiner 1931 erschienenen Arbeit »Einbruch der Sexualmoral« orientiert Reich die Psychoanalyse an der Beziehung zwischen der sozialen und der Triebstruktur. Er untersucht das Ausmaß, in dem die sexuelle Unterdrückung durch die Interessen der Herrschaft und der Ausnutzung erzwungen wird, und das Maß, in dem diese Interessen ihrerseits durch die sexuelle Hemmung verstärkt werden. Aber Reichs Auffassung der sexuellen Hemmung und Unterdrückung bleibt undifferenziert; er vernachlässigt die historische Dynamik der Sexualtriebe und ihrer Verschmelzung mit den Destruktionsimpulsen (Reich lehnt Freuds Hypothese eines Todestriebes und die ganze Tiefendimension ab, die sich in Freuds später Metapsychologie abzeichnet). So wird für Reich die sexuelle Befreiung *an sich* zum Allheilmittel für persönliche und soziale Nöte. Das Problem der Sublimierung verliert bei ihm an Bedeutung. Zwischen repressiver und nicht-repressiver Sublimierung besteht kein wesentlicher Unterschied, und der Fortschritt der Freiheit erscheint als bloße Freisetzung von Sexualität. So gelangen die in Reichs frühen Schriften enthaltenen kritischen soziologischen Einsichten nicht weiter zur Entwicklung; ein verallgemeinernder Primitivismus gewinnt zunehmend die Oberhand – Vorbote der wilden und phantastischen Eigenbrödelei des späten Reich.

Auf dem »rechten Flügel« der Psychoanalyse wurde C. G. Jungs Psychologie bald zu einer verdunkelnden Pseudomythologie [1]. Das »Zentrum« des Revisionismus nahm in den Lehrmeinungen der »kulturellen« und der »interpersonalen« Schulen Gestalt an – den populärsten Zweigen der heutigen Psychoanalyse. Wir wollen zu zeigen versuchen, daß sich die Psychoanalyse in diesen Schulrichtungen zu einer Ideologie wandelt: die »Persönlichkeit« und ihre schöpferischen Fähigkeiten gelangen angesichts einer Realität zur Auferstehung, die die Bedingungen für die Persönlichkeit und ihre Erfüllung so

1 s. Edward Glover, »Freud or Jung?« New York, W. W. Norton, 1950.

gut wie ausgemerzt hat. Freud entdeckte das Werk der Unterdrückung und Verdrängung noch in den höchsten Werten der Kultur – die Unfreiheit und Leiden voraussetzt und zur Dauer erhebt. Die Neo-Freudianischen Schulen befürworten nun die gleichen Werte als Heilmittel gegen Unfreiheit und Leiden – als Sieg über die Unterdrückung. Dieses intellektuelle Unternehmen kommt dadurch zustande, daß die Triebdynamik bereinigt und ihr Anteil am Seelenleben verkleinert wird. So gesäubert, kann die Psyche wieder durch idealistische Ethik und Religion erlöst werden; die analytische Theorie des psychischen Apparates kann als Philosophie der Seele neu aufgefaßt werden. Die Revisionisten lassen dabei alle diejenigen psychologischen Werkzeuge Freuds beiseite, die sich mit der anachronistischen Wiederbelebung des philosophischen Idealismus nicht vereinigen lassen – gerade diejenigen Mittel, mit deren Hilfe Freud die explosiven, triebhaften *und* sozialen Wurzeln der Persönlichkeit aufdeckte. Darüber hinaus werden sekundären Faktoren und Beziehungen (der reifen Person und ihrer kulturellen Umgebung) die Würde primärer Prozesse zugeschrieben– eine Wendung in der Orientierung, die dazu dient, den Einfluß der gesellschaftlichen Wirklichkeit auf die Persönlichkeitsbildung zu unterstreichen. Wir aber glauben, daß genau das Gegenteil vor sich geht – daß der Einfluß der Gesellschaft auf die Psyche schwächer geworden ist. Während Freud, der seine Aufmerksamkeit ganz auf die Schicksale der Primärtriebe richtete, den Einfluß der Gesellschaft noch in den verborgensten Schichten der Gattung (des Genus) und des Einzelnen entdeckte, übersehen die Revisionisten, in ihrer Ausrichtung auf die verdinglichte konfektionierte Form statt auf den Ursprung der gesellschaftsformenden Institutionen, was diese Institutionen und Beziehungen der Persönlichkeit angetan haben, die sie doch zur Erfüllung bringen sollten. Den revisionistischen Schulmeinungen gegenübergestellt, gewinnt Freuds Theorie jetzt eine neue Bedeutung: mehr als je zuvor enthüllt sie die Tiefe ihrer kritischen

Haltung und – vielleicht zum ersten Mal – die Tiefe jener ihrer Elemente, die die geltende Ordnung überschreiten und die Theorie der Unterdrückung mit der ihrer Abschaffung verketten.

Der initiale Impuls, der hinter den revisionistischen Bemühungen stand, war die Stärkung dieser Verkettung. Erich Fromm versuchte in seinen frühen Arbeiten Freuds Theorie von ihrer Identifizierung mit der heutigen Gesellschaft zu lösen, die analytischen Begriffe schärfer herauszuarbeiten, die die Beziehung zwischen Triebstruktur und ökonomischer Struktur enthüllen, und gleichzeitig die Möglichkeit eines Fortschritts über die »vaterzentrierte«, »auf Erwerb eingestellte« Kultur hinaus aufzuweisen. Fromm betont die soziologische Substanz der Freudschen Theorie: die Psychoanalyse versteht die sozialpsychologischen Erscheinungen als

... Prozesse der aktiven und passiven Anpassung des Triebapparates an die sozialökonomische Situation. Der Triebapparat selbst ist – in gewissen Grundlagen – biologisch gegeben, aber weitgehend modifizierbar, den ökonomischen Bedingungen kommt die Rolle als primär formenden Faktoren zu.[2]

Der gesellschaftsformenden Organisation des menschlichen Daseins liegen libidinöse Urbedürfnisse und Notwendigkeiten zugrunde. Höchst plastisch und formbar, werden sie so ausgebildet und verwendet, daß sie die gegebene Gesellschaft »kitten«. So werden die libidinösen Impulse und ihre Befriedigung (und Ablenkung) in der von Fromm als vaterzentriert und auf Erwerb eingestellt bezeichneten Gesellschaft (die in seiner Untersuchung im Sinne der Herrschaft des Leistungsprinzips definiert wird) mit den Interessen der Herrschaft koordiniert und werden dadurch zu einer stabilisierenden Kraft, die die Mehrheit an die herrschende Minderheit bindet. Angst,

2 »Über die Methode und Aufgabe einer analytischen Sozialpsychologie«, in: Zeitschrift für Sozialforschung, I (1932), S. 39/40.

Liebe, Vertrauen, selbst der Wille zur Freiheit und Solidarität mit der Gruppe, der man angehört [3] – alles dient schließlich den ökonomisch strukturierten Beziehungen der Herrschaft und der Unterordnung. Auf dieselbe Weise aber werden grundlegende Veränderungen in der gesellschaftlichen Struktur entsprechende Veränderungen in der Triebstruktur nach sich ziehen. Mit dem geschichtlichen Veralten einer herrschenden Gesellschaft, mit der Zunahme ihrer inneren Spaltung, lockern sich auch die traditionellen seelischen Bindungen:

Libidinöse Kräfte werden zu neuen Verwendungen frei und verändern damit ihre soziale Funktion. Sie tragen nun nicht mehr dazu bei, die Gesellschaft zu erhalten, sondern sie führen zum Aufbau neuer Gesellschaftsformationen, sie hören gleichsam auf, Kitt zu sein und werden Sprengstoff. [4]

In seinem Aufsatz »Die sozialpsychologische Bedeutung der mutterrechtlichen Theorie« [5] führt Fromm diese Gedanken weiter aus. Freuds eigene Einsichten in den historischen Charakter der Triebumformung hebt Fromms Gleichsetzung des Realitätsprinzips mit den Normen der vaterzentrierten erwerbsgerichteten Kultur aber auf. Fromm betont, daß die Idee einer mutterzentrierten Kultur – unabhängig von deren anthropologischen Vorzügen – ein Realitätsprinzip voraussetzt, das nicht an die Interessen der Herrschaft gebunden ist, sondern die Befriedigung libidinöser Beziehungen unter Menschen zum Ziel hat. Die Triebstruktur verlangt vielmehr nach dem Aufstieg einer freien Zivilisation auf der Grundlage der Errungenschaften der vaterzentrierten Kultur, jedoch auf Grund der Umformung ihrer Institutionen, als daß sie solch einen Aufstieg ausschlösse:

Die Sexualität bietet eine der elementarsten und stärksten Befriedigungs- und Glücksmöglichkeiten. Wäre sie in den Grenzen, wie sie aus der Notwendigkeit der produktiven Entfaltung der Persönlichkeit, nicht aber aus

3 ebd., S. 47, 51.
4 ebd., S. 53.
5 In: Zeitschrift für Sozialforschung, Bd. III (1934).

den Zwecken der Beherrschung der Massen bedingt sind, zugelassen, so würde die Erfüllung dieser einen wichtigen Glücksmöglichkeit notwendigerweise zu einer Verstärkung der Ansprüche auf Befriedigung und Glück in anderen Lebenssphären führen, Ansprüche, die, da ihre Sättigung materielle Mittel erforderte, zur Sprengung der bestehenden gesellschaftlichen Ordnung führen müßten.[6]

Der soziale Gehalt der Freudschen Theorie wird deutlich: die psychoanalytischen Begriffe scharf herauszuarbeiten, heißt gleichzeitig ihre kritische Funktion, ihre Opposition gegen die herrschende Gesellschaftsform zu verschärfen. Diese kritische soziologische Funktion der Psychoanalyse entspringt der fundamentalen Rolle der Sexualität als einer »produktiven Kraft«; die libidinösen Ansprüche treiben den Fortschritt in Richtung auf Freiheit und weltweite Befriedigung der menschlichen Bedürfnisse über das vaterzentrierte-erwerbsgerichtete Stadium hinaus voran. Dagegen muß die Schwächung der psychoanalytischen Konzeption und besonders der Sexualtheorie zu einer Schwächung der soziologischen Kritik und zu einer Verminderung der sozialen Substanz der Psychoanalyse führen. Entgegen allem Anschein ist es eben dies, was in den kulturellen Schulen stattgefunden hat. Paradoxerweise (aber nur scheinbar paradoxerweise) war diese Entwicklung die Folge der Verbesserung der Therapie. Fromm hat den sozialen Bedingungen der analytischen Therapie eine bewunderungswürdige Untersuchung gewidmet (»The Social Conditions of Psychoanalytic Therapy«), in der er nachweist, daß die psychoanalytische Situation (zwischen Analytiker und Patient) ein spezifischer Ausdruck der liberalistischen Duldsamkeit und damit abhängig von der Existenz solch einer Duldsamkeit in der Gesellschaft ist. Aber hinter der toleranten Haltung des »neutralen« Analytikers verbirgt sich der Respekt vor den sozialen Tabus der Bourgeoisie[7]: Fromm verfolgt die Wirksam-

6 ebd., S. 215.
7 Zeitschrift für Sozialforschung IV (1935), S. 374/5.

keit dieser Tabus bis in den Kern der Freudschen Theorie hinein, d. h. bis in Freuds Einstellung zur sexuellen Moral. Dieser Haltung stellt Fromm eine andere Auffassung der Therapie gegenüber, die wohl von Ferenczi zuerst formuliert wurde und in der der Analytiker die um den Vater zentrierten autoritären Tabus ablehnt und vielmehr in eine positive statt in eine neutrale Beziehung zum Patienten tritt. Die neue Auffassung zeichnet sich vor allem durch eine »bedingungslose Bestätigung der Ansprüche des Patienten auf Glück« und durch die »Befreiung der Moral von ihren tabuistischen Zügen« aus [8].

Aber mit diesen Forderungen gerät die Psychoanalyse in ein verhängnisvolles Dilemma. Der »Anspruch auf Glück«, wenn er wirklich ernst genommen wird, verschärft den Konflikt mit einer Gesellschaft, die nur kontrolliertes Glück zuläßt, und die Bloßstellung der moralischen Tabus steigert diesen Konflikt zu einem Angriff auf die lebenswichtigen Schutzschichten der Gesellschaft. Das mag in einer sozialen Umgebung, in der Duldsamkeit ein wesentliches Element in den persönlichen, ökonomischen und politischen Beziehungen darstellt, noch angehen; aber wo die Gesellschaft sich solch eine Duldsamkeit nicht mehr leisten kann, muß es die Idee einer »Heilung« und sogar die Existenz der Psychoanalyse als solche in Gefahr bringen. Die bestätigende Haltung gegenüber den Ansprüchen auf Glück wird also nur dann möglich sein, wenn das Glück und die »produktive Persönlichkeitsentwicklung« derart neu definiert werden, daß sie mit den geltenden Werten vereinbar sind – d. h. wenn sie internalisiert und idealisiert werden. Und diese neue Definierung muß ihrerseits eine Schwächung der explosiven Inhalte der psychoanalytischen Theorie wie ihrer explosiven sozialkritischen Haltung nach sich ziehen. Ist dies nun tatsächlich der Weg, den der Revisionismus eingeschlagen hat (und ich glaube es), so liegt das an der objek-

8 ebd., S. 395.

tiven sozialen Dynamik unserer Zeit: in einer repressiven Gesellschaft steht das Glück und die produktive Entwicklung des Einzelnen im Widerspruch zur Gesellschaft: werden sie als Werte definiert, die innerhalb dieser Gesellschaft zu verwirklichen sind, dann werden sie selbst repressiv.

Die folgende Diskussion befaßt sich ausschließlich mit den späteren Stadien der neo-Freudianischen Psychologie, in denen die regressiven Züge der Bewegung deutlich hervortreten. Die Diskussion hat kein anderes Ziel, als im Gegensatz hierzu die, in dieser Untersuchung besonders berücksichtigten, kritischen Folgerungen aus der psychoanalytischen Theorie hervorzuheben; die *therapeutischen* Verdienste der revisionistischen Schulen liegen völlig außerhalb des Bereichs dieser Diskussion. Diese Einschränkung wird nicht nur durch meinen eigenen Mangel an Kompetenz notwendig, sondern auch durch eine in der Psychoanalyse selbst begründete Diskrepanz zwischen Theorie und Therapie. Freud war sich dieser Diskrepanz völlig bewußt, die sich (im höchsten Maß simplifiziert) etwa folgendermaßen formulieren ließe: während die psychoanalytische Theorie erkennt, daß die Krankheit des Einzelnen letzten Endes durch die Krankheit seiner Zivilisation verursacht ist und durch sie fortdauert, bemüht sich die psychoanalytische Therapie darum, den Einzelnen zu heilen, damit er fortfahren kann, als Teil einer kranken Zivilisation zu funktionieren, ohne sich ihr ganz und gar zu unterwerfen. Die Akzeptierung des Realitätsprinzips, mit der die psychoanalytische Therapie endet, bedeutet die Akzeptierung der kulturellen Reglementierung der Triebbedürfnisse, besonders der Sexualität, durch den Einzelnen. In Freuds Theorie erscheint die Kultur als begründet im Widerspruch zu den Primärtrieben und dem Lustprinzip. Das letztere lebt aber im Es weiter und das Kultur-Ich muß fortdauernd seine eigene zeitlose Vergangenheit und seine verbotene Zukunft bekämpfen. Theoretisch liegt der Unterschied zwischen geistiger Gesundheit und Neurose nur im Grad und in der Wirksamkeit der Resignation: geistige Gesundheit ist erfolgreiche, wirksame Resignation – normalerweise so wirksam, daß sie wie eine ziemlich glückliche Befriedigung aussehen kann. Normalität ist ein durchaus unsicherer Zustand. »Neurose wie Psychose sind also beide Ausdruck der Rebellion des Es gegen die Außenwelt, seiner Unlust oder wenn man will, seiner Unfähigkeit, sich der realen Not, der 'Ανάγκη, anzupassen.«[9] Diese Rebellion, obwohl sie ihren Ursprung in der triebhaften »Natur« des Menschen hat, ist eine Krankheit und muß geheilt werden – nicht nur, weil sie ein Kampf gegen eine hoffnungslos überlegene Macht ist, sondern auch, weil sie ein Kampf gegen »die Notwendigkeit« ist. Es *muß* Unterdrückung und Unglück geben, wenn die Kultur fortbestehen soll. Das »Ziel« des Lustprinzips – nämlich glücklich zu sein – ist nicht erreichbar[10], obwohl die Anstrengung, es zu erreichen, nicht aufgegeben werden soll und kann. Auf die Dauer erhebt sich nur die Frage, wieviel Resignation der Einzelne ertragen kann, ohne zu zerbrechen. In diesem Sinne ist die Therapie ein Kurs in der Resignation: es ist viel erreicht, wenn es uns gelingt, »das hysterische Elend in gemeines Unglück« zu verwandeln, das das übliche Los der Menschheit ist[11]. Dieses Ziel soll nun gewiß nicht bedeuten, daß der Patient fähig wird, sich völlig einer Umgebung anzupassen, die seine reifen Bestrebungen und Fähigkeiten unterdrückt. Trotzdem muß der Analytiker, als Arzt, das soziale Gerüst der Tatsachen, in dem der Patient zu leben hat und das er nicht ändern kann, akzeptieren[12]. Dieser nicht weiter zu reduzierende Kern notwendiger Übereinstimmung wird noch durch Freuds Überzeugung verstärkt,

9 »Der Realitätsverlust bei Neurose und Psychose«, Ges. Werke, XIII, S. 365.

10 »Das Unbehagen in der Kultur«, S. 114.

11 s. Breuer und Freud, »Studien über Hysterie«, in: Sigmund Freud, Ges. Werke Bd. I., S. 312.

12 s. »Neue Folgen zur Einführung in die Psychoanalyse«, Ges. Werke Bd. XV.

daß die repressive Grundlage der Kultur überhaupt nicht geändert werden kann – nicht einmal auf der überindividuellen gesellschaftlichen Stufe. Infolgedessen gewinnen die kritischen Einsichten der Psychoanalyse ihr volles Gewicht nur auf dem Gebiet der Theorie und vielleicht besonders dort, wo die Theorie sich am weitesten von der Therapie entfernt – in Freuds »Metapsychologie«.

Die Revisionisten verwischten die Diskrepanz zwischen Theorie und Therapie, indem sie die erstere der letzteren anglichen. Auf zweierlei Weise ging diese Angleichung vor sich: zuerst wurden die spekulativsten und »metaphysischsten« Konzepte, die keinerlei klinischer Verifikation unterlagen (wie der Todestrieb, die Hypothese von der Urhorde, von der Tötung des Urvaters und ihre Konsequenzen) in ihrer Bedeutung aufs stärkste reduziert oder ganz beiseite gelassen. Darüber hinaus wurden im Verlauf dieses Prozesses einige der entscheidendsten Auffassungen Freuds (die Beziehung zwischen Es und Ich, die Funktion des Unbewußten, Umfang und Bedeutung der Sexualität) in einer Weise neu definiert, daß ihre explosive Bedeutung so gut wie aufgehoben wurde. Die Tiefendimensionen des Konflikts zwischen dem Einzelnen und seiner Gesellschaft, zwischen der Triebstruktur und dem Bereich des Bewußtseins wurden verflacht. Die Psychoanalyse sollte sich wieder an der traditionellen Bewußtseinspsychologie prä-Freudscher Prägung orientieren. Wir werfen gar nicht die Frage nach der Rechtfertigung einer solchen Reorientierung im Interesse einer erfolgreichen Therapie und Praxis auf; aber die Revisionisten haben aus der Schwächung der Freudschen Theorie eine neue Theorie entwickelt, und hier soll ausschließlich die Bedeutung dieser Theorie zur Diskussion stehen. Auf die Unterschiede zwischen den verschiedenen revisionistischen Gruppen kann ebenfalls nicht eingegangen werden. Wir wollten uns auf die theoretische Haltung konzentrieren, die ihnen allen gemeinsam ist. Wir entnehmen sie in destillierter Form den Arbeiten von Erich Fromm, Karen Horney und Harry

Stack Sullivan. Als repräsentativen Historiographen der Revisionisten berufen wir uns auf Clara Thompson.[13]

Die wichtigsten Einwürfe der Revisionisten gegen Freud können etwa folgendermaßen zusammengefaßt werden: Freud unterschätzt gröblich das Ausmaß, in dem der Einzelne und seine Neurose durch Konflikte mit der Umwelt bestimmt werden. Freuds »biologische Orientierung« brachte ihn dahin, sich auf die phylogenetische und ontologische Vergangenheit des Individuums zu konzentrieren; er war der Ansicht, daß der Charakter im fünften oder sechsten Lebensjahr (wenn nicht früher) im wesentlichen festgelegt sei, und er interpretiert das Schicksal des Einzelnen im Sinne der Primärtriebe und deren Schicksalen, besonders im Sinne der Sexualität. Im Gegensatz dazu verlegen die Revisionisten den Akzent »von der Vergangenheit auf die Gegenwart« [14], von der biologischen auf die kulturelle Ebene, von der »Konstitution« des Individuums auf dessen Umgebung [15]. »Man kann die biologische Entwicklung besser verstehen, wenn man den Begriff der Libido ganz beiseite läßt« und statt dessen die verschiedenen Stadien »im Sinne des Wachstums und der menschlichen Beziehungen« deutet [16]. Dann wird die »Gesamtpersönlichkeit« in ihrer »Bezogenheit zur Welt« zum Subjekt der Psychoanalyse, dann erst gewinnen die »konstruktiven Aspekte des Individuums«, seine »produktiven und positiven Möglichkeiten«, die Aufmerksamkeit, die sie verdienen. Freud war kalt, hart, zerstörerisch und pessimistisch. Er sah nicht, daß Krankheit, Behandlung und Heilung eine Angelegenheit »zwischenmenschlicher Beziehungen« sind, an denen auf beiden Seiten Gesamtpersönlichkeiten beteiligt sind. Freuds Auffassung war vorwiegend relativistisch: er nahm an, daß die Psychologie uns dazu

13 »Psychoanalysis: Evolution and Development«, New York, Hermitage House, 1951.

14 Thompson, »Psychoanalysis«, S. 15, 182.

15 ebd., S. 9, 13, 26, 27, 155.

16 ebd., S. 42.

verhelfen könne, »die Motivierung von Werturteilen zu verstehen, nicht aber dazu beitragen könne, die Gültigkeit der Werturteile selbst festzulegen« [17]. Infolgedessen enthält seine Psychologie keine Ethik, oder nur seine persönliche Ethik. Außerdem sah Freud die Gesellschaft als »statisch« an und war der Ansicht, daß sich die Gesellschaft als ein »Mechanismus zur Kontrolle der menschlichen Triebe« entwickelt habe, während die Revisionisten »aus der Untersuchung vergleichbarer Kulturen« wissen, daß »der Mensch nicht biologisch mit gefährlichen, festgelegten animalischen Trieben begabt ist und die einzige Aufgabe der Gesellschaft sei, solche Triebe zu zügeln«. Sie bestehen darauf, daß die Gesellschaft »nicht eine statische, in der Vergangenheit aufgerichtete Gesetzestafel aus der Zeit der Ermordung des Urvaters ist, sondern ein wachsendes, sich veränderndes und entwickelndes Netzwerk zwischenmenschlicher Erfahrungen und Verhaltensweisen«. Dazu kommen noch die folgenden Einsichten:

Man kann kein menschliches Wesen werden außer durch Erfahrung. Die Gesellschaft schafft neue Bedürfnisse in den Menschen. Manche der neuen Bedürfnisse führen in eine konstruktive Richtung und regen die weitere Entwicklung an. Solcher Art sind die Ideen von Gerechtigkeit, Gleichheit und Zusammenarbeit. Manche der neuen Bedürfnisse führen in eine destruktive Richtung und sind nicht gut für den Menschen. Der allgemeine Konkurrenzstreit in großem Maßstab und die rücksichtslose Ausnützung des Hilflosen sind Beispiele der zerstörerischen Kulturprodukte. Wenn die destruktiven Elemente vorherrschen, haben wir eine Situation, die den Krieg begünstigt [18].

Dieses Zitat mag als Ausgangspunkt dafür dienen, den Abstieg der Theorie in den revisionistischen Schulen zu zeigen. Da ist erst einmal das Breittreten des Offensichtlichen, der Allerweltsweisheit; dann die Anführung soziologischer Aspekte. Bei Freud sind sie in den Grundbegriffen selbst mit enthalten

17 Erich Fromm, »Man for Himself«, New York and Toronto, Rinehart, 1947, S. 34.
18 Thompson, »Psychoanalysis«, S. 143.

und werden aus ihnen entwickelt; hier erscheinen sie als zusammenhangslose äußere Faktoren. Dann ist da weiterhin die Unterscheidung zwischen gut und böse, konstruktiv und destruktiv (bei Fromm: produktiv und unproduktiv, positiv und negativ) – Unterscheidungen, die nicht aus irgendeinem theoretischen Prinzip entspringen, sondern einfach der herrschenden Ideologie entnommen sind. Daher ist die Unterscheidung nur eklektisch, sie liegt außerhalb jeder Theorie und entspricht nur dem konformistischen Wahlspruch: »Betone das Positive«. Freud hatte recht: das Leben ist schlecht, bedrükkend, zerstörerisch – aber *so* schlecht, bedrückend, zerstörerisch ist es doch nicht. Es gibt auch die konstruktiven, produktiven Aspekte. Die Gesellschaft ist nicht nur dies, sondern auch das; der Mensch ist nicht nur gegen sich, sondern auch für sich.

Diese Unterscheidungen sind sinnlos – und wie wir noch zu zeigen versuchen, falsch – es sei denn, die Aufgabe (die Freud übernahm) würde erfüllt: nachzuweisen, wie unter dem Einfluß der Kultur die beiden »Aspekte« innerhalb der Triebdynamik selbst in Wechselbeziehung stehen und wie der eine sich kraft dieser Dynamik unvermeidlich in den anderen verwandelt. Statt all das zu zeigen, stellt die revisionistische »Verbesserung« von Freuds »Einseitigkeit« eine bloße Preisgabe seiner fundamentalen theoretischen Konzeption dar. Der Ausdruck *Eklektizismus* drückt aber die Substanz der revisionistischen Philosophie noch nicht entsprechend aus. Ihre Konsequenzen für die psychoanalytische Theorie sind viel ernster: die revisionistischen »Ergänzungen« der Theorie Freuds, besonders die Hinzufügungen von kulturellen und »Umgebungs«-faktoren geben einem falschen Bild der Zivilisation und besonders der heutigen Gesellschaft eine unberechtigte Weihe. Indem sie das Ausmaß und die Tiefe des Konflikts geflissentlich verkleinern, proklamieren die Revisionisten eine falsche aber leichte Lösung. Eine kurze Illustration mag genügen:

Eine der Lieblingsforderungen der Revisionisten geht dahin, daß die »Gesamtpersönlichkeit« des Einzelnen zum Subjekt der Psychoanalyse gemacht werden müsse, anstatt seine frühe Kindheit, seine biologische Struktur oder seine psychosomatische Kondition.

Die unendliche Verschiedenheit der Persönlichkeiten ist an sich charakteristisch für das menschliche Dasein. Unter der Persönlichkeit verstehe ich die Gesamtheit der ererbten und erworbenen psychischen Eigenschaften, die charakteristisch für ein Individuum sind und das Individuum einzigartig machen.[19]
Ich glaube, es ist nun deutlich, daß Freuds Auffassung von der Gegen-Übertragung von der heutigen Auffassung der Analyse als zwischenmenschlichem (interpersonalem) Vorgang unterschieden werden muß. In der zwischenmenschlichen Situation wird der Analytiker nicht nur als in Beziehung zu den entstellten Affekten seines Patienten gesehen, sondern auch zu dessen gesunder Persönlichkeit. Das heißt, die analytische Situation ist im wesentlichen eine menschliche Beziehung.[20]
Die Meinung, auf die ich abziele, ist die: die Persönlichkeit strebt nach dem Zustand, den wir geistige Gesundheit oder zwischenmenschlich sich anpassenden Erfolg nennen, ungeachtet der Hindernisse an Stelle von Kulturfortschritten. Die Grundrichtung des Organismus ist vorwärts.[21]

Wiederum wird das Selbstverständliche (»Verschiedenheit der Persönlichkeiten«, Analyse als »zwischenmenschlicher Vorgang«), weil es nicht begriffen, sondern nur behauptet und verwendet wird, zur Halbwahrheit, die falsch ist, da die fehlende Hälfte den Inhalt der selbstverständlichen Tatsachen verwandelt.
Die zitierten Sätze beweisen die Konfusion zwischen Ideologie und Wirklichkeit, die in den revisionistischen Schulen herrscht. Es trifft zu, daß der Mensch als ein Individuum erscheint, das eine Vielzahl ererbter und erworbener Eigenschaften in eine Gesamtpersönlichkeit »integriert«, und daß letz-

19 Erich Fromm, »Man for Himself«, S. 50.
20 Clara Thompson, »Psychoanalysis«, S. 108.
21 Harry Stack Sullivan, »Conceptions of Modern Psychiatry«, Washington, William Alanson White Psychiatric Foundation, 1947, S. 48.

tere sich entwickelt, indem sie sich unter vielfältigen und wechselnden Bedingungen zur Welt (zu Dingen und Menschen) in Beziehung setzt. Aber diese Persönlichkeit und ihre Entwicklung ist bis hinab zur tiefsten Triebstruktur *vor*geformt und diese Vor-Formung, das Werk einer langen Kulturentwicklung, bedeutet, daß die Verschiedenheiten und die Autonomie des individuellen »Wachstums« sekundäre Erscheinungen sind. Wieviel Wirklichkeit hinter der Individualität steht, hängt vom Umfang, von der Form und von der Wirksamkeit der repressiven Lenkung ab, die im gegebenen Stadium der Zivilisation herrscht. Die autonome Persönlichkeit im Sinne schöpferischer »Einmaligkeit« und Daseinsfülle war immer das Privileg sehr weniger. Gegenwärtig neigt die Persönlichkeit zu standardisierten Reaktionsformen, die durch die Hierarchie von Macht und Funktionen und durch ihren technischen, intellektuellen und kulturellen Apparat bestimmt werden.

Der Analytiker und sein Patient haben an dieser Entfremdung teil, und da sie sich gewöhnlich nicht in irgendwelchen neurotischen Symptomen, sondern eher unter dem Stempel der »geistigen Gesundheit« manifestiert, tritt sie nicht in das revisionistische Bewußtsein ein. Wenn der Vorgang der Entfremdung zur Diskussion kommt, so wird er meistens nicht als das Ganze, das er ist, behandelt, sondern als ein negativer Aspekt des Ganzen [22]. Natürlich ist die Persönlichkeit nicht verschwunden, sie blüht noch immer und wird sogar gepflegt und erzogen – aber so, daß die Ausdrücke der Persönlichkeit den sozial erwünschten Grundformen des Verhaltens und Denkens vollkommen entsprechen und ihrerseits diese Grundformen unterstützen. Die Individualität wird so allmählich annulliert. Dieser Prozeß, der in der »Massenkultur« der heutigen industriellen Zivilisation zur Vollendung gelangt, zerstört den Begriff der zwischenmenschlichen Beziehungen, wenn

22 Vergleiche Erich Fromms Darstellung der »Markt-Orientierung« in »Man for Himself«, S. 67 ff.

diese mehr bedeuten sollen als die unleugbare Tatsache, daß alle Beziehungen, in denen das menschliche Wesen sich befindet, entweder Beziehungen zu anderen Menschen oder Abstraktionen solcher Beziehungen sind. Soll der Begriff, jenseits dieser Binsenwahrheit, mehr besagen – daß nämlich »zwei oder mehr Personen dazu gelangen, eine integrierte Situation zu definieren«, die aus »Individuen« zusammengesetzt ist [23], dann ist der Schluß trügerisch. Die individuellen Situationen sind nämlich Abkömmlinge und Erscheinungen des allgemeinen Schicksals, und wie Freud zeigte, ist es das letztere, das den Schlüssel zum Schicksal des Einzelnen enthält. Die allgemeine Unterdrückungstendenz formt das Individuum und macht selbst seine persönlichsten Züge zum Allgemeingut. Dementsprechend orientiert sich Freuds Theorie konsequent an der frühen Kindheit – der Periode, in der dem Einzelnen das allgemeine Schicksal aufgeprägt wird. Die späteren reifen Beziehungen »wiederholen« die formativen Beziehungen. Die entscheidenden Beziehungen sind damit diejenigen, die am wenigsten »zwischenmenschlich« sind. In einer entfremdeten Welt stehen Exemplare der Gattung einander gegenüber: erst Eltern und Kinder, Männer und Frauen, dann Herr und Knecht, Chef und Angestellter. Sie treten zuerst einmal in den spezifischen Formen der universellen Entfremdung miteinander in Beziehung. Auch wenn diese Formen sich verändern und in wirklich persönliche Beziehungen übergehen, behalten sie doch die universelle Repressivität bei, die sie als ihr bemeistertes und einbegriffenes Negativ überwinden. Dann bedürfen sie keiner Behandlung. Die Psychoanalyse erhellt die universelle Erfahrung in der individuellen. In diesem Ausmaß, und nur in diesem, kann sie die Verdinglichung durchbrechen, in der die menschlichen Beziehungen versteinert sind. Die Revisionisten verkennen den tatsächlichen

23 Ernest Beaglehole, »Interpersonal Theory and Social Psychology« in: A Study in Interpersonal Relations, ed. Patrick Mullahy, New York, Hermitage Press, 1950, S. 54.

Zustand der Entfremdung (oder sie versäumen es, die Konsequenz daraus zu ziehen), der die Person zu einer vertauschbaren Funktion und die Persönlichkeit zu einer Ideologie macht. Im Gegensatz dazu reichen Freuds »biologische« Grundauffassungen über die Ideologie und ihre Spiegelungen hinaus: seine Weigerung, eine verdinglichte Gesellschaft als ein »sich entwickelndes Netzwerk zwischenmenschlicher Erfahrungen und Verhaltensweisen« und ein entfremdetes Individuum als eine »Gesamtpersönlichkeit« zu behandeln, entspricht der Realität und enthält ihren wirklichen Begriff. Wenn er sich nicht darauf einläßt, die unmenschliche Existenz als einen vorübergehenden, negativen Aspekt der sich voran bewegenden Menschheit anzusehen, dann ist er menschlicher als die gutmütigen, duldsamen Kritiker, die seine »unmenschliche« Kälte brandmarken. Freud glaubt nicht bereitwillig daran, daß »die Grundrichtung des Organismus vorwärts« ist. Selbst ohne die Hypothese des Todestriebes und der konservativen Natur der Triebe bleiben Sullivans Gedankengänge flach und fragwürdig. Die »Grundrichtung« des Organismus erscheint als eine ganz andere in dem beständigen Trieb nach Spannungslösung, nach Erfüllung, Ruhe, Passivität – der Kampf gegen den Fortschritt der Zeit ist nicht nur dem narzißtischen Eros zu eigen. Auch diese sadomasochistischen Tendenzen lassen sich schwer mit einer Ausrichtung der geistigen Gesundheit »nach vorwärts« vereinen, es sei denn, »vorwärts« und »geistige Gesundheit« würden so neu definiert, daß sie fast das Gegenteil von dem bedeuten, was sie in unserer sozialen Ordnung sind – »einer sozialen Ordnung, die in mancher Hinsicht schlechthin ungeeignet für die Entwicklung gesunder und glücklicher menschlicher Wesen ist« [24]. Sullivan enthält sich solcher Neudefinition, er formuliert seine Begriffe übereinstimmend mit der Übereinstimmung:

24 Patrick Mullahy, Einleitung zu »A Study of Interpersonal Relations«, S. XVII.

Die Person, die glaubt, daß sie sich freiwillig von ihren frühen Bindungen gelöst und aus eigenem Entschluß ein neues Dogma akzeptiert hat, in dem sie sich emsig selbst unterrichtete, ist ganz gewiß eine Person, die große Unsicherheit erlitten hat. Es ist oft eine Person, deren Selbst-Organisation haßerfüllt und andere beeinträchtigend ist. Die neue Bewegung hat ihm Gruppenunterstützung für den Ausdruck alter persönlicher Feindseligkeit verschafft, die sich nun gegen die Gruppe wendet, aus der er kommt. Die neue Ideologie rationalisiert destruktive Betätigung mit einem derartigen Effekt, daß sie beinahe, wenn nicht gänzlich, konstruktiv erscheint. Die neue Ideologie wirkt in ihrem Versprechen einer besseren Welt, die sich aus den Trümmern erheben soll, in die die gegenwärtige Ordnung erst gelegt werden muß, besonders beruhigend auf Konflikte. In diesem Utopia will der Betreffende und seine Genossen gut und freundlich sein – für sie wird es keine Ungerechtigkeit mehr geben und so fort. Handelt es sich um eine der radikalen Gruppen, so kann die Aktivität der weiter zurückliegenden Erinnerung in der Synthese von Entscheidungen und Wahl fast völlig unterdrückt und die Aktivität prospektiver Träume straff in die Kanäle dogmatischer Denkformen geleitet werden. In diesem Fall kann der Mensch, außer im Umgang mit seinen radikalen Genossen, sich so verhalten, als habe er den psychopathischen Persönlichkeitstyp erworben, den wir in der dritten Vorlesung besprachen. Er zeigt kein dauerhaftes Erfassen seiner eigenen Wirklichkeit noch der Anderer und seine Handlungen werden vom unmittelbarsten Opportunismus geleitet, ohne Inbetrachtziehung der vermutlichen Zukunft.[25]

Die vorstehende Passage erhellt das Ausmaß, in dem die »interpersonale« Theorie von den Werten des status quo bestimmt ist. Wenn ein Mensch »sich von seinen frühen Bindungen gelöst« und »ein neues Dogma akzeptiert hat«, dann ist die Voraussetzung, daß er »große Unsicherheit erlitten hat«, daß seine »Selbst-Organisation haßerfüllt und andere beeinträchtigend ist«, daß sein neuer Glaube »destruktive Betätigung rationalisiert« – kurzum, daß er der psychopathische Typ ist. Keine Andeutung, daß seine Unsicherheit rational und vernünftig sein könnte, daß nicht seine Selbst-Organisation, sondern die der Anderen haßerfüllt und schädigend ist, daß die in dem neuen

25 Sullivan, »Conceptions of Modern Psychiatry«, S. 96; s. a. Helen Merrel Lynd's Besprechung in »The Nation«, January 15, 1945.

Dogma enthaltene Destruktivität tatsächlich konstruktiv sein könnte, insofern ihr Ziel eine höhere Stufe der Verwirklichung ist. Diese Psychologie hat keinen anderen objektiven Wertmaßstab als den geltenden: Gesundheit, Reife, Errungenschaft werden so hingenommen, wie sie von der heutigen Gesellschaft definiert werden – obgleich sich Sullivan bewußt ist, daß in unserer Kultur Reife »oft kein besonderes Nachdenken über irgend etwas anderes als jemandes sozioökonomischen Status und dergleichen«[26] darstellt. In dieser Psychologie herrscht tiefster Konformismus, der alle, die »sich von ihren frühen Bindungen lösen« und »Radikale« werden, als Neurotiker verdächtigt (die Beschreibung paßt gut auf sie alle, von Jesus bis Lenin, von Sokrates bis Giordano Bruno) und der fast automatisch das »Versprechen einer besseren Welt« mit »Utopia« gleichsetzt, ihre Substanz mit »Träumerei« und den geheiligten Menschheitstraum von der Gerechtigkeit für alle mit dem persönlichen Ressentiment (keine Ungerechtigkeit mehr »für sie«) des unangepaßten Typs. Diese »Identifizierung« von geistiger Gesundheit mit »sich anpassendem Erfolg« und Fortschritt löscht all die Vorbehalte aus, mit denen Freud das therapeutische Ziel der Anpassung an eine unmenschliche Gesellschaft[27] umgab, und liefert damit die Psychoanalyse dieser Gesellschaft viel weitgehender aus als Freud es je tat.

Hinter all den Unterschieden der historischen Gesellschaftsformen sah Freud die ihnen allen gemeinsame Unmenschlichkeit, sah er die unterdrückenden Methoden, die die Herrschaft des Menschen über den Menschen in der Triebstruktur selbst dauerhaft zu machen suchen. Kraft dieser Einsicht kommt Freuds »statische Auffassung der Gesellschaft« der Wahrheit näher als die dynamischen soziologischen Konzepte, die die Revisionisten liefern. Die Vorstellung, daß »das Unbehagen

26 »The Interpersonal Theory of Psychiatry«, New York, W. W. Norton, 1953, S. 208.

27 s. Freuds »Vorlesungen zur Einführung in die Psychoanalyse«. Ges. Werke, Bd. XI.

in der Kultur« seine Wurzeln in der biologischen Konstitution des Menschen haben müsse, beeinflußte Freuds Auffassung von der Aufgabe und den Zielen der Therapie aufs tiefste. Die Persönlichkeit, die der Einzelne entwickeln, die Möglichkeiten, die er verwirklichen, das Glück, das er erreichen soll – sie alle sind von Anfang an reglementiert und ihr Inhalt kann nur im Sinne dieser Reglementierung definiert werden. Freud zerstört die Illusion der idealistischen Ethik: die »Persönlichkeit« ist nichts als ein domestiziertes Individuum, das Hemmung und Aggression internalisiert und nutzbringend verwendet hat. Angesichts dessen, was die Zivilisation aus dem Menschen gemacht hat, liegt der Unterschied in der Persönlichkeitsentwicklung im Unterschied zwischen einem unverhältnismäßigen Anteil an jenem »alltäglichen Unglück«, das das allgemeine Los der Menschheit ist. Und das verhältnismäßige alltägliche Unglück ist auch alles, was die Therapie erreichen kann.

Im Gegensatz zu diesem »Minimal-Programm« proklamieren nun Fromm und die anderen Revisionisten ein höheres Ziel der Therapie: »optimale Entwicklung der inneren Fähigkeiten einer Person und die Verwirklichung ihrer Individualität«. Nun ist es aber genau dieses Ziel, das im Wesentlichen nicht erreicht werden kann – nicht etwa wegen bestimmter Grenzen der analytischen Technik, sondern weil die herrschende Kultur eben ihrer Struktur nach dies unmöglich macht. Entweder definiert man die »Persönlichkeit« und die »Individualität« im Sinne ihrer Möglichkeit *innerhalb* der geltenden Kulturformen, in welchem Fall ihre Verwirklichung für die überwiegende Mehrheit gleichlautend mit erfolgreicher Anpassung ist. Oder man definiert sie im Sinne ihres transzendierenden Gehalts, inklusive ihrer ihnen von der Gesellschaft versagten Möglichkeiten jenseits (und unterhalb) ihrer aktuellen Existenz; in diesem Falle würde ihre Verwirklichung eine Überschreitung der geltenden Kulturformen zu radikal neuen Weisen der »Persönlichkeit« und »Individualität« hin sein, die mit den anerkannten Formen unvermeidbar sind. Das würde heute bedeuten, daß man den Patienten dahingehend »heilt«, ein Rebell oder (was das gleiche hieße) ein Märtyrer zu werden. Die revisionistische Auffassung schwankt zwischen den beiden Definitionen. Fromm ruft all die altehrwürdigen Werte der idealistischen Ethik wieder ins Leben, als hätte noch nie jemand ihre konformistischen und repressiven Züge aufgewiesen. Er spricht von der produktiven Verwirklichung der Persönlichkeit, von Fürsorge, Verantwortung und Respekt vor den Mitmenschen, von produktiver Liebe und Glück – als könnte der Mensch tatsächlich all das in einer Gesellschaft ausüben, die Fromm selbst als völlig »entfremdet« und von den Konsum-Beziehungen des »Markts« beherrscht, darstellt – und dabei geistig gesund und voller »Wohlgefühl« bleiben. In solch einer Gesellschaft kann die Selbstverwirklichung der Persönlichkeit nur auf der Grundlage einer doppelten Unterdrückung und Verdrängung vonstatten gehen: erstens die »Bereinigung« des Lustprinzips und die Internalisierung von Glück und Freiheit; zweitens ihre von der Vernunft gelenkte Einschränkung, bis sie sich mit der akzeptierten Unfreiheit und dem herrschenden Unglück vereinbaren läßt. Im Ergebnis werden Produktivität, Liebe, Verantwortung nur insoweit zu »Werten«, als sie lenkbare Resignation enthalten und innerhalb des Rahmens sozial nützlicher Betätigung ausgeübt werden (mit anderen Worten: nur nach ihrer repressiven Sublimierung). Und dann bedeuten sie die erfolgreiche Verleugnung der freien Produktivität und der freien Verantwortung – den Verzicht auf das Glück.

Um Beispiele zu nennen: Die Produktivität, die als Ziel des gesunden Individuums unter dem Leistungsprinzip verkündet wird, muß sich normalerweise (d. h. abgesehen von den schöpferischen, »neurotischen« und »exzentrischen« Ausnahmen) in guter Geschäftsführung, Verwaltung und Dienstleistung, mit der vernunftgemäßen Erwartung anerkannten Erfolges, zeigen. Die Liebe muß halb sublimierte und sogar gehemmte Libido sein und mit den sanktionierten Bedingungen, die der Sexualität auferlegt sind, in Einklang stehen. Das also ist die akzeptierte »realistische« Bedeutung von »Produktivität« und »Liebe«. Aber ganz die gleichen Ausdrücke bezeichnen ja auch die *freie* Verwirklichung des Menschen oder die Idee solcher Verwirklichung. Die revisionistische Verwendung dieser Ausdrücke spielt mit dieser Doppeldeutigkeit, die sowohl die unfreien wie die freien, die verkümmerten wie die integralen Möglichkeiten des Menschen meint und damit das herrschende Realitätsprinzip mit der Größe eines Versprechens belehnt, das doch nur *jenseits* dieses Realitätsprinzips eingelöst werden könnte. Diese Doppeldeutigkeit läßt die Philosophie der Revisionisten kritisch scheinen, wo sie konformistisch, politisch, wo sie moralisch ist. Oft verrät nur der Stil diese Haltung. Es wäre aufschlußreich, eine vergleichende Analyse des Freudschen und des neo-Freudianischen Stils anzustellen. In den mehr weltanschaulich orientierten Schriften der Revisionisten nähert sich der Stil häufig dem eines Predigers oder Sozialfürsorgers; gehoben und doch klar, durchdrungen von Güte und Duldsamkeit und doch bewegt von einem *esprit de sérieux*, der transzendentale Werte zu alltäglichen Tatsachen macht. Was Trug und Schein geworden ist, wird als wirklich angenommen. Im Gegensatz dazu klingt in Freuds Verwendung von Ausdrücken wie »Freiheit«, »Glück«, »Persönlichkeit« ein starker Unterton von Ironie mit; entweder scheinen sie unsichtbare Fragezeichen zu haben oder ihr negativer Gehalt wird ausdrücklich festgestellt. Freud weigert sich, der Unterdrückung je einen andern Namen zu geben als eben diesen; die Neofreudianer sublimieren sie gelegentlich in ihr Gegenteil.

Aber die von den Revisionisten vorgenommene Kombination von Psychoanalyse und idealistischer Ethik ist nicht einfach eine Verherrlichung der Anpassung. Ihre soziologische oder kulturelle Orientierung bietet auch die andere Seite des Bildes dar – das »nicht nur – sondern auch«. Die Anpassungstherapie wird mit den stärksten Ausdrücken abgelehnt [28], die »Vergöttlichung« des Erfolgs verworfen [29]. Die heutige Gesellschaft und Kultur werden beschuldigt, die Verwirklichung der gesunden, reifen Persönlichkeit schwer zu bedrohen, das »Konkurrenzprinzip und die es begleitende Feindseligkeit durchtränkt alle menschlichen Beziehungen« [30]. Die Revisionisten erheben den Anspruch, daß ihre Form der Psychoanalyse an sich eine Gesellschafts*kritik* sei:

Das Ziel der »kulturellen Schulen« geht über die bloße Absicht hinaus, den Menschen in die Lage zu setzen, sich den Einschränkungen zu unterwerfen, die seine Gesellschaft über ihn verhängt; so weit dies möglich ist, suchen sie den Menschen von seinen irrationalen Forderungen zu befreien und ihn fähiger zu machen, seine Möglichkeiten zu entwickeln und eine Führerschaft beim Bau einer konstruktiveren Gesellschaft zu übernehmen. [31]

Hier verschwindet die Spannung zwischen Gesundheit und Wissen, Normalität und Freiheit, die das gesamte Werk Freuds beseelt; eine Einschränkung, »so weit dies möglich ist«, ist die einzige Spur, die vom explosiven Widerspruch im Ziel verbleibt. »Führerschaft beim Bau einer konstruktiveren Gesellschaft« soll mit dem normalen Funktionieren in der herrschenden Gesellschaft kombiniert werden. Diese Philosophie wird dadurch erreicht, daß man die Kritik gegen Oberflächenerscheinungen richtet, während man die Grundprämissen der kritisierten Gesellschaft akzeptiert. Einen großen Teil seiner Schriften widmet Fromm der Kritik der »Marktwirtschaft« und ihrer Ideologie, die der produktiven Entwicklung schwere Hindernisse in den Weg stellt [32]. Aber damit ist die Sache erledigt. Die kritische Einsicht führt nicht zu einer Umwertung

28 Fromm, »Psychoanalysis and Religion«, New Haven, Yale University Press, 1950, S. 73 ff.

29 ebd., S. 119.

30 Karen Horney, »The Neurotic Personality of Our Time«, New York, W. W. Norton, 1937, S. 284.

31 Clara Thompson, »Psychoanalysis«, S. 152.

32 Fromm, »Man for Himself«, vor allen Dingen S. 67 ff., 127, 128.

der Werte der Produktivität und des »höheren Selbst« – die genau den Werten der kritisierten Kultur entsprechen. In der Assimilierung des Positiven und des Negativen, des Versprechens und seines Verrats, verrät sich der Charakter der revisionistischen Philosophie. Die Behauptung absorbiert die Kritik. Der Leser kann zu der Überzeugung gelangen, daß die »höheren Werte« innerhalb eben der Zustände praktiziert werden können und sollen, die sie verraten; und sie können auch praktiziert werden, denn die revisionistischen Philosophen akzeptieren sie in ihrer angepaßten und idealisierten Form – unter den Bedingungen des herrschenden Realitätsprinzips. Fromm, der wie wenige andere Analytiker die repressiven Züge der Verinnerlichung (Internalisierung) aufgewiesen hat, versucht doch ihre Ideologie wieder zu beleben. Der »angepaßte« Mensch wird beschuldigt, sein »höheres Selbst«, die »menschlichen Werte« verraten zu haben; deswegen wird er trotz seiner »Triumphe« im »Kampf um Erfolg« von »innerer Leere und Unsicherheit« heimgesucht. Viel besser geht es dem Menschen, der »innere Kraft und Integrität« errungen hat. Obwohl er vielleicht weniger erfolgreich ist als sein »skrupelloser Nachbar«

... wird er Sicherheit, Urteilskraft und Objektivität besitzen, die ihn viel weniger verletzlich gegenüber dem wechselnden Glück und den Meinungen Anderer machen und auf vielen Gebieten seine Fähigkeit zu konstruktiver Arbeit fördern werden 33.

Der Stil erinnert an »Die Macht des positiven Denkens«, dem die revisionistische Kritik erlegen zu sein scheint. Nicht die Werte sind unecht, sondern der Zusammenhang, in dem sie definiert und proklamiert werden: die »innere Kraft« hat einen Beigeschmack jener bedingungslosen Freiheit, die man auch in Ketten ausüben kann und die Fromm selbst einmal in seiner Analyse der Reformation bloßstellte 34.

33 Fromm, »Psychoanalysis and Religion«, S. 75.

34 »Escape from Freedom«, New York, Rinehart, 1941, S. 74 ff.

Sollen die Werte der »inneren Kraft und Integrität« mehr sein als bloße Charakterzüge, die die entfremdete Gesellschaft von jedem guten Bürger in seinem Geschäft erwartet (in welchem Fall sie nur dazu dienen, die Entfremdung zu fördern), dann müssen sie zu einem Bewußtsein gehören, das die Entfremdung sowohl wie ihre Werte durchbrochen hat. Aber solch einem Bewußtsein werden diese Werte selbst unerträglich, da es sie als mitschuldig an der Versklavung des Menschen erkennt. Das »höhere Selbst« regiert über die domestizierten Impulse und Strebungen des Individuums, das sein »niedrigeres Selbst« geopfert und preisgegeben hat – nicht nur soweit es unvereinbar mit der Kultur, sondern soweit es unvereinbar mit der repressiven Kultur ist. Dieser Triebverzicht mag tatsächlich ein unerläßlicher Schritt auf dem Weg des menschlichen Fortschritts sein. Aber Freuds Frage, ob die höheren Werte der Kultur nicht um einen zu hohen Preis für den Einzelnen errungen wurden, sollte ernst genug genommen werden, um die psychoanalytischen Philosophen davon abzuhalten, diese Werte zu predigen, ohne ihren verbotenen Inhalt zu enthüllen, ohne zu zeigen, was sie dem Einzelnen *verweigert* haben. Was diese mangelnde Aufrichtigkeit aus der psychoanalytischen Theorie macht, mag durch eine Gegenüberstellung der Frommschen Idee von der Liebe mit Freuds Auffassung illustriert werden.

Echte Liebe wurzelt in der Produktivität und kann daher mit Recht »produktive Liebe« genannt werden. Ihr eigentliches Wesen ist immer das gleiche, ob es sich nun um die Liebe der Mutter zu ihrem Kinde handelt, um unsere Liebe zu den Menschen, oder um die erotische Liebe zwischen zwei Individuen ... von gewissen Elementen wird man sagen dürfen, daß sie charakteristisch für alle Formen der produktiven Liebe sind. Es sind dies Fürsorge, Verantwortlichkeit, Respekt und Wissen.[35]

Nun vergleiche man mit diesen ideologischen Formulierungen Freuds Analyse des triebhaften Grundes und Untergrun-

35 »Man for Himself«, S. 98.

des der Liebe, des langen schmerzlichen Prozesses, in dem die Sexualität mit all ihrer polymorphen Perversität gezähmt und gehemmt wird, bis sie schließlich der Verschmelzung mit Zärtlichkeit und Neigung zugänglich wird – einer Verschmelzung, die stets unsicher bleibt, und die ihre destruktiven Elemente nie ganz überwindet. Man vergleiche mit Fromms Sermon über die Liebe Freuds fast beiläufige Bemerkung in seiner Arbeit »Über die allgemeinste Erniedrigung des Liebeslebens«

... können wir uns der Einsicht nicht verschließen, daß das Liebesverhalten des Mannes in unserer heutigen Kulturwelt überhaupt den Typus der psychischen Impotenz an sich trägt. Die zärtliche und die sinnliche Strömung sind bei den wenigsten unter den Gebildeten gehörig miteinander verschmolzen; fast immer fühlt sich der Mann in seiner sexuellen Betätigung durch den Respekt vor dem Weibe beengt und entwickelt seine volle Potenz erst, wenn er ein erniedrigtes Sexualobjekt vor sich hat ...[36]

Nach Freud kann und muß die Liebe in unserer Kultur als »zielgehemmte Sexualität« praktiziert werden, mit all den Tabus und Einschränkungen, die die monogame vaterrechtliche Gesellschaft ihr auferlegt. Jenseits ihrer legitimen Manifestationen ist sie destruktiv und führt keineswegs zu Produktivität und konstruktiver Arbeit. Die Liebe, wenn sie ernst genommen wird, ist geächtet: »wie im Leben des heutigen Kulturmenschen für die einfache, natürliche Liebe zweier Menschenkinder kein Raum mehr ist« [37]. Aber für die Revisionisten verschmelzen Produktivität, Liebe, Glück und Gesundheit in eine große Harmonie; die Kultur hat zwischen ihnen keinerlei Konflikte geschaffen, die die reife Persönlichkeit nicht lösen könnte, und das, ohne ernstlichen Schaden zu nehmen.
Wenn die menschlichen Strebungen und ihre Erfüllung erst einmal internalisiert (verinnerlicht) und zum »höheren Selbst« sublimiert sind, dann werden die sozialen Anliegen in erster Linie zu geistigen Anliegen und ihre Lösung zu einer *morali-*

36 Ges. Werke, Bd. VIII, S. 85.
37 »Das Unbehagen in der Kultur«, Fischerbücherei Nr. 47, S. 142, Anm.

schen Aufgabe. Die soziologische Konkretheit der Revisionisten erweist sich jetzt als Oberfläche: die entscheidenden Kämpfe werden in der »Seele« des Menschen ausgefochten. Die heutige autoritäre Position und die »Vergöttlichung der Maschine und des Erfolges« bedrohen die »kostbarsten geistigen Besitztümer des Menschen« [38]. Die revisionistische Verkleinerungstendenz gegenüber der biologischen Sphäre, und besonders der Rolle der Sexualität, verlegt den Akzent nicht nur vom Unbewußten aufs Bewußte, vom Es aufs Ich, sondern auch von den vorsublimierten Ausdrücken der menschlichen Existenz auf die sublimierten. Wenn die Unterdrückung der Triebbefriedigung in den Hintergrund rückt und ihre entscheidende Bedeutung für die Verwirklichung des Menschen verliert, dann wird auch die Tiefe der gesellschaftsformenden Verdrängung verringert. Die revisionistische Betonung des Einflusses der »sozialen Bedingungen« für die Entwicklung der neurotischen Persönlichkeit ist infolgedessen soziologisch und psychologisch viel unkonsequenter als Freuds »Vernachlässigung« dieser Bedingungen. Die revisionistische Verstümmelung der Triebtheorie führte zu der traditionellen Entwertung der Sphäre der materiellen Bedürfnisse zugunsten der geistigen. Der Anteil der Gesellschaft an der Reglementierung des Menschen wird auf diese Weise unterbewertet, und trotz der ausgesprochenen Kritik an manchen gesellschaftlichen Einrichtungen akzeptieren die Revisionisten die Grundlagen, auf denen diese Einrichtungen ruhen.

Auch die Neurose erscheint als ein essentiell *moralisches* Problem, und der Einzelne wird für das Mißlingen seiner Selbstverwirklichung verantwortlich gemacht. Natürlich fällt auch ein Teil des Vorwurfs auf die Gesellschaft, aber auf die Dauer ist offenbar doch der Mensch selbst schuld:

Angesichts seiner Schöpfung darf er wirklich sagen, es ist gut. Aber was soll er angesichts seiner selbst sagen? ... Während wir wunderbare Dinge

38 Fromm, »Psychoanalysis and Religion«, S. 119.

geschaffen haben, haben wir versäumt, aus uns selbst Wesen zu machen, um derentwillen diese immense Anstrengung sich zu lohnen scheint. Unser Leben ist nicht eines der Brüderlichkeit, des Glücks, der Zufriedenheit, sondern ein Leben des geistigen Chaos und der inneren Unruhe.[39]

Diese Disharmonie zwischen der Gesellschaft und dem Individuum wird festgestellt und dann auf sich beruhen gelassen. Was immer die Gesellschaft dem Einzelnen antun mag, so hält das weder ihn noch den Analytiker davon ab, sich auf die »Gesamtpersönlichkeit« und ihre produktive Entwicklung zu konzentrieren. Nach Horneys Ansicht schafft die Gesellschaft gewisse typische Schwierigkeiten, die, »gehäuft, zur Bildung einer Neurose führen können«[40]. Nach Fromms Ausführungen ist der negative Einfluß der Gesellschaft auf den Einzelnen ernster zu bewerten, aber das ist dann nur eine Aufforderung, produktive Liebe und produktives Denken walten zu lassen. Die Entscheidung liegt bei der Fähigkeit des Menschen, »sich selbst, sein Leben und sein Glück ernst zu nehmen; liegt bei seiner Bereitwilligkeit, den eigenen moralischen Problemen und denen seiner Gesellschaft gegenüberzutreten; sie liegt bei seinem Mut, er selbst zu sein und für sich selbst zu stehen«[41]. In einer totalitären Epoche, in der der Einzelne so gänzlich zum Subjekt-Objekt der Manipulation geworden ist, daß für die »gesunde und normale« Person selbst die Idee einer Unterscheidung zwischen »für sich stehen« und »für andere stehen« bedeutungslos geworden ist, in einer Epoche, in der der allmächtige Apparat wirkliche Nicht-Konformität mit Lächerlichkeit und Niederlagen bestraft – in solch einer Situation fordern die neo-Freudianischen Philosophen den Einzelnen dazu auf, er selbst zu sein und für sich selbst zu stehen. Für die Revisionisten hat sich die nackte Tatsache der sozialen Unterdrückung in ein »moralisches Problem« verwandelt – wie das in den konformistischen Weltanschauungen aller Zeitalter der

39 ebd., S. 1.
40 »The Neurotic Personality«, S. 284.
41 »Man for Himself«, S. 250.

Fall war. Und da die klinische Tatsache der Neurose »in letzter Analyse ein Symptom moralischen Versagens« [42] geworden ist, wird die »psychoanalytische Heilung der Seele« eine Erziehung zur Erlangung einer »religiösen« Haltung [43].

Die Konsequenz dieser Revision der psychoanalytischen Theorie ist eine Flucht aus der Analyse in internalisierte Ethik und Religion. Wenn die »Wunde« in der menschlichen Existenz sich nicht in der biologischen Konstitution des Menschen auswirkt, und wenn sie nicht gerade durch die Struktur der Gesellschaft verursacht und durch sie fortdauernd erneuert wird, dann geht die Psychoanalyse ihrer Tiefendimension verlustig und der (ontogenetische und phylogenetische) Konflikt zwischen vor-individuellen und über-individuellen Kräften erscheint als ein Problem des vernünftigen oder unvernünftigen, des moralischen oder unmoralischen Verhaltens des bewußten Individuum. Die Substanz der psychoanalytischen Theorie liegt nicht einfach in der Entdeckung der Rolle des Unbewußten, sondern in der Beschreibung seiner spezifischen Triebdynamik, des Schicksals der zwei Primärtriebe. Nur die Geschichte dieser Schicksale verrät die ganze Tiefe der Bedrückung, die die Kultur dem Menschen auferlegt. Spielt die Sexualität nicht die konstituierende Rolle, die Freud ihr zuschrieb, dann gibt es auch keinen fundamentalen Konflikt zwischen dem Lust- und dem Realitäts-Prinzip; die triebhafte Natur des Menschen ist »bereinigt« und dazu im Stande, ohne Verstümmelung das sozial nutzbringende und anerkannte Glück zu erreichen. Gerade weil Freud in der Sexualität den Repräsentanten des vollständigen Lustprinzips sah, war er in der Lage, die gemeinschaftlichen Wurzeln des »allgemeinen« wie des neurotischen Elends in einer Tiefe, die weit unterhalb aller individuellen Erfahrung liegt, aufzudecken und eine primäre konstituierende Unterdrückung zu erkennen, die aller bewußt erfahrenen und ausgeübten Unterdrückung zugrunde

42 ebd., S. VIII. – 43 »Psychoanalysis and Religion«, S. 76.

liegt. Er nahm diese Entdeckung sehr ernst – viel zu ernst, um das Glück mit seiner wirksamen Sublimierung in produktive Ziele und andere produktive Tätigkeiten gleichzusetzen. Daher hielt er eine Kultur, die sich an der Verwirklichung des Glücks orientiert, für eine Katastrophe, für das Ende aller Kultur. Für Freud trennte ein gewaltiger Abgrund die wirkliche Freiheit und das wirkliche Glück von dem Pseudo-Frei- und Glücklichsein, wie es in einer repressiven Zivilisation gepredigt und praktiziert wird. Die Revisionisten hingegen sehen keine derartigen Schwierigkeiten. Da sie die Freiheit und das Glück vergeistigt haben, können sie behaupten, daß »das Problem der Produktion praktisch gelöst ist« [44].

Niemals zuvor ist der Mensch der Erfüllung seiner höchsten Hoffnungen so nahe gekommen als heute. Unsere wissenschaftlichen Entdeckungen und unsere technischen Errungenschaften lassen uns den Tag voraussehen, an dem der Tisch für alle gedeckt sein wird, die essen wollen . . . [45]

Diese Behauptungen sind zutreffend – aber nur im Licht ihrer Verneinung: gerade weil der Mensch der Erfüllung seiner Hoffnungen noch nie so nahe war, ist er noch niemals so entschieden an ihrer Erfüllung verhindert worden; gerade weil wir uns die weltweite Befriedigung individueller Bedürfnisse vorstellen können, werden dieser Befriedigung die schwersten Hindernisse in den Weg gelegt. Nur wenn es der soziologischen Analyse gelingt, diese Zusammenhänge zu erhellen, reicht sie über Freud hinaus; sonst ist sie bloß eine konsequenzlose Ausschmückung, die auf Kosten einer Verstümmelung der Freudschen Triebtheorie geht.

Freud hat eine substantielle Verbindung zwischen menschlicher Freiheit und menschlichem Glück einerseits und der Sexualität andererseits aufgestellt: die letztere bietet die primäre Quelle für die ersteren und gleichzeitig den Anlaß für ihre notwendige Beschränkung in der Kultur. Die revisionistische

44 Fromm, »Man for Himself«, S. 140.

45 Fromm, »Psychoanalysis and Religion«, S. 1.

Lösung des Konflikts durch die Vergeistigung von Freiheit und Glück erfordert die Schwächung dieser Verbindung. Es mögen therapeutische Überlegungen gewesen sein, die den Anlaß zur theoretischen Verkleinerung der Rolle der Sexualität gaben; aber die Verkleinerung war auf jeden Fall für die revisionistische Anschauung unentbehrlich:

Sexuelle Probleme werden, obwohl sie manchmal das symptomatische Bild beherrschen mögen, nicht mehr als dynamischer Mittelpunkt der Neurosen angesehen. Sexuelle Schwierigkeiten sind mehr das Ergebnis als die Ursache des neurotischen Charakters.[46]

Diese Auffassung bedeutet weit mehr als eine äußerste Verkleinerung der Rolle der Libido, sie kehrt die innere Richtung der Freudschen Theorie um. Nirdends wird das deutlicher als in Fromms Neudeutung des Ödipuskomplexes, die es unternimmt, »ihn aus der Sphäre des Sexuellen in die der zwischenmenschlichen Beziehungen zu übertragen«[47]. Die Pointe dieser »Übertragung« ist, daß das Wesen des Inzestwunsches nicht »sexuelles Verlangen« sei, sondern die Sehnsucht, beschützt, gesichert – ein Kind zu bleiben. »Der Fötus lebt mit und von der Mutter, und der Akt der Geburt ist nur ein Schritt in der Richtung der Freiheit und Unabhängigkeit.« Gewiß – aber die zu erlangende Freiheit und Unabhängigkeit sind (wenn überhaupt erreichbar) durch Mangel, Resignation und Schmerz getrübt. Der Akt der Geburt ist der erste und erschreckende Schritt in der Richtung *fort von* Befriedigung und Sicherheit. Freuds ideologische Deutung des Ödipuskomplexes bedeutet die Hinnahme des Unglücks in der Freiheit, die Hinnahme der Trennung von Freiheit und Befriedigung; Freuds

46 Karen Horney, »Neue Wege in der Psychoanalyse«, aus dem Amerikanischen übersetzt von Heinz Neumann, Gustav Kilpper, Stuttgart, 1951, S. 10.

47 »Psychoanalysis and Religion«, S. 79 ff. Siehe auch Fromms geistreichere Interpretation in: »The Forgotten Language«, New York, Rinehart, 1951, S. 231–235.

Theorie bedeutet, daß der ödipale Wunsch der ewige infantile *Protest* gegen diese Trennung ist – ein Protest nicht gegen die Freiheit, sondern gegen schmerzliche repressive Freiheit. Dem entgegen ist der ödipale Wunsch die ewige infantile Sehnsucht nach dem Archetypus der Freiheit, der Freiheit von Mangel; und da der (unverdrängte, ununterdrückte) Sexualtrieb der biologische Träger dieses Archetypus der Freiheit ist, ist der ödipale Wunsch im wesentlichen »sexuelles Verlangen«. Sein natürliches Objekt ist nicht einfach die Mutter *qua* Mutter, sondern die Mutter *qua* Frau – das weibliche Prinzip der Erfüllung. Hier kommt der Eros der Rezeptivität, der Ruhe, der leidlosen und vollständigen Erfüllung dem Todestrieb am nächsten (Rückkehr zum Schoß), das Lustprinzip am nächsten dem Nirwana-Prinzip. Hier kämpft der Eros seine erste Schlacht gegen all das, wofür das Realitätsprinzip steht: gegen den Vater, gegen die Herrschaft, gegen Sublimation und Resignation. Allmählich werden dann Freiheit und Erfüllung mit diesen väterlichen Prinzipien in Verbindung gesetzt; die Freiheit von Mangel wird der Moral und der geistigen Unabhängigkeit geopfert. Es ist zuerst das »sexuelle Verlangen« nach der Mutter = Frau, das die psychischen Grundlagen der Kultur bedroht; es ist das »sexuelle Verlangen«, das den Ödipuskonflikt zum Prototyp des Triebkonflikts zwischen dem Individuum und seiner Gesellschaft macht. Wäre der Ödipuswunsch seinem Wesen nach nichts anderes als der Wunsch nach Schutz und Sicherheit (»Flucht vor der Freiheit«), wollte das Kind nichts anderes als ungewährbare Sicherheit und nicht ungewährbare Lust, dann stellte der Ödipuskomplex tatsächlich ein wesentlich erzieherisches Problem dar. Als solches kann er behandelt werden, ohne die triebhaften Gefahrenzonen der Gesellschaft zu exponieren.

Das gleiche beruhigende Resultat wird auch durch die Ablehnung des Todestriebes erzielt. Freuds Hypothese des Todestriebs und seiner Rolle in der kulturellen Aggression warf Licht auf eines der wenigst erforschten Rätsel der Kultur; sie deckte die verborgenen, unbewußten Bindungen auf, die die Unterdrückten an ihre Unterdrücker fesseln, die Soldaten an ihre Generäle, die Individuen an ihre Herren und Meister. Die Zerstörung in größtem Maßstab, die den Fortschritt der Zivilisation innerhalb des Rahmens der Herrschaft auszeichnet, wurde im Angesicht der Möglichkeit ihrer Abschaffung durch die triebhafte Übereinstimmung der menschlichen Instrumente und Opfer mit ihren Henkern zur Fortdauer gebracht. Freud schrieb während des ersten Weltkrieges:

Denken Sie an das Unmaß von Brutalität, Grausamkeit und Verlogenheit, das sich jetzt in der Kulturwelt breitmachen darf. Glauben Sie wirklich, daß es einer Handvoll gewissenloser Streber und Verführer geglückt wäre, all diese bösen Geister zu entfesseln, wenn die Millionen von Geführten nicht mitschuldig wären? [48]

Aber die Impulse, die diese Hypothese voraussetzt, sind mit der moralistischen Weltanschauung, wie die Revisionisten sie vertreten, unvereinbar. Karen Horney stellt die revisionistische Position bündig dar:

Schließlich will Freuds Theorie besagen, daß die Motivierung für Feindseligkeit oder Zerstörungssucht letzten Endes in dem Impuls des Zerstörens liege. So kehrt er unsere Überzeugung, daß wir zerstören, um zu leben, in ihr Gegenteil um: wir leben um zu zerstören. [49]

Diese Wiedergabe der Freudschen Konzeption ist unrichtig. Er hat nicht angenommen, daß wir leben um zu zerstören; der Destruktionstrieb wirkt sich entweder gegen die Lebenstriebe oder aber in ihren Diensten aus; außerdem ist das Ziel des Todestriebes nicht Zerstörung an sich, sondern die Aufhebung des Bedürfnisses nach Zerstörung. Nach Horney wollen wir zerstören, »weil wir gefährdet, gedemütigt, mißbraucht sind oder uns so fühlen«, »um unsere Sicherheit zu verteidi-

48 »Vorlesungen zur Einführung in die Psychoanalyse«, Internationaler Psychoanalytischer Verlag, Leipzig, Wien, Zürich 1926, S. 147.
49 »Neue Wege in der Psychoanalyse«, S. 131.

gen oder unser Glück oder was wir dafür halten«. Es bedurfte wohl keiner psychoanalytischen Theorie, um zu diesem Schluß zu gelangen, mit dessen Hilfe seit unvordenklichen Zeiten individuelle und nationale Aggression gerechtfertigt wurden. Entweder ist unsere Sicherheit wirklich bedroht, in welchem Fall unser Zerstörungswunsch eine vernünftige und rationale Reaktion ist, oder wir »fühlen« nur, daß wir bedroht sind, in welchem Fall die individuellen und überindividuellen Gründe für dies Gefühl erforscht werden sollten.

Die revisionistische Ablehnung des Todestriebes wird mit einem Argument begründet, das in der Tat die reaktionären Verquickungen der Freudschen Theorie im Gegensatz zu der fortschrittlichen soziologischen Orientierung der Revisionisten aufzuzeigen scheint. Freuds Annahme eines Todestriebes

... unterbindet aber jede Bemühung, innerhalb besonderer kultureller Gegebenheiten nach den Gründen des Zerstörungstriebes zu suchen. Sie muß auch alle Bemühungen um eine Änderung dieser Bedingungen lahmlegen. Wenn der Mensch von innen heraus zerstörerisch veranlagt und daher unglücklich ist, warum dann eine bessere Zukunft erstreben? 50

Dies Argument verkleinert das Ausmaß, in dem nach Freuds Theorie die Impulse modifizierbar, den »Schicksalen« der Geschichte unterworfen sind, aufs äußerste. Der Todestrieb und seine Abkömmlinge machen davon keine Ausnahme. Wir sprachen davon, daß die Energie des Todestriebs nicht notwendigerweise die Anstrengungen auf eine »bessere Zukunft« hin »lähmt«; im Gegenteil werden solche Anstrengungen durch die systematischen Beschränkungen gelähmt, die die Kultur den Lebenstrieben auferlegt, und durch ihre daraus folgende Unfähigkeit, Aggression wirksam zu »binden«. Die Verwirklichung einer besseren Zukunft bedeutet bei weitem mehr als die Ausmerzung der schlechten Eigenschaften des »Marktes«, der »Rücksichtslosigkeit« des Wettbewerbs und so weiter; sie

50 »Neue Wege in der Psychoanalyse«, S. 132 f.

bedeutet eine grundlegende Veränderung sowohl in der Triebstruktur wie in der Struktur der Kultur. Das Streben nach einer besseren Zukunft wird nicht durch Freuds Einsicht in diese Zusammenhänge gelähmt, sondern durch eine »Vergeistigung«, die den Abgrund verhüllen möchte, der die Gegenwart von der Zukunft trennt. Freud glaubte an keine prospektiven sozialen Veränderungen, die die menschliche Natur hinreichend umgestalten könnten, um den Menschen von inneren und äußeren Unterdrückungen frei zu machen; aber dieser »Fatalismus« war nicht ohne Einschränkungen.

Die Verstümmelung der Triebtheorie vervollständigt die Umkehrung der Freudschen Theorie. Deren innere Richtung führte (in offenbarem Widerstand zu dem »therapeutischen Programm«: vom Es zum Ich), vom Bewußten zum Unbewußten, von der Persönlichkeit zur Kindheit, von den individuellen zu den genetischen Vorgängen. Die Theorie bewegte sich von der Oberfläche in die Tiefe, von der »fertigen« und geprägten Person zu ihren Quellen und Hilfsmitteln. Diese Bewegung war für Freuds Kulturkritik wesentlich: nur mit Hilfe der »Regression« hinter die irreführenden Formen des reifen Individuums und seines privaten und öffentlichen Daseins entdeckte er die grundlegende Negativität in den Fundamenten, auf denen sie ruhen. Darüber hinaus konnte Freud den explosiven Inhalt der irreführenden Formen und damit den vollen Umfang der kulturellen Unterdrückung nur dadurch erhellen, daß er seine kritische Regression bis hinunter zu den tiefsten biologischen Schichten vorantrieb. Die Energie der Lebenstriebe mit der Libido gleichzusetzen hieß, ihre Befriedigung im Gegensatz zum spirituellen Transzendentalismus zu definieren. Freuds Auffassung von Glück und Freiheit ist eminent kritisch, insofern sie materialistisch ist – sie protestiert gegen die Vergeistigung der Not.

Die Neo-Freudianer kehren diese innere Richtung von Freuds Theorie um, indem sie die Betonung vom Organismus auf die Persönlichkeit, von den materiellen Grundlagen auf die ideellen Werte verlegen. Ihre verschiedenen Revisionsvorschläge sind logisch durchaus stichhaltig: der eine zieht den anderen nach sich. Das Ganze ließe sich etwa folgendermaßen zusammenfassen: Die »kulturelle Orientierung« sieht die gesellschaftsformenden Institutionen und Beziehungen als fertige Produkte in der Form objektiver Ganzheiten an – als gegebene statt als entstandene, gemachte Fakten. Um sie in dieser Form akzeptieren zu können, bedarf es einer Verschiebung im psychologischen Akzent von der Kindheit auf den erwachsenen Zustand, denn nur auf der Ebene des entwickelten Bewußtseins wird die kulturelle Umgebung als bestimmend für den Charakter und die Persönlichkeit über und jenseits der biologischen Stufe definierbar. Umgekehrt ist nur bei einer Unterbewertung der biologischen Faktoren, d. h. einer Verstümmelung der Triebtheorie, die Persönlichkeit im Sinne objektiver kultureller Werte definierbar, getrennt vom repressiven Grund, der ihre Realisierung verhindert. Um diese Werte als Freiheit und Erfüllung darstellen zu können, müssen sie von dem Material gereinigt werden, aus dem sie gemacht sind, und der Kampf um ihre Verwirklichung muß in einen geistigen und moralischen Kampf umgewandelt werden. Die Revisionisten beharren nicht, wie Freud das tut, auf dem unabänderlichen Wahrheitsgehalt der Triebbedürfnisse, die »gebrochen« werden müssen, damit das menschliche Wesen in zwischenmenschlichen Beziehungen funktionieren kann. Mit der Preisgabe dieser Beharrlichkeit, aus der die analytische Theorie all ihre kritischen Einsichten bezog, unterwerfen sich die Revisionisten den negativen Zügen gerade jenes Realitätsprinzips, das sie so beredt kritisieren.

Inhaltsverzeichnis

Suhrkamp Verlag GmbH
Torstraße 44, 10119 Berlin
info@suhrkamp.de
www.suhrkamp.de